ハヤカワ文庫 NF
〈NF513〉

日本－呪縛の構図
この国の過去、現在、そして未来
〔上〕

R・ターガート・マーフィー
仲 達志訳

早川書房
8114

修《オサム》に捧ぐ

I
Allegro con spirito
Violino I
Violino II
Viola
Violoncello

（前頁：F・J・ハイドン作曲「弦楽四重奏曲 第 78 番 変ロ長調 Op.76-4」『日の出』より）

目次

＊登場人物の肩書や所属、機関や企業の名称などは原書刊行当時のものに準拠し、一部を改めた。
＊訳注は〔　〕で示した。

〔下巻目次〕

第2部　日本を支配する「歴史の呪縛」

日本‐呪縛の構図〔上〕

この国の過去、現在、そして未来

まえがきと謝辞

本書は当初、オックスフォード大学出版局による「誰もが知っておきたい」シリーズの一冊として企画された。このシリーズの趣旨は特定の分野に関する最新知識を初心者にもわかりやすく簡潔にまとめて説明することで、私も日本は取り上げるべきテーマの一つだと考えていたため、同出版局のデイヴィッド・マクブライドから執筆依頼を受けた時は光栄に思った。その一方で、ある不安に襲われた。それは、「誰もが知っておきたい日本」というタイトルで本を出せば、この国について何がしかの知識がある人間なら誰も手に取ろうとしないだろうし、それ以外の人たちには見向きもされないのではないかということだった。というのも、二〇一〇年当時は、世界はもはや日本の文化的側面にしか興味を示していないように思えたからだ。たとえば日本料理、伝統芸術、現代のファッションとデザイン、村上春樹《むらかみはるき》の小説、それに一連のちょっとフシギなアニメやコミック作品などである。何らかの理由でこの国と深くかかわる人生を送るようになった自分のような一握りの変わり種や日本人自身を除けば、この国の政治やビジネスや経済が注目される理由は純粋な反面教師として以外には考えられなかった。私自身はその見方は誤っており、日本は「反面教師」にはとどまらない、あらゆる類の教訓をもたらしてくれると考えていた。だからこそ、これまで出版してきた本や論文はすべて、まさに誰も興味を持ちそうにないテーマ（日本の政治やビジネスや経済など）に関するものばかりだったのである。もう一冊新しい本を出したところでこうした現状は変わらないだろうし、かつてこの国が幅広く人々を魅了していた状況を再燃させられるとはとても思えなかった。

それでも、デイヴィッドの提案はこれまで執筆した出版物では成し遂げられなかったことをする絶好の機会を与えてくれた。それは、日本の政治と経済に関する私の考えを、まさしく世間が今でも関心を示している歴史や文化のトピックと統合させた内容の本を書くことだった。日本における信用創造が、いかにして経済活動を生み出し、また現在の国際金融の枠組みを構築するうえで日本がどれほど（あまり理解されていないが）中心的な役割を果たしたかという問題は、これまで書いた本を通して論じてきたテーマだったが、このことを考えれば考えるほど、私はこれらの問題を個別に切り離して理解することは不可能だという確信を深めていった。日本の現実のどんな側面を把握するにも、日本が体験してきた事象の全体像の解明が不可欠なのである。要するに、日本銀行の通貨集計量、日本企業の人事慣習、東京の奇抜なストリートファッション、日本政界における終わりのない椅子取りゲーム、さらには数世紀に及んだいわゆる「鎖国」に至るまで、すべてがありとあらゆる形で相互に結びついているのだ。デイヴィッドは、そのような結びつきをひもといていくチャンスを与えてくれようとしていた。たとえ、その成果を目にする読者がごく少数にとどまったとしても、私自身は本書の執筆を通して半生をかけて行なってきた思索をある種系統立てることで、各々のテーマについての考え方を明確にできる。それらは、思えば一五歳の時、ごった返した貧相な羽田空港に降り立ち、人いきれで脈動する灰色の都市景観というかつて目にしたどんなものにも似ていない光景の中を、バスで延々と移動して以来、ずっと私を夢中にさせてきたテーマだった。こうして私は、本書には書く価値があるという結論に達したのである。

執筆に取り掛かり始めて間もなく、もはや日本に関心がある者は誰もいないのではというのが私の思い込みにすぎなかったことを証明する出来事が起こった。二〇一一年三月の恐るべき地震と津波によって、この国はたちまち全世界の注目を集めることになったからだ。世界中の人々が、生活を破壊された何万人もの日本人の勇敢な行動や他人を思いやる態度に感銘を受けた。だがその後、震災で原子力発電所が壊滅した背景にある事実が報道で少しずつ明らかになるにつれ、様々な疑問が浮上してきた。国民があれほどの社会的結束と素晴らしい人間性を発揮する一方で、その国民の選んだ指導者層は地震活動が活発できわめて不安定なこの国を、どんな小さな過失も許されず危険極まりない原子力発電に縛りつけていたのだ。しかも、ほとんど犯罪的とも言える怠慢によって原発の危険性は無視されていた。一体どうしたら同じ国でこんなことが可能なのだろう？

原稿の執筆を続けるにつれ、私はこの種のテーマが日常的に議論されている場で、他にも疑問が表面化しつつあることに気づいた。たとえば、日本の有権者たちは明らかに機能不全に陥っていた与党を政権の座から引きずり下ろしながら、四年足らずで返り咲くことを許したが、これは一体どうしてなのか？　また、先進諸国の中では最も「右派」寄りの政府が、金融と財政の両面で最も「左派」寄りの政策を実施しているのはどういう理由からなのか？　東アジアではけんか腰の言葉の応酬がエスカレートしつつあるが、そこには一つの判断ミスが戦争を引き起こしかねない危険が潜んでいないだろうか？　その場合、部外者（はっきり言えばアメリカ）が紛争に引きずり込まれる可能性はあるのか？　もしかすると、こうした疑問を抱えた読者が、これから書こうとしている本に関心を示してくれるかもしれない。次第にそう思えてきたのである。

本書がこうした疑問を提示すること（そして言うまでもなくそれらに答えること）にある程度でも成功しているとしたら、それはここに至る過程でお力添えを頂いた方々のご支援の賜物である。その筆頭に挙げるべきは、最初にこの企画の可能性を見出し、わざわざ私の連絡先を探し出して執筆者となるように勧めてくれたデイヴィッド・マクブライドその人であろう。彼は、本書が当初の計画以上の長さになったことにも、執筆時間が長くなったことにも寛容な態度を示してくれた。私がもはや「誰もが知っておきたい」シリーズで決められたページ数を超える野心的な試みに乗り出したことを知ると、彼はシリーズの制約に合わせて内容を削るよう求める代わりに、本書が現在のような形で出版されるようにあらゆる手段を講じ、きわめて重要な調整役を務めてくれた。また、オンライン英字誌『アジア・パシフィック・ジャーナル・ジャパン・フォーカス』（http://japanfocus.org）のマーク・セルデンとガバン・マコーマックは、これまで書いた論文などを公開する場を提供してくれたが、最初にデイヴィッドの注意を引くことになったのもそうした文章の一部だった。マークは本書の原稿の一部に目を通し、いつものように洞察力に満ちた指摘を行なってくれた。それ以外にも、ロバート・アリバー、クミコ・マキハラ（槇原《まきはら》久美子《くみこ》）、レオ・フィリップスにはそれぞれ一部の個別の章を読んでもらい、数え切れないほど有益な助言をいただいた。

執筆を開始した時、私は誰か理想的な読み手を一人探しておく必要があると考えた。それは日本で長い時間を過ごしたことも、この国について考えることに多くのエネルギーを割いたこともないが、何にでも関心を持ち好奇心が強い人物でなくてはならない。本書の読者として想定していたのは、そういう人たちであったからだ。ジョージ・ウィラードはまさにその役割にうってつけだった。理想的な読者というだけでなく、親しい友人でもあり、彼自身もきわめて有能な編集者兼ライターだったのである。私は一章を書き終えるたびに原稿を彼に送るようになり、ジョージは時間と労力をたっぷりかけて返事をよこしてくれた。彼はすべての文章を細心の注意を払って吟味し、どんな書き手も望むべくもない丁寧なアドバイスを提供してくれた。文章が明快でなかったり混乱していたりした場合はすぐに連絡をくれたし、そこそこであっても改善の余地がある場合は指摘することをためらわなかった。本書は彼の助言から多大の恩恵を受けている。

ロドニー・アームストロングにも随分世話になった。彼は沖縄の米海兵隊普天間飛行場移設問題の背景について、ネット掲示板の「NBRジャパン・フォーラム」に学識に富んだ考察を掲載していたため、注意を引かれたのである。ぜひ教えを請いたいと連絡すると、関連する諸問題について長時間にわたり辛抱強く教授してくれただけでなく、本書でこのテーマに関して記述した部分についても批判的な視点で綿密にレビューしてくれた。深く感謝したい。

私がカレル・ヴァン・ウォルフレンに深い影響を受けていることは、その著作に詳しい鋭敏な読者には一目瞭然のはずである。彼のこれまでの著作や本人が示してくれた手本がなければ、本書を書くことなど考えも及ばなかっただろう。カレルは執筆中に惜しみない激励の言葉をかけてくれただけでなく、第10章および第11章に関してはとりわけ重要な助言をしてくれた。

第一稿が完成に近づくと、私は二人の親しい友人に原稿を初めから終わりまで通読してくれないかと依頼した。その上で、勘違いをしている部分があれば指摘し、どう修正すべきかアドバイスしてほしいと頼み込んだのである。私の知る範囲では、福原利夫《ふくはらとしお》とマイク・ベレットほどほぼ完璧に日米両文化に順応している人間はほかにいない。二人は日本人とアメリカ人の両方の観点から物事を見ることができる。私たちはすべてのことで意見が一致するわけではないし、二人にも私が書いたことで同意できない部分はあった。だが彼らが原稿をきわめて詳細かつ丁寧に読み込んだうえで与えてくれたコメントは大いに役に立った。二人には感謝している。

もう一人感謝の気持ちを捧げたい人物がいるのだが、彼はまず間違いなくこちらの存在にすら気づいていない。リンドン・ジョンソン第三六代米大統領の伝記を書き続けているジャーナリストのロバート・カロである。四巻まで刊行されているその壮大な一代記を、私は日本の政治に関する章を執筆中にようやく手に取ることができた。カロの著作からは、日本の政界が歩んできた過去半世紀において、田中角栄《たなかかくえい》が果たした中心的な役割を理解する重要なヒントを得た。

弟のアレキサンダー（アレック）・マーフィーには、地図に関して何かいい知恵はないか助言を求めた。生涯にわたる支援と知的刺激の源であるアレックは、教え子の大学院生ニコラス・A・パーデューを推薦してくれた。ニコラスはとても良い仕事をしてくれた。両人にここで感謝しておきたい。

私は原稿のかなりの部分をシンガポールにあるロバーツ夫妻の美しい邸宅で書き上げた。親友のリンダとランスには、自宅を開放してくれたことに感謝したい。

本書を企画段階から出版まで見届けるには何度かニューヨークに赴く必要があった。その際、経営大学院《ビジネススクール》でクラスメートだった槇原純《まきはらじゅん》と元同僚のミミ・オカ（岡《おか》めぐみ）が、イースト・ヴィレッジにある素敵なマンションの客室を滞在中の拠点として使わせてくれたことに感謝する。二人は大切な友人というだけでなく、日本とその世界における位置づけに関して数十年にわたって洞察を提供し続けてくれた重要な情報源でもある。また、ミミの父親で著名なジャーナリストのタカシ・オカ（岡孝《おかたかし》）とも二度にわたって会い、小沢一郎《おざわいちろう》の政治家としての経歴と重要性についてかなり突っ込んだ議論をすることができた。オカは小沢の生涯に焦点を当てた重要な著作を出版している。

本書の執筆の大半は筑波大学大学院ビジネス科学研究科（東京キャンパス）の研究室で行なった。日本についてあまりにも悲観的な気持ちになった時、そこで私が担当する国際経営プロフェッショナル専攻課程そのもの（同僚や学生たちは言わずもがなだが）がその気持ちを修正する役割を果たしてくれた。このMBAプログラムの存在自体と、それが大学当局や究極的には文部科学省の支援を受けているという事実は、この国を束縛しているように思える「足枷」を外そうと決意している日本人が一部にいることを証明している。彼らは自らの置かれた状況を嘆くよりも先にやるべきことがあると考えているのだ。同僚の教授陣は良き仲間であり、支えとなってくれただけでなく、圧倒的な知的刺激を提供してくれた。そして学生たちについて一言いうなら、日本の将来を担うのが彼らのような若者たちである限り、過剰に心配する必要はないだろう。さらに、私たちのプログラムで学ぶ海外からの留学生が、将来日本との関係を築くような立場となるなら、それらの国々と日本との関係についても取り越し苦労をする必要はなさそうだ。

原稿が完成に近づいた頃、亡き父が第二次世界大戦中に故郷に宛てて書いた手紙が何通か見つかった。それらは父の妹、つまり私の愛する叔母エセル・グールズビイが亡くなるまで保管していたものだった。父は太平洋戦線で実戦を経験していた。彼は自分が始めたわけでもない戦争で戦うために戦地に送られ、ことによると死ぬことになるかもしれない数百万人の若者の一人だった。それらの手紙は私の心を強く打つものだった。だがその理由は、そこに掛け替えのない人物の知られざる一面（とりわけ子供の頃には微かにしか知らなかった一面）が表れていたからだけではない。手紙を書いた当時は、父もまだ少年の面影を残した若者にすぎなかった。そのため、特に母親が読むことを想定して書かれた手紙では、戦争に関する感想も「なぜぼくたちは戦わねばならないか」といった月並みな感傷を超えることはなく、日本兵を「ジャップ」や「ニップ」といった侮蔑語で呼んで中傷しているだけだった。あとは、所属する部隊が駐屯していたフィリピン人社会に関する鋭敏で興味深い感想がそこかしこに含まれている程度だった。しかし、姉のマージョリーだけに宛てた手紙の中では、母親を動揺させないように触れるのを避けていたことがあると告白している。ホームシックの胸のうずき、「計り知れない時間が過ぎていく中、恐ろしいほどの退屈さに押しつぶされそうになった」こと、そして部隊が攻撃を受けた時に感じる「まったき恐怖」などがそうだ。彼は「腹がグーグー鳴って、体がわなわなと震えて止まらなかった」と訴える。そして、「多くの兵士がこうした反応を頻繁に経験しているのに、口にしようとする者はほとんどいない」と書く。父は明らかにフィリピンにおける日本軍の振る舞いに嫌悪感を覚えていたが、部隊が日本軍の夜間攻撃を撃退した翌日の朝についてこう記している。部隊の小さなキャンプから外に出ると、「損壊した死体、黒ずみ、膨れ上がり、悪臭を放ち、目をそむけたくなるような傷を負い、殺されたばかりの死体が野ざらしになっていた」。ところが、父はそこに「日本人の少女が写っているきれいな写真の入った小さな写真入れ」があるのに気づく。

それは兵士たちの遺体の一つの上に載っていた。私は、父が死んだ兵隊に自分と同じ人間であった証を見て心中で葛藤する様子を描いた文章に強く魅了された。そこに表現されている心情は、詩人ウィルフレッド・オーウェンが「奇妙な邂逅（“Strange Meeting”）」で描いた普遍的な感情を思わせるものがあった。「奇妙な邂逅」はこれまでに書かれた反戦詩の中で最も偉大な作品といっても過言ではない。父の詩人としての才能はオーウェンの足元にも及ばないかもしれないが（誰だってそうだろう）、私は息子だけに可能なやり方で父親という人間を知っていたので、彼が本当に深刻な問題に取り組む時にだけ口にした言葉、彼が見せた表情や身振りを隅々まで鮮明に心に描くことができた。だからこそ、手紙の中の記述とそこに明らかに見て取れる苦悩は、かつてオーウェンの詩から受けたのと同じくらい強い感動を私にもたらしたのだ。父は書いている。「ぼくたちは、たくましい前腕と堂々とした体格をしたハンサムな若者などではないし、敵兵と体力を競い合っているわけでもない。ぼくたちは機械《マシーン》を操るだけの人間だ。多くは若くさえない。これは剣闘士が生身の体をぶつけ合う闘技場とは訳が違う。機関銃を手にした最も体力の劣る男のほうが、丸腰の超人《スーパーマン》よりよほど殺傷力が高いのだから。ぼくたちは肉弾戦の興奮とスリルを味わってなどいない。戦闘で使用しているのは過去に人類の創意工夫が生んだ中で最も恐るべき破壊兵器であり、熱い鉛の弾や冷たい鋼鉄の刃の前では肉体はもはや紙切れも同然なのだ」

そういうわけで、私は父にも感謝しなくてはならない。それは、日本を知るきっかけを与えてくれたという実際的な理由だけのためではない。確かに、父と共同作業を行なっていた日本の研究者たちが彼を大学に客員教授として招いてくれたために、私たちは一年間この国に滞在できることになった。だが、それ以上に父の手紙によって痛感させられたのは、我々が現在抱えているリスクの大きさである。東アジアでは最近、国家の名誉や誇りの名の下に歴史上不当な扱いを受けたり被害者となったりした一連のエピソードをあげつらい、かなり緻密さに欠けた議論が展開されている。だがこの種の主張からは例外なく排外主義や人種差別的な姿勢がうかがえる。こうした議論を展開する人々の大半は一度も戦争を経験したことがないし、これから先も経験することはないだろう。彼らは「他者」に対して（本音か単なるポーズかにかかわらず）憤激する一方で、決して自らを省みることがない。彼らにとって何かうまくいかないことがあれば、それは常に他人の責任なのだ。空気は悪意に満ちている。

指導者たちはお互いを冷遇し合い、ウェブ上には国粋主義的な憂いの声が広がっている。一方の国では、政府が市民に金を払って街頭で隣国への憎悪を大声でまき散らすように命じ、もう一方の国では海外の人々のあくどい所業を口汚く罵る雑誌の見出しで地下鉄の中吊り広告が埋め尽くされ、海外出身者へのヘイトスピーチが広がり、彼らの行きつけの場所で人種差別的な言動にさらされるケースも目立ち始めた。アメリカ人はこの状況に眉をひそめるかもしれないが、実はアメリカ政府にも責任の一端がある。中途半端で、永続的な解決策になるかどうかは定かではなかったとはいえ、アジアの将来にとって希望を託せる暫定措置があったにもかかわらず、アメリカ政府がそれを拒否したからだ。理由は、それを受け入れれば海兵隊基地をアメリカ国内に移転する必要が生じるからだった（この問題に関しては第11章で詳しく述べる）。

どうしてこんなことになってしまったのか。その背景をひもといていくのが本書である。日本という文脈の中では何事も個別に論じては辻褄が合わなくなるのが常だが、これから語る物語もまたその典型例の一つである。しかも近年ではおそらく最も重要な事例と言える。まず必要なのは、日本と海外の関係にまつわる、長くて多くの問題をはらんだ歴史についてある程度の理解を得ることだ。そして、日本の対米依存によって政治的な病の原因を突き止めることも治療することもできずに放置されている状況についても把握しておく必要がある。こうした知識なしでは、近隣諸国と真の平和を築く絶好の機会が基地問題によって台無しにされた（しかも二世代ぶりの機会だった）経緯の説明は、恩知らずだとか、無能だとか、合理性を無視しているなどという、巷《ちまた》をにぎわす嚙み合わない議論に終始するのが関の山だろう。

この事例も含め、本書が様々な重要問題の背景にある文脈をいくらかでも明確に伝えることに成功しているとすれば、それはひとえに右記に感謝の意を表した方々、そして私がこれまでこの国で過ごした数十年間に共に働き、遊び、愛した多くの日本の人々の支援の賜物である（言うまでもなく、誤りはすべて筆者に帰するものである）。その中でも人生のパートナーである川田修《かわだおさむ》に最大の感謝を捧げたい。こうした謝辞のページでは、陰で支えてくれた誰かの支援と助言なしには本書を書き終えることは不可能だったと最後に謝意を表するものだ。私の場合、その誰かとは修であり、本書を捧げる相手は彼を措いて他にない。

私が本書を書く上で最も苦労したのは、日本の歴史や政治を説明する際に、あまりにも聞き慣れない名前の人物を多く登場させて欧米の読者を混乱させないようにすることだった。それは、バラク・オバマやロナルド・レーガンが誰であるかは知っていても、リンドン・ジョンソンやリチャード・ニクソンは名前を聞いたことがある程度で、ましてやバリー・ゴールドウォーターやジョージ・マクガバン〔それぞれ共和党と民主党の大統領候補になったこともある著名な政治家〕に至っては耳にしたことさえない人々にアメリカの政治について説明するようなものだからだ。そこで、私は読者の理解を容易にするために巻末に簡単な付録を用意した。明治期と戦後の二部に分けて、馴染みのない登場人物について、その名前と各時代で果たした役割を簡単にまとめた人名録である。途中で私が誰の話をしているのか混乱するようなことがあれば、ぜひこれらの付録を参照していただきたい。

二〇一四年七月　東京にて

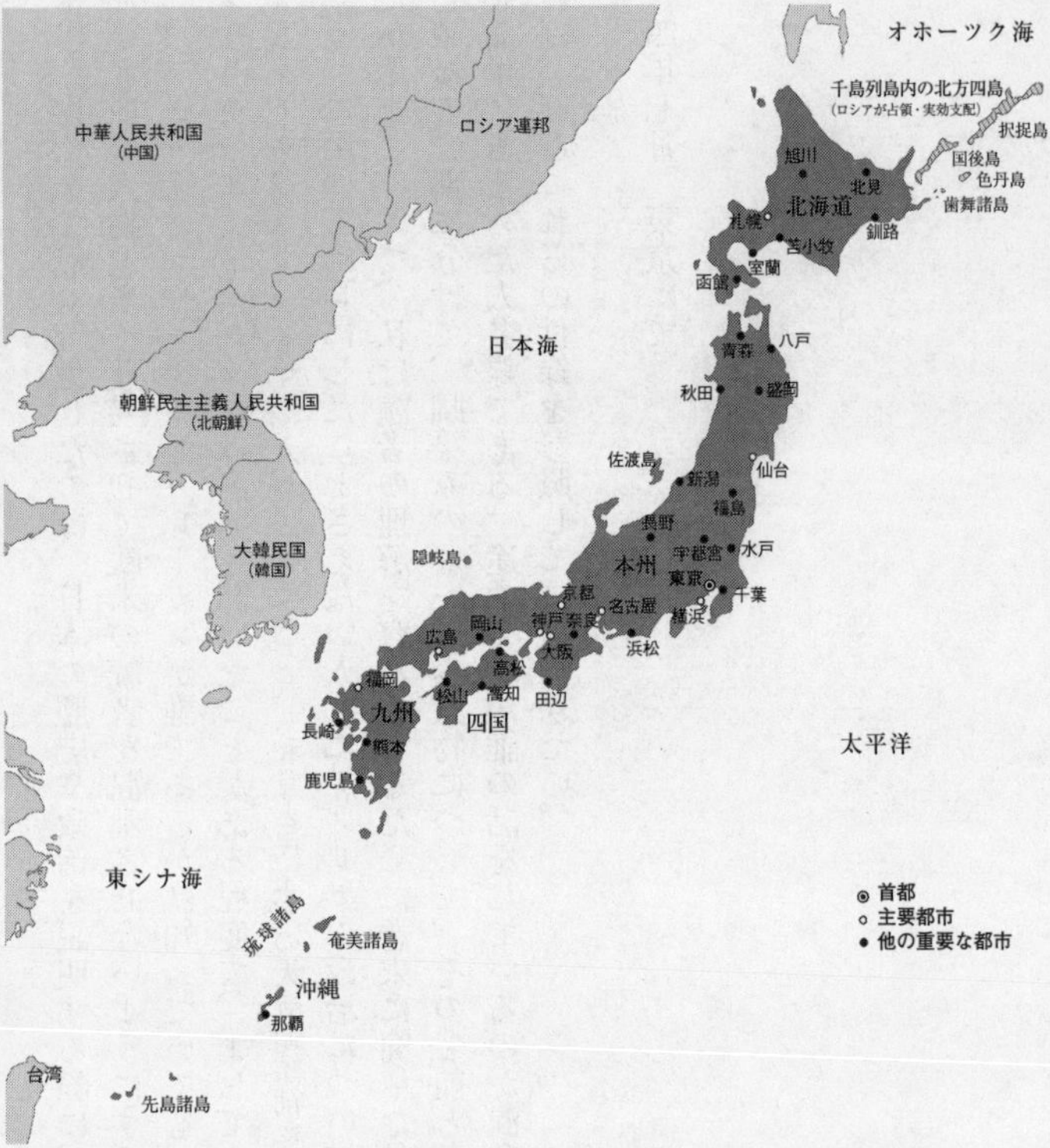

地図１　今日の日本。Courtesy Nicholas A. Perdue. World Sites Atlas.com の地図を参考に再構成。

序文

この序文を書くために机の前に座った私は、ニューヨーク・タイムズ紙に掲載された一本のコラムに注目せざるをえなかった。筆者はウォール街の元投資銀行家スティーブン・ラトナーで、二〇〇九年にオバマ政権が米自動車産業の再建に取り組んだ時、その作業部会の座長に抜擢された人物だ。ラトナーは日本での短期滞在を終えたばかりで、この国の現状について これだけは知っておく必要があると彼が感じたことを読者に伝えようとしていた。まず彼は日本政府が最近実施した、マネーサプライを拡大して財政刺激策を導入するというマクロ経済的政策について触れているが、本当に言いたいことはその後に続く。それは、「もっと小さな政策変更」について「十分注意が払われていない」こと、「日本も間違いなく他国と同様、国内における柔軟性の欠如に行動の自由を奪われている」こと、そして「ミクロ経済的改革の必要性は明白」であることを指摘することにあった。

だがこれらの指摘には本当に耳を傾ける価値があるだろうか? ラトナー氏は明らかにそ

う考えている。さらに明白なことは、日本が彼の言う「罠」に陥りたくなければ、こうした事実を正視する必要があると彼が考えていることだ。日本は所得税率を下げて企業活動に対する株主の意見や要望をもっと積極的に取り入れるべきだと彼は主張する。また、この国はもっと経済「効率」を追求し、「歳入」と「膨大な財政赤字」の差を縮め、「並外れて厳しい移民法」を緩和し、「柔軟性に欠ける労働政策に重要な変更」を加える必要がある（つまり、もっと社員の首を切りやすくしろということらしい）と主張している。さもなければ、「聖域にメスを入れることを怠った」日本は「経済超大国として再浮上することはもはやありえないだろう」というのである。

ラトナー氏には申し訳ないが、これらはすでに誰もが周知の事実である。日本について何を知る必要があり、それはどういう理由によるものか、今さら一冊の本はおろか、ニューヨーク・タイムズ紙日曜版のコラムでわざわざ高名な投資銀行家に指摘してもらうまでもない。日本経済が「低迷」していること、「他の先進諸国」が日本から他山の石とすべき「教訓」を「学ぶ」ことを怠れば「不安要素」を抱えることになるとラトナー氏のような人々が考えていること、そしてラトナー氏がそれらの教訓が何か知っていること——これらは誰にとっても目新しいことではない。

かつて一九世紀の作家オスカー・ワイルドは、「日本という国全体が完全な創作にすぎない。そのような国は実在しない。そのような国民も実在しない」と書いた。ワイルドにこんな軽口を叩かれてから一世紀以上たった今も、日本はいまだに欧米から都合よく「創作」され続け、最近では他国を行動に駆り立てるための「鞭」として利用されている。それは、ラトナー氏のコラムを読んでもわかる通りだ。もっとも、ラトナー氏の日本像も完全なでっち上げというわけではない。この国が直面している「もっと小さな政策変更の必要性」に関する指摘には正しい部分も少なくない。彼の描く日本像が現実の問題を抱えた現実の国家よりも「創作」に近い理由は、その背景に一つの暗黙の了解が存在するからだ。つまり、日本政府の政策決定者たちは、これらの問題に気づいてすらおらず、もし気づいていたとしても子供じみた頑固さから意図的に対処することを拒否しているというのである。だが、こうした状況がありうるとしても、その背景を理解するには日本の歴史、地理、政治制度、文化遺産に関する知識を身につけるだけでなく、何よりもこの国で誰に何を命じる権力を誰が保有しているかを特定する能力が不可欠となる。要するに、日本について何を知る必要があるかを世の中に伝えるには、まず誰が真の意思決定者であり、彼らがどういう過程を経て他の人々の生き方を決定する力を得るに至ったのかを明らかにする必要があるのだ。これらの意思決定者たちは、必ずしも日本で選挙によって選ばれた指導者たちとは限らない。彼らの一部は日本人ですらなく、アメリカの首都ワシントンに在住している。

確かに、日本から得られる教訓はいくつかある。そこには、ラトナー氏の主張に近いものさえあるかもしれない。しかし、それらの教訓は税金や労働市場や経済効率に関する勧告よりもはるかに興味深い内容を含んでいる。なぜなら、わかりきったことを知った風な口調で述べただけでは、真に重要な教訓は得られないからだ。たとえば、一国の経済と人口動態に変化が生じれば、労働慣習や報酬制度も変わらざるをえないし、少数党内における狂信的な少数派勢力が我を通すことができなかったからと言って、国を破滅させかねない財政危機に政府を追い込むような力を持たせるべきではない。本当に大切な教訓はむしろ、日本の労使関係の見直しを阻んでいる文化的、歴史的、地理的、制度的、そして政治的要因を明らかにすることから得られるはずだ。あるいは、アメリカの場合で言うなら、政府が債務不履行に陥る一歩手前まで追い込むような影響力を狂信的な扇動者たちの手に集中させた要因は何だったのかを探ることにも意義があるだろう（日本のことをアメリカ人に説明するのは大変だと思うなら、保守派の草の根運動「ティーパーティー」や連邦政府機関の一部を機能停止に追い込むアメリカ議会のルールを日本人にもわかるように説明してみてほしい）。その過程で明らかになる教訓には、「これをしないとこうなるぞ！」といった具体的な内容のものは決して多くないはずだ。この世界はあまりにも複雑であり、幸いなことに特殊な状況が支配しているケースがあまりにも多い。それでも、私たちはどうしたら適切な質問ができるようになるか、ある程度は学べるかもしれない。自分とは違う国で「概念的な束縛」が物事を歪めているプロセスを分析すれば、自分の国で誰もが知るべき事実を知られないようにしているからくりが明らかになる可能性がある。たとえば別の国（とりわけ日本のようにユニークな国）で誰もがすべきことだとわかっていることをする（あるいはしていない）理由とそのやり方を分析すれば、どうすれば自分の国でも誰もがすべきことを実行できるか、何らかのヒントが得られるかもしれない。

たとえば、女性が子供を産まなくなったらどうすればいいのか？　あるいは何百万人もの健康で若い異性愛者《ストレート》の男性が結婚や家族を持つことや生身の女性とセックスすることにすら関心がないと言い出したらどうすればいいのだろう？　高齢者の介護問題にはどう対処すればいいのか？　とりわけ、大規模な移民を許せば、いまだにこの国の最大の財産である社会的連帯が脅かされると考える風潮が強い中で、必要な労働力を得るためにはどうすればいいのだろう？　また、かつて奇跡的成長と呼ばれた経済モデルの見直しが必要なことは明白であるにもかかわらず、あらゆるタイプの人々がその現状維持に将来を託している状況をどう変えていけばいいのか？　クリーンで安全なエネルギーが無限に供給されるという嘘にまんまと乗せられた結果、この国を永遠に汚染し続けかねないエネルギー源に投じた何兆円ものコストをどう清算すればいいのか？　分け前をめぐる争いで社会を分裂させることなく、基本的に成長を止めてしまった経済のパイをどう分割すればいいのか？　海を隔てたすぐ先で台頭する気難しくてけんか腰の超大国とどう向き合えばいいのだろう？　特に相手が自国民に吹き込んでいる国家主義的な筋書きの中で、日本が最大の悪役に仕立て上げられている場合は？　とりわけ厄介なのは、かつての「同盟国」で保護国でもあった国が無知と軽蔑がないまぜになった態度で日本に接し、しかもこうした事態に対処することが最も期待できそうな政権を傲慢なやり方でつぶしてしまったことである。さらには、真剣に対処すべき「歴史問題」とどうやって正面から向き合えばいいのか？　そうしなくては誰の信頼も得られないばかりか、この国の歴史で最悪の惨事を招いたのと同じ過ちを繰り返すことにもなりかねない。そのためにはまず、その過ちが何だったのかを明らかにする必要がある。だがこの国のアイデンティティーがそうした過ちに日本を導いた神話と不可分の関係にあり、現在この国を運営している政権トップの人たちも、一五〇年前の明治維新でその神話を利用して政権奪取を正当化した人々の直系の継承者である場合はどこから手をつけたらいいのだろう？ そして、世界はこの国の文化のどこにそれほど魅了されてしまうのだろう？ 皮肉なことに、日本人はこの文化を海外の消費者のために創造したわけではないし、どうすれば外国人を魅了するクオリティを地政学的な利益や、直接的な商業上の利益に結びつけられるのか計りかねているのだ。

万一本書が（あるいは他のどんな本でもいいが）これらの疑問に明確な答えを出しているようであれば、確かにそこには誰もが日本について知るべきことが書かれていると言っても過言ではあるまい。私はそこまで大それた成功を収めたと考えるほどうぬぼれてはいないが、少なくとも答えを求めようとした質問の一部が適切であったことを願っている。初めて来日した当時、私はまだ一五歳の少年にすぎなかったが、多くの外人《ガイジン》と同様、この国とどうしようもないほど恋に落ちてしまった。大人になってから独りで日本に戻ってきた私は、そのまま過去四〇年間の大半をここで過ごして現在に至っている。私の人生で最も大切な友人の多くは日本人だし、今でも日本に夢中であることは昔と変わらない。その代わり、すべての純真な恋愛と同様、私と日本の関係もやがて悲劇の認識に彩られるようになった。それは不完全でいつか死すべき運命にある人間と彼らの創造物を愛してしまったことの避けられぬ代償である。というのも、当時は真の理解に達していなかったことが、今の私にはよくわかるからだ。それは、近代から現代にかけての日本の歴史の大半は悲劇であるという事実だ。それはただ単に外的要因と国内の失敗が重なって生じたお定まりのシナリオで説明できるものではなく、まさにこの国（この国民）をそこまでに愛さずにいられなくさせる何かに由来する悲劇なのである。

外国の作家たちは何世代にもわたって、一体日本の何が彼らをこれほど魅了するのか突き止めようとしてきた。この試みに最大の成功を収めたのは、ラフカディオ・ハーン（小泉八雲《こいずみやくも》）、カート・シンガー、イアン・ブルマ、それに今は亡きドナルド・リチーではないかと個人的には考えているのだが、彼らはいずれも日本人が物事をあるがままに受け入れる点を指摘している。日本人はくどくどと不平を言ったりしない。彼らは「お偉い方々」が見向きもしないような取るに足らないことにも喜びを覚える。救いようのない夢想家《ロマンチスト》で、明らかに空虚な幻想であってもいつまでも自分の夢にしがみつく。確かに「現実」は醜くて安っぽくて下品かもしれないが、だからどうしたと言うのだ？　なぜそんなことで自分たちの感情や喜びが妨げられなくてはならないのか？　日本人に関する論考では「特有の」とか「状況的」といった言葉をよく目にするが、集団として単にどんなことにも矛盾を感じないことにしてしまった人々を描写するには、ひょっとするとそういう客観的で抽象的な用語を使うのが最善の方法なのかもしれない。

最近、進取の気象に富んだガイジンがもう一人いるのをユーチューブで発見した。彼はそこにアップロードした動画で、日本人の奇妙な性的嗜好に関する突撃取材を試みていた。その中には、一定の料金で「女帝」に縛られ、鞭で打たれるSMプレイが楽しめる風俗店への潜入取材もあれば、クラブの顧客をインタビューしているものもあった。後者は、そこそこルックスも悪くなく、その気になればいくらでも恋人を見つけられそうな男女がわざわざ大枚をはたいてプロの「ホスト」や「ホステス」と飲んだり話したりするために行く店だ。それ以外にも、このジャーナリストが取材したある店では、七〇〇〇円を払えば若い女性が一時間にわたって「添い寝」をしてくれる。オプションには「見つめ合う」ことや、「膝枕をして耳かき」をしてくれることさえ含まれているが、それ以上の性的サービスは一切行なわれない。

だがセックス（それ以上の変態行為は言わずもがなだが）に金を払うことは想像できても、「添い寝」に金を払うというのはもはや想像の域を超えている。ほとんどの人間にとって、金の気配はせっかくの気分を台無しにしてしまうはずだからだ。何の見返りも求めない愛情にすべてを包み込まれ、この上なく幸福な時間を過ごした幼児期に一時的に戻ったような感覚に浸らせてくれるその行為は、本来、営利とは相容れない。日本で長年生活してきた経験から自信を持って断言できるが、ほとんどの日本人にとっても添い寝に金を払うのはばかげた行為に思えるはずだ。またその一方で、日本でこの「サービス」を提供して金儲けをしようと考えた人間がいることも理解できる。あなたが日常的に生活のある部分を他の部分と切り離して相互に干渉しないようにしており、最もあからさまな矛盾でさえ大騒ぎせずに受け入れるような社会で育った人間ならどうだろう。もしかすると誰かに母親のように甘えたいと感じた時（誰だってそんな気分になる時はある）、金を払って「添い寝」をしてもらってもその行為の矛盾に気づかず、違和感さえ覚えないかもしれない。

有料の「添い寝」サービスほど好奇の目で見られなくとも、日本には似たような例がごまんとある(1)。それは、この国での生活が快適である最大の理由と言っていいかもしれない。ほとんどの日本人は、どんな仕事内容でも自分の責任をきわめて真剣に受け止める。欧米ではやりがいのある仕事なら立派な成果を出す価値があるとよく言われる。しかし、日本ではたいがい

(1) ある友人の指摘によれば、アメリカでも「添い寝パーティー」が開かれることがあるという。確かにウェブで検索してみると、それを裏付ける証拠が山ほど出てきた。しかし、それらの集まりの性格は、偉大なアメリカの伝統に則った自助努力《セルフヘルプ》や集団療法《グループセラピー》に近いようである。一九世紀に『アメリカのデモクラシー』を書いたアレクシ・ド・トクヴィルの時代から、そうした努力を尊重するのはアメリカ人の国民性であると指摘されてきた。アメリカの「添い寝パーティー」は一対一で営利を目的として行なわれるわけではない。日本人とアメリカ人はどちらも基本的に同じ現象（現代社会の発展とともに進行した個人の孤立化）に反応しているにもかかわらず、あまりにも対応の仕方が異なるが、これは本書が一貫して取り扱っているテーマに通じるものがある。それは、少なくとも先進諸国では広く共通して見られる現象に、日本人が独特かつ特徴的な反応を示しているということだ。アメリカ人が誰か特定の人間に金を払って「添い寝」してもらうところを想像するのは、日本人が見知らぬ他人の集団に混じって「添い寝パーティー」に参加しているところを想像するのと同じくらい難しい。

とえやりがいのない仕事であっても（そしてそのことを誰もが知っていても）、立派な成果を出す価値があると考えられている。最も取るに足らない種類の（ありていに言えば下品な）営利行為においてさえ、日本で経験する礼儀正しさとサービスの質の高さは、海外で日常的に体験するレベルをはるかに超えている。そのあまりの質の高さに、世界は自分を喜ばすためだけに存在するのではないかと思わず夢想してしまうほどだ。この国ではほんのささいな努力をしただけでも「お疲れ様でした！」と声をかけられる（そこには途方もない犠牲を払ったことへの感謝と「もうくたくたでしょう」というねぎらいの気持ちが込められている）し、一杯のお茶とお菓子を出しただけで「過分なおもてなし」に感謝される（「ごちそうさまでした！」）。その一方で、きわめて贅を尽くした食事の席では「何もありませんが」とその貧相な内容を恥じるかのように前もって謝罪されるのである。もちろん、ここまで来るともはや儀式の域に達しているが、たとえ儀式であることがわかっていても、誰もがそこに自然に湧き出た善意や偽りでない気持ちが込められているかのように振る舞うことが求められている。誰もが秘密を共有する仲間同士であるかのように期待された通りに行動する。そのため最も空虚で儀礼的な席にさえ、何らかの意味が吹き込まれることがあるのだ。

　儀式的な趣は人間関係にまで浸透している。誰もが当たり前のように誰かの親友やひたむきな同僚や熱心な仕入れ業者であるふりをする。本当は相手を少しも好きでなくても、仕事が退屈でたまらなくても、顧客が注文の多い嫌なやつで相手の要求を満たすためにいくら働こうと金銭的に報いられないことがわかっていてもそうするのだ。それでも、相手の幸せを心の底から願っているかのように接し、同僚たちが世界で一番素敵な職場の仲間であるかのように行動し、今この瞬間に対応している顧客のニーズを満たす以上に重要なことはこの世に存在しないかのように振る舞っているうちに、結局、相手に対する情愛や尊敬の念や目の前の仕事に対する責任感は実際に内面化されてしまうのである。こうして気がつくと、周囲には自分がきわめて大切に思っている人たちから成る広範な交友関係が形成されている。そして、自分もまた多くの人々から同じように大切に思われていることを実感するようになるのだ。事実上すべての構成要員がすると約束したことを必ずやり遂げ、しかも質の高い仕事を期待できるというのは、社会にとって大きな強みであることは誰が考えてもすぐわかることだ。

その一方で、矛盾を認識することを断固として拒否する態度、つまりすべてが理想からは程遠いにもかかわらず、非の打ちどころがない状態であるかのように振る舞う傾向は重要な政治的意味合いを持っているのだが、それはしばしば見落とされがちである。それは日本をこれほど魅力的で成功を収めた国にさせた源泉であるかもしれない。だが、それは同時に私が前述したように、近代から現代にかけての日本の歴史で多くの悲劇を生み出す要因ともなった。なぜかと言うと、それは「搾取を行なう側」にとってほとんど理想的な状況を作り出すからである。

それは、物事をあるがままに受け入れること、そして心のどこかで追求する価値がない目標であるとわかっていながら、それを生きがいにすることが「大人の態度」であると考えるような思考様式が国民レベルで内面化された状況にほかならない。だが問題はそれだけに限らない。日本の指導者層においても、この国に深く根付いてしまった「状況に支配された視点」は、自分たちの行動とその背景にある動機について自己欺瞞に満ちた二重思考《ダブルシンク》(互いに矛盾する意見を同時に真実と見なす思考様式)を助長しているのだ。

日本の偉大な政治思想家である丸山眞男《まるやままさお》は、第二次世界大戦におけるドイツの戦争犯罪を裁いた「ニュルンベルク裁判」でナチス戦犯が見せたふてぶてしさと、「東京裁判」で日本の戦犯とされる人々が示した対照的な態度を比較することで、この点を明確に指摘した。ヒトラーの側近だったヘルマン・ゲーリングのようなナチス将校は、自らの邪悪さを自覚し、裁判でも悪びれずに自分の責任を認めて開き直った。対照的に、日本で彼らと同等の立場にあった指導者たちは、不本意な行動を取らされた受け身の被害者にすぎないという態度を貫いた。自ら招いたわけでもない破滅的な状況に引きずり込まれただけだというのである。ここで重要な点は、それが単なるポーズではなく、彼らの本心だったということだ。

近年、中国政府が展開している激しい対日批判にもかかわらず、もはや日本が自国や近隣諸国を戦火に巻き込むような深刻な脅威となることはありそうにない。その一方で、自分の意志で行動する「主体性」が欠如した世界に生きているという感覚は今でも国民全体に蔓延している。物事は常に何らかの説明できない理由によって起きるので、自分にできるのはなるべく周囲の状況に順応して最善を尽くすしかない――そういう考え方が染み付いてしまっているのだ。日本語にはこの状態を言い表す言葉がある。「被害者意識」だ。それは生活の実際面に数々の弊害をもたらしているが、明らかに悲惨な状態にある財政上のジレンマを解決するために、今の日本で引き起こされようとしている状況もその一つだ。要するに、国民全員に経済的安定を保証したに等しい社会契約を反故にし、税率と物価を引き上げ、一般家庭の貯蓄の購買力を破壊し、年金をカットし、さらには企業が社員の生活を保障した歴史上画期的な制度を将来性も生活の保障もない非正規社員だらけの職場と置き換えようとさえしているのだ。ウォール街の銀行家たちなら、資産を丸裸にされた企業や解雇した社員たちのなれの果てを見てほくそ笑み、大口をあけて笑うところだろうが、日本でこれらの変革を推進している当事者たちはそんなことはしない。その代わりに、彼らは深く頭《こうべ》をたれて神妙な表情を浮かべるのだが、その背景には自分たちの力が及ばない事情で誰もが犠牲を払うことになっただけで、彼らもその点では変わりないという考えがある。もちろん、これらの変革から個人的な利益を得たことはすっかり頭から抜け落ちているのだが、おそらく彼らが責任を問われることはない。なぜなら、日本に住む何百万人もの一般市民は肩をすくめてため息をつき、「仕方がない」と自分に言い聞かせるだけだからだ。実際には、労働組合を強化したり、労働者の声を代弁する強力な政党を結成したり、明示的なセーフティーネットを整備したり、国内産業の活性化に必要な需要を刺激するために国民の手取り収入を増やして消費意欲を高める政策を打ち出したりするなど、もっと別のやり方はいくらでもあるのだが、誰も検討しようとさえしない。たとえ取り組もうとする人間がいても、幼稚なポピュリズムとして軽視されるのが落ちだろう。反対に、少しでも注目を集めるような気配があれば、「非日本的」な言動として非難され、既成の権力構造を脅かす勢力を「黙殺」するために発展した様々な仕組みによって信頼性を傷つけられることになるのだ。

本書ではそうしたメカニズムの一部についても詳しく見ていくことにしたい（第5章を参照）。そして最後の二つの章では、ここ数十年間で日本に訪れた最大の希望が、アメリカ政府による直接の関与と共謀によって破壊された経緯をつぶさに明らかにしていくつもりだ。その希望が実現していれば、これまでとは違う、もっと優れたアプローチで現在のジレンマから抜け出す機会をもたらしてくれたかもしれない。この経緯については誰もが把握しておく必要があるが、私は特にアメリカの読者にこそ知ってほしいと考えている。なぜならこの問題は、日本人だけでなく私たちの誰もが直面している、より広範な課題を浮き彫りにしてくれるからだ。

その課題に取り組むにはまず、企業、銀行、政府、軍隊、警察といった様々な組織を理解するところから始めなくてはならない。これらの組織の本来の目的は誰もが安全で人並みの生活を送れるようにすることだったが、やがて私腹を肥やそうとする者たちや、国民を全面的に統制し、彼らの私生活に至るまですべてを監視することで「空想上の脅威」から国土の安全を守りたいと考える者たちによって私物化され、悪用されるようになってしまった。こうした目的でこれらの組織を運営する者には、自らの本当の動機について自分を偽りながらそれに必要な行動を取るという精神的曲芸が必要となる。それは『一九八四年』の著者として知られるジョージ・オーウェルが二重思考《ダブルシンク》と名付けた有名な精神状態で、二つの矛盾する考え方を同時に真実として受け入れることを可能にするのだ。オーウェルは権力についてきわめて洞察力に富んだ分析を行なった。現代性を構成する政治的・経済的制度を掌握して自らの目的のために支配しようとする者には、常に大きな知的・心理的な負担がかけられる。彼はそれを理解しただけでなく、その背景にある精神的なメカニズムを明快に語ってみせた。日本の支配階級《パワーエリート》は、矛盾に対する寛容性を受け入れるだけでなく、それを必要不可欠とする政治的・文化的伝統にどっぷりと浸かってきた。そのため、他の国々でも次々に表面化している現象の「ひな型」に近い何かを提供することができる。

　このひな型の存在こそが、高い政治意識を有し、世界の運命について真剣に考えている人々が日本について学ばなくてはならない最大の理由なのだ。日本は現在でも世界第三の経済大国である。ペリー提督がいわゆる「鎖国」の扉をこじ開けて以来何度も繰り返してきたように、この国には今でも人類の歴史を思いも寄らない新しい次元にまで押し上げる力がある（人類がこれまで到達した「新たな次元」には近代絵画、建築、映画、ロシア革命、中国の一九四九年革命、アメリカ経済の再編、そして米連邦準備制度理事会［FRB］のコンピューター以外には価値を保証するもののない米ドルの金融覇権などがある）。日本はすでに二〇年間にわたって、先進諸国で表面化しつつある諸問題に直面してきた（あるいは直面するのを避けてきた）経験を持つ。人口の高齢化、金融システムの崩壊、もはや教科書通りには機能しなくなった財政政策、利益の低下、過剰設備などである。

　こうしたすべてが、誰もが日本について学ぶ必要があることを示唆している。しかも世界の多くの国々がいかに日本とそっくりの状況に置かれつつあるかを知れば、それは時代の要請として際立った切迫感を持ち始めるだろう。日本は現代の産業社会において間違いなく最も独特な存在だが、その独自性は西洋文化の圧倒的な影響力の前に消滅してしまうだろうと長年にわたって予想されていた。だが、それはいまだに健在である。言うまでもなく、工業化や近代化の波はこの国を一変させてしまった。しかし、それらの影響力も日本を東洋における欧米の粗悪なコピーのような存在にすることはなかった。マルクスは資本主義の到来によって「いっさいの身分的な常在的なものは、煙のように消え、いっさいの神聖なものはけがされ〔『共産党宣言』マルクス、エンゲルス著、大内兵衛・向坂逸郎訳、岩波書店、一九五一年、四六ページ〕」てしまうだろうという記憶に残る予言を残したが、日本では必ずしもその通りにならなかった。だがそれは、この国が産業革命以前の何らかの発展段階にはまり込んで抜け出せなくなっているからではない。日本ではどこの国にも劣らないほど経済の近代化と高度化が進んでいる。

日本は日本であることをやめなかっただけなのだ。一方、日本以外の世界では、少なくとも一つの重要な点において支配階級の「日本化」が進んでいる。それは、常に周囲を矛盾に取り囲まれた環境で過ごすことに慣れつつ、自らの真の動機について自分を偽りながらその動機に基づいて行動するという精神的曲芸を完成させることだった。この数十年において日本の権力構造に関する最も洞察力に富んだ分析を行なってきたある論客は「政治的目標は当事者が意識しなくても実現される」と書いている。この指摘が意味するところの重要性を理解しさえすれば、あとはロンドン、ベルリン、北京、ブリュッセル、フランクフルト、ニューヨーク、エルサレム、カイロ、リヤド、テヘラン、そしてとりわけワシントンで起きている出来事を観察するだけでいい。そうすれば、日本について誰が何を知る必要があるのか、そしてなぜそれを知らなければならないのかに関するきわめて重要な手掛かりがおのずと明らかになるはずである。

第 I 部

呪縛の根源を探る

第１章　江戸時代以前の日本

図１　５世紀に築造されたと考えられている大仙陵古墳（仁徳天皇陵）　（写真提供：堺市）

日本列島はユーラシア大陸の外縁を越えた先で三〇〇〇キロ以上にわたって連なり、ある種の地理的な「スイートスポット（最適な場所）」を形成している。それは大陸における文化の発展を吸収するには遠すぎず、軍事的あるいは文化的に圧倒されてしまうほど大陸に近すぎもしない理想的な距離だからだ。その意味では、ローマ帝国時代のゴート族とゲルマン民族や、時代を下って大英帝国と欧州大陸との関係とも比較したくなる面がある。確かに日本は、魅力的な都会的文明が垣根を越えたすぐ先にある社会にどういうことが起こりうるかを示す、理想的な事例と言えるだろう。ここ数世紀に限って言えば、日本は大陸に対して、相手からの影響に劣らぬインパクトをもたらしたと言えるかもしれないが、この国はその歴史の大半を通じて「既知の世界」の事実上の辺境に位置していた。おそらくその結果として、外部の征服者でこの国に関心を示したのは一三世紀のフビライ・ハーンただ一人だった。彼が派遣した艦隊は「神風《カミカゼ》」と呼ばれる偶発的な嵐に遭って沈没したため、日本は危機を乗り越え、モンゴル帝国の大軍に制圧されるというユーラシアの大半を襲った運命を免れることができたのである。

日本は中国文明の周辺部で発展したが、近代以前の日本史において、中国は技術的にも政治的にも世界で最も進んだ国であった。日本が大陸から吸収した膨大な量の知識の大半は、中国よりはるかに小さな朝鮮というフィルターを通して伝えられた。この事実は、その後日本が中国大陸から伝わった制度を吸収し、自分のものにするプロセスを決定づけることになる。その結果、それらの制度のうち具体的にはどれが朝鮮に由来し、どれが中国に端を発するか、あるいはどれがもっと遠方から伝わったものか（たとえば、大乗仏教は現代の北アフガニスタンにあった古代ヘレニズム国家のバクトリア王国から、シルクロードを経由して中国に伝わり、そこから朝鮮半島を経由して日本に伝来したと言われている）を判別するのはもはやほとんど不可能になってしまった。過去一五〇年にわたる葛藤も問題を複雑にしている。日韓両国の間に存在する反感、軽蔑、そして露骨なまでの憎悪は、近代史の事実関係に関する合意を阻んでいるだけでなく、それ以前の両国関係の分析においても客観的な判断を曇らせる結果となっている。日本に伝統的に伝わる文化や制度に朝鮮半島の影響を見出そうとする試みは日本で間違いなく物議を醸すことになるし、日本の植民地支配が残した遺産が現代の韓国経済の成功に何らかの貢献を行なったという見方も同様に韓国国内で大きな議論を招くことになる。（ついでに言えば、狂信的な個人崇拝を築くことで北朝鮮を支配している「金王朝」は、戦前の日本の天皇崇拝をモデルにしているが、平壌《ピョンヤン》への訪問者は、このことを北朝鮮の人たちに指摘するのは控えておいた方がよさそうだ。）

一方、日本の地理的な利点に関しては、こうした議論に悩まされる必要はない。日本の四季、温暖な気候、豊かな火山性の土壌のおかげで、集約型とはいえ前近代的な農業技術でも最高三〇〇〇万人の人口を養うのに十分な食糧が生産できたのである。しかもそれに加えて、並外れて長い海岸線があるために海洋食糧資源をきわめて容易に確保できたこともプラスに働いた。日本人は、他文化のどんな試みも凌駕するようなやり方でこれらの資源を利用する方法を発達させた。その結果、日本が世界で最高の魚介類料理を味わえる国となったことは驚くに当たらない。海は外からの侵略者に対する自然の要害として機能すると同時に、日本人に列島の端から端まで移動するための海上交通路を提供した。山地の多い国土では農地に利用できる面積は限られていたかもしれないが、その代わりに豊かな森林資源があり、大量の木材が持続的に供給された。海の恵みが魚介類料理を生み出したように、日本の山の恵みは寺院や神社や宮殿などに見られる壮大な木造の建築美を可能にしたのである。森からこれほど壮大な木の文化が築かれた例は、他国では類を見ない。山地からは新鮮で清潔な水がたっぷり流れ出し、飲料水だけでなく灌漑やエネルギー源としても利用された。

日本の歴史の特殊性は、これらの三つの要素によって説明できる部分が大きい。日本は文字や宗教と哲学の大半、技術、それに多くの制度の少なくとも外形的な部分を大陸（主に中国）から導入した。だが同じように中国から多くの知識を取り入れた朝鮮やベトナムといった国と違い、日本は決して中国の政治的傘下に入ることはなかった。日本は自らを中華帝国の一部であるとか属国であると考えたことはなかったし、中国もそういう視点で日本を見ることはめったになかったのである（唯一の例外については後述する）。日本人には常に外国から借用されたものと日本固有のものとを区別する鋭い嗅覚があった。「日本」と「外国」の境界線は日本語そのものの中にさえ引かれている。六世紀になって初めて大陸文明との長期にわたる接触が行なわれると、必然的に日本語に文字を導入する試みが始まった。他に模範とするものがなかったため、その目的のために漢字が輸入された。それぞれの漢字には、二種類以上の発音が割り当てられたケースが多い。一つ目は「訓読み」で、漢字が表す意味を在来の日本語を当てて発音したものである。二つ目が「音読み」で、当時の日本語の発音でもとの中国語にできるだけ近い読み方をしたものだ。(1) たとえば、人間を意味する「人」という漢字の音読みは「ジン」（中国北部から導入した「漢音」(2)）か「ニン」（「呉音」）だが、「訓」は「ヒト」（在来の日本語で人間を意味する）となる。英語にも同じようなケースがある。一例を挙げれば、mansion（邸宅）や chair（椅子）という少し気取った響きのある言葉はノルマン・フランス語に由来し、同じ意味でもっと簡単なアングロ・サクソン語由来の言葉（house と stool）に置き換えることができる。だが、英語では mansion や chair のルーツがフランスにあることはとっくに忘れられているのに対して、日

（1）日本語の発音は元の中国語の発音と漠然としか似ていないケースがほとんどだが、これは日本語のポリネシア語に近い単純さと比べて、中国の音韻体系がはるかに複雑であることに原因がある。

本では「ジン」の読みが中国から伝わり、「ヒト」が古来の日本語の読みであることを知らない生徒はほとんどいない。

これと同様のことは、日本が知識を借用した他の分野にも見られる。建築から音楽、宗教、絵画、統治制度、冶金に至るまでのあらゆる分野で、日本的な様式の上に大陸から導入された様式が移植されていった。その結果、日本に定着したものが原型よりもはるかに優れているケースも生じ始めた。周辺の蛮族が自分たちより何かに秀でていることなど決して認めようとしない中国人でさえ、日本における製紙や染色の技術は中国よりはるかに完成度が高いという事実を認めざるをえなかった。武士《サムライ》が使う刀は、現代の鋼鉄製錬技術が登場するまでは、世界で最も良質の鋼鉄で鍛造されていた。

こうして、大陸文明との接触が記録に残された最古の時代から、日本は常に自らを中国と異なる、独自の歴史と伝統を持つ別個の存在として位置づけてきた。近代以前の農民には村落での付き合いを超えた政治意識は大して発達していなかったかもしれないが、日本の支配階級は自分たちの最も重要な政治的アイデンティティーは地域や地元ではなく、国家レベル(つまり日本)にあると認識していた。さらに彼らは、中国はもちろん、朝鮮、インド、モンゴルといった他の国家が存在することも把握していた。その結果、一九世紀半ばに欧米列強の圧力で日本が開国を余儀なくされた時も、この国の支配者層は「国家主権」の概念に基づいて世界秩序を保つという理想的な考え方を理解し、それに順応するのにさほどの努力を要しなかった。ウェストファリア条約(一六四八年に三十年戦争を終結させるために締結)

で確立された「地球上の陸地表面は複数の独立した領土に分割され、それぞれの領土内で人きな権限を持つ政府が設立されるべきである」という概念である。ここで最も重要なのは「国民国家」こそが領土の単位であるということで、それは「文化的・歴史的に一つの構成単位に属することを自覚する人々の集まり」と定義された。

「天皇制」の成り立ち

日本の天皇制は世界で最も古い世襲君主制である。今日まで生き残っている政治制度の中で、確実にそれより古いのはローマ法王制度だけだ。しかし、それと矛盾するようだが、日本の天皇がこれまで直接的な形で政治権力を行使することはめったになかった。それこそ、天皇制が制度としてこれほど長く生き延びてきた秘訣なのかもしれない。日本の創世神話によれば神の血筋を引く皇室の始まりは紀元前六六〇年とされているが、実在の天皇が最初に

---

(2) 漢字の数が限られていたため、個々の漢字には二種類以上の音読みが当てられる場合が多かった。一つ極端な例を挙げると、「生」には「ショウ」、「セイ」、「ハ（エル）」、「イ（キル）」、「オ（ウ）」、「ウ（ム）」、「ナマ」、「フ」「キ」の九種類の読み方があるが、一つの漢字に四つか五つの読み方があるのは珍しいことではない。「生」には「生きている（料理する前の火を通していない状態）」という意味があるので、たとえば熱処理をしていないビールの瓶には「生」と記されている。「生ビール」は「ドラフトビール」と同義である。

登場したのはおそらく三世紀か四世紀近くになってからのことだろう。六世紀前半より前の歴史に関しては文字による記録が残っていないのだが、当時の日本は有力な豪族で構成された政治集団に支配されており、そのリーダー格にこそ皇室のルーツがあったようである。

六世紀後半、仏教の伝来と共に火葬の習慣が伝わるまでは、天皇が崩御すると堀で囲まれた鍵穴のような形の巨大な古墳に埋葬されていた（本章冒頭の大仙陵古墳を参照）。これらの陵墓を管理する宮内庁が考古学者に学術調査のための発掘許可を出すことはめったになく、祭祀の場であるために「御霊の尊厳」の保持が必要であると主張してきた（最近になって内規を改めた結果、限定的に立ち入り調査が容認されるケースが増えてきた）。だがその裏には別の懸念も潜んでいる。こうした発掘調査が実施されれば、「万世一系《ばんせいいっけい》」であるはずの天皇の血筋に疑問が生じるような発見が行なわれないとも限らないからだ。

天皇は元来ある種のシャーマン的な存在だったようで、そのために彼らの役割は最も早い時期から宗教的色彩を帯びていた。天皇は神道における実質的な「最高神祇官《しんぎかん》」であった。神道とは文字通り「神の道」を意味するが、それは朝鮮（当時の百済）から仏教が伝来した後に、日本土着の信仰を「仏の道」から区別するために与えられた名称だった。

仏教と神道の間にはほとんど緊張関係は存在しなかったが、一九世紀後半に明治政府が国外から持ち込まれた要素をすべて思想的に排除した軍国主義的な国家神道を意図的に確立したため、状況は一変した。それまで神道と仏教は何の問題もなく共存していた。今でも、小さな神社が大きな仏教寺院のすぐそばに密集しているのを見掛けることがあるが、それは中世に建てられたヨーロッパの大聖堂に付属する、聖人に捧げられた礼拝堂を思わせるところがある。実のところ、神道の神々はしばしば仏教で衆生を救うために修行を重ねる菩薩の化身であると考えられていた。今日においてさえ、同じ日本人が赤ん坊の時にはキリスト教の洗礼のように神社で「お宮参り《みやまいり》」に連れて行かれ、死ぬ時には仏教の寺で葬式をしてもらうのはごく普通のことである。その中間地点のどこかで、名目上はキリスト教式の結婚式を挙げることもある。数世代前の日本人はキリスト教式の結婚式を挙げることはなかっただろうが、目的によって神道の儀式と仏教の儀式を使い分けることに何の不自然さも感じていなかった。

天皇制はこの宗教的折衷主義を体現している。主要な仏教寺院は皇室の直接的な保護下で運営されていたが、しばしば皇室の血を引く大僧正を受け入れており、天皇自身も神道の大祭司としての地位を保ち続け、その最も重要な儀式を自ら執り行なってきた。それは伊勢神宮で皇室の祖先とされる天照大神《あまてらすおおみかみ》を祀るために行なわれるものだった。

一六世紀に日本を訪れたある西洋人は、日本の政治体制を理解しようとして、この国には法王と皇帝の両方がいると報告した。だがその際に、実際とは逆に「皇帝」に相当する天皇を「法王」と呼び、そして将軍を「皇帝」と誤認していたのである。将軍に関しては後述するが、実はこの外国人の描写は当時の統治制度の実態をより忠実に反映していたかもしれない。英語では日本の名目上の最高権力者の称号が“His Majesty the Emperor”（皇帝陛下）と「誤訳」されていたが、これは日本人が自分たちの使っている「天皇陛下」（字義通りに解釈すれば「天から遣わされた君主」という言葉をそう訳したためだった。日本人は「天皇陛下」を皇帝と呼ぶことで、何らかの理由によって「王」よりも上位の存在であることを示そうとしたのだ。だが、これは西洋の「emperor（皇帝）」という言葉の誤用にほかならなかった。それはローマ時代の「imperator（インペラートル）」を語源としており、元はと言えば軍の最高指揮官に与えられた称号だったからだ（その意味では、たとえば複数の国家で構成される帝国の軍事的な支配者に使われるのがふさわしい）。天皇陛下は日本という一国家の宗教指導者であり、宗教の主柱的存在であると同時に政治的正統性の源泉だった。その一方で、文字通り「蛮人（異民族）を征討する軍の最高権力者」を意味する征夷大将軍こそが、天皇よりも「インペラートル」が元来含んでいた意味にはるかに近い言葉と言えた。

それでも、海外では日本の天皇を「エンペラー」と呼ぶことがあまりにも一般的になってしまったため、今さら変更されるとは考えにくい。しかし、日本の歴史の大半を通じて天皇は国の精神的指導者を務めてきたのであり、積極的に統治したわけではないことは心に留めておくべきだろう。その結果、日本で政権が交代した時も、天皇は中国や朝鮮やベトナムの「皇帝」と異なり、新たな王朝を立ち上げた支配者によって転覆させられたり取って代わられたりすることはなかった。その代わり、皇室は支配者が統治の権利を獲得するために必要とする政治的正統性のきわめて重要な象徴として機能したのである。

藤原家と平安京の設立

八世紀末から一二世紀末にかけて、日本の政治的実権は「政略結婚」を通じて皇室と姻戚関係を結んだ藤原氏に集中していた。この公家の一族は通常、天皇の後継者となることが確実な皇太子にあらゆる手段を講じて藤原氏の娘を嫁がせることに成功してきた。多くの場合、こうした結婚は夫婦のどちらもまだ幼いうちに行なわれた。天皇の跡継ぎへの支配力を彼らから奪うような勢力が登場すれば、潜在的な脅威になりうることを彼らはよく承知していた。藤原氏の典型的なやり口は、天皇が宗教的儀式を行なうことはできても政治的陰謀に加担するほど成熟していない少年時代に即位させ、青年期を迎えると即座に退位するように仕向けるというものだった。その間は大体において藤原氏出身の摂政が実権を行使したわけである。

大陸文明の第一波が日本に押し寄せた六世紀後半から、強力な豪族間の争いが数十年にわたって続いたが、藤原氏はその中で頭角を現した一族だった。この権力闘争は中臣鎌足《なかとみのかまたり》が六四五年に中心人物となって起こした乙巳《いっし》の変《へん》で頂点に達した。この政変で彼は当時政権を握っていた蘇我入鹿《そがのいるか》を暗殺し、ライバルの蘇我氏を押しのけて体制を刷新すると、中大兄皇子《なかのおおえのおうじ》（後の天智天皇《てんじてんのう》）と協力して「大化の改新」と呼ばれる一連の改革を行なったのである（その後、鎌足は藤原姓を賜り、子の代の六八五年にそれが氏族の姓として認められた）。大化の改新とは、要するに中国の高度な政治制度を大々的に導入する試みだった。皇室を取り巻く豪族の指導者たちは、彼らの知る限り最も先進的な政治体制を真似て日本の制度を確立した。そうすることで、国家として発展期にあった日本を支配する権力基盤を固めようと考えたのだ。

七一〇年には奈良に日本初の恒久的な首都（平城京《へいじょうきょう》）が建設された。それまでは、天皇が崩御するたびに遷都が行なわれていたのだ。奈良はかつてロシア帝国の首都であったサンクトペテルブルクやアメリカのワシントンのように政治の中心地として栄えた都市で、国家としての日本の政治体制を目に見える形にするために上からの命令で設立された。(3) 当時世界最大の都市であった中国・唐《とう》王朝の首都長安《ちょうあん》（現在の西安《シーアン》市）を模倣して建てられたため、同じように碁盤の目状に道路が張り巡らされ、北端に天皇のいる宮城《きゅうじょう》が置かれていた。奈良は日本に初めて登場した本格的な都市で、人口も設立後数十年以内に約二〇万人にまで膨れ上がった。唐風の建築様式で建てられた重要な寺院が各所に点在し、大陸の芸術や学問の源泉として機能していたが、中でも最大の建築物が東大寺《とうだいじ》（字義通りに読めば「東方の偉大な寺院」）であった（前身の寺院は七二八年に建立された）。この世界最大の木造建築物には世界最大の青銅製仏像が安置された。その建築には遠方から広く資金を調達する必要があったため、権力を奈良とその周辺地域に集中させる効果もあった。東大寺そのものは全国各地に建立された「国分寺」の頂点に立つ「総国分寺」として位置づけられ、日本の仏教にとってのバチカン（総本山）のような存在となった。(4)

八世紀は日本仏教の黄金時代だった。だが寺院権力があまりにも強大化したため、寺院の果てしない建立ラッシュで国家財政は破綻に瀕し、僧侶のうちには皇位継承問題に干渉する者まで出現した。女帝の孝謙《こうけん》天皇は、ロシアの怪僧ラスプーチンを思わせる僧侶・道鏡《どうきょう》を寵愛した。そして、その強い影響下で対立する藤原氏の実力者を滅ぼし、有力な皇族を粛清したあげく、道鏡を直接皇位に就けさせようとまでしたのである。

彼女の行動は、日本を支配してきた貴族たちを心底震撼《しんかん》させ、今後は女帝の即位を排除することが定められた（この数世紀後には何人かの女帝が誕生しているが、いずれも正式な跡継ぎである皇太子が成人するまでの当座しのぎにすぎなかった）。さらに彼らは僧侶たちから政治権力をほとんど剝奪してしまい、奈良の大寺院の勢力が二度と国家の中枢に入り込まないように遷都を断行したのである。

一度選んだ遷都先が放棄されるなどの紆余曲折を経て、貴族たちは七九四年に水が豊富で三方を山々に囲まれたとある盆地を造営地に選んだ。新都は「平安京《へいあんきょう》（無上の平和が約束された首都）」と名付けられたが、後年には単に「国都」を意味する京都と呼ばれるようになった。平安京も長安の都市計画を手本としており、碁盤割りの市街地は縦横に走る大通りで

(3)　政治的な理由で建設されたのではなく、経済・商業の中心地として自然に発展した日本最初の都市は大坂である。

(4)　今日でも奈良に残る多くの史跡を訪ねれば、当時の面影をしのぶことができる。創建当時の東大寺は焼失して何も残っておらず、現存の建物は一八世紀に再建されたもので、元の大仏院と比較すると三〇％も規模が小さい。それでもいまだに世界最大級の木造建築物であり、芸術的には平凡だが巨大な仏像（これも後世に復旧された）が安置されている。一方、奈良とその周辺地域にはこれ以外にも数多くの寺院が当時の姿のまま残されている。

仕切られていた。宮城はその頂点（中央北部）に配置されたが、それらはすべて中国の「風水」で理想とされる条件を満たしていた。市の中心部に川が流れ、北東（鬼門とされる方角）には京都を三方から囲む山峰の中で最も標高の高い比叡山《ひえいざん》が鎮座していた。その山上には東大寺に代わって当時の仏教の頂点に立った延暦寺《えんりやくじ》が建立されていた（実際には延暦寺という単独の寺院はなく、多くの寺社の総称だった）。これらの寺社は仏教の力によって京都の鬼門を守護する役割を担うことになったが、その一方で寺院勢力が政治に直接介入しないように、十分な距離で隔てられてもいた。それでも、その後しばらくたつと、こうした予防策にもかかわらず、比叡山の僧兵たちが時折京都市中に押し寄せ、他勢力と対抗したり、朝廷などに対して強訴《ごうそ》を行なったりするようになった。これに終止符を打ったのが戦国大名の織田信長《おだのぶなが》である。一五七一年の比叡山焼き討ちで延暦寺の寺社をことごとく焼き払い、寺社勢力の政治権力を完膚なきまでに叩き潰したのだ。

だがこれらの出来事が起きるのは何世紀も後のことである。その間、藤原氏は京都において美的にも芸術的にも世界で最も洗練された文明の中心地を築き上げた。支配階級の貴族たちは過去数世紀にわたって吸収した文化や知識を消化しつつ、さらに精緻化させていった。外部からの深刻な脅威が存在しなかったため、彼らには芸術に身を捧げる時間のゆとりがあったのだ。これほど驚異的なレベルにまで芸術的・文化的感性を高めた文明は、ほかにはベルサイユ宮殿やムガル帝国の宮廷文化といった時代的にも距離的にも遠く離れた例しか見つからないだろう。しかも、その後の日本文化にもきわめて長期的な影響をもたらしたのである。

平安時代の遺産

約四世紀続いた「平安時代」は、日本に真に独特な文化をもたらした。もちろん、日本は平安時代以前にも、数世紀にわたって国家として独自の存在であることを自覚していた。だが奈良時代は、その壮麗さにもかかわらず明らかに唐文化の派生物でしかなく、しかも奈良に遷都が行なわれる数十年前までは、「日本」は単なる部族や豪族の集合体でしかなかったのである。それに比べて平安時代は、日本が政治・芸術・社会のあらゆる分野で大陸文明を模倣する路線から大きく離れ、中国から輸入された文化や制度を同化吸収した後に、再び独特で別個の文化に逆戻りし始めた時期であった。海外の制度を消化して再構成する過程で完全に日本化してしまうというパターンは、その後も日本の歴史を通じて何度も繰り返され、現代にまで受け継がれていくことになる。

平安時代を支えた経済的・政治的基盤は数世紀の間に少しずつ朽ち果てていったかもしれないが、その文化は深くしっかりと日本に根付いて現代まで生き残っている。宮中の儀式や平安貴族の階層性《ヒエラルキー》は、政治的正統性をもたらす究極の存在として二〇世紀に至るまで機能し続けてきた。一九四九年に現行憲法が成立すると貴族はついに廃止されたが、「即位の礼」、「結婚の儀」、「大喪《たいそう》の礼」といった皇室の儀式は今でも平安時代に確立された装束を身にまとった人々によって司《つかさど》られ、平安時代に成立した雅楽の演奏に伴われて執り行なわれる（日本の雅楽は、エジプトのコプト正教会が発展させた典礼音楽とともに、演奏される伝統音楽としては世界最古の様式とされている）。日本での生活のあらゆる場面に今も浸透している卓越した審美眼や洗練された美的感覚は、平安宮廷の高尚な美意識に端を発している。日本に旅行した者が旅館の部屋で完璧に生けられた一輪挿しの花に目を留めた時、またはデパートから優雅に包装された贈答品が届き、その上に季節に言及した商品説明が流麗な筆記体で書かれていた時、あるいは日本で自動車のドアを開けて、しわ一つない座席カバーや汚れ一つないシートに思わず感動してしまった時、その旅行者が目にしているのは一〇〇〇年前に生きた少数の貴族たちが取りつかれていた「美と様式」のわずかな残像なのである。

そしておそらく、この芸術的遺産こそが平安時代の重要性を決定づける最大の要素なのだ。今では当時の建築物はほとんど残っていない。十円玉の裏に描かれている息を飲むほど美しい平等院鳳凰堂《びょうどういんほうおうどう》は、元は偉大な摂政として名を残した藤原道長《ふじわらのみちなが》の別荘だった。この寺院は当時の建築物がほとんど残存していない中で平安時代そのままの形を留めている数少ない建築物の一つである。それ以外に当時の平安宮廷の壮観さをしのばせるのは、わずかに残っている仏像や巻物くらいだ。

一方、文学に関してはまったく事情が異なる。その内容はほぼ完全な状態で今日まで伝わっているからだ。そこには膨大な量の詩歌、何冊かの小説、それに世界で最も偉大な文学作品のうちの二冊である『枕草子《まくらのそうし》』と『源氏物語《げんじものがたり》』が含まれる。この二冊はどちらも同時代に生きた宮廷の女官によって書かれた。実際に、重要な作品が事実上すべて女性によって書かれたという点で、平安文学は世界史においてきわめてユニークな位置を占めているのだ。

女性によって書かれた文学

平安時代の重要な文学作品がすべて女性（あるいは女性の筆名を使った男性）によって書かれた理由は、大陸からの輸入文化と土着文化の二項対立にまでさかのぼる。それはおそらく日本の歴史と文化において最も古く最も重要な中心的テーマと言っていい。日本が大陸文化と最初に接触したのは平安京の設立より三〇〇年ほど前のことである。この時、日本は日本語と中国語を合わせて新たな書き言葉を作るという世界で最も厄介な作業の一つに取り掛かろうとしていた。それはまったく形の違うパズルのピースを無理やり組み合わせるようなものだった。

五世紀の中国語はすでに完全に「配置型言語」（文章における語順が意味を決定する言語）になっていた（英語もまた大部分において配置型と言えるが、I walk［私は歩く］、you walk［あなたは歩く］、he walks［彼は歩く］のように、三人称単数に「s」を加える語尾変化も一部に残っている）。だから中国語を書く場合、一つの文字が一つの単語を表す難解だが美しい表意文字（つまり漢字）が使われるのは、きわめて合理的な選択なのである。

一方、日本語には語尾変化が多く、そのために様々な「文法」を学ぶ必要がある。たとえば、誰が何を誰にどんな時に言っているかで動詞の語尾が変化すること（「動詞の活用」）もその一つだ。ラテン語の名詞で格を示す語尾と何となく似ている「助詞」にも重要な働きがある。日本語では形容詞でさえ活用する。表意文字の体系では語尾変化をうまく処理することができないのだが、地中海世界で使われていた初期の表意文字がフェニキア文字に変化し、それが後にギリシア文字やローマ字になったのはそれが理由だった。インドでもブラーフミー文字やサンスクリットの表記で似たようなことが起きている。

日本語の語尾変化を漢字で表記するというのは極めつけの難事だった。そのため、最終的には一つではなく二つの文字体系が発展することになったが、そこにはおそらく仏教のパーリ語経典がサンスクリットで記されていたことの影響も働いていたと思われる。日本語の仮名（平仮名と片仮名）では一つの文字が音素ではなく音節を表しているので、厳密に言えばアルファベットの体系ではなく音節文字の体系である。仮名を創作したのが東大寺の別当《べっとう》（長官）を務め、弘法大師としても知られる名僧・空海（七七四年－八三五年）であったという言い伝えも残っている。[5]

仮名は漢字をもとに作られたが、それに取って代わることはなかった。現代日本語の書き言葉では、動詞の語幹の大半は漢字で表し、活用語尾を平仮名で書くのが普通である。その一方で、英語やフランス語などの西洋の諸言語から借用された言葉は片仮名で表記される。その結果、現代日本語の書き言葉は表意文字と二つの音節文字体系で構成されるユニークなハイブリッド言語となった。

仮名は平安時代にはすでに使われていたが、まだ漢字とは統合されていなかった。文章を書く時は、日本語向けに中国語を修正したひどく使いにくくて難解な「漢文（文字通り「中国語で書かれた文章」）」か、完全に仮名だけを使って行なわれた。前者は公文書をはじめとする「重要な」文章のために使用され、後者はもっと形式張らない用途、つまり想像力を要する文章や血の通った心の通じ合いを可能にするやり取りに使われた。こうして、漢文は言ってみれば「男の文字」であり、仮名は「女の文字」と見なされるようになったのである。漢文を書くという行為は基本的に自分では話せない言語を使って書くことを意味したので、漢文による文学作品は中世ヨーロッパにおいて硬直したラテン語で書かれた作品と同じ程度の印象しか残せなかった。つまり、ほとんど記憶に残らなかったということである。一方、仮名は人々が実際に話したり考えたりしたことを当時の言葉で書き記すことを可能にした。そのため、現代人に訴える内容を含む作品は「仮名文学」に限られた。そのうち最も偉大な作品を残したのが清少納言《せいしょうなごん》と紫式部《むらさきしきぶ》という二人の女性であった。

---

(5) 弘法大師（空海）は、アイルランドにキリスト教を広めた聖人・聖パトリックのように、日本全国津々浦々を行脚しながら多くの寺院を建立していったと伝えられている。大阪の南方に位置し、多くの寺院がある聖地「高野山《こうやさん》」を開いたのも空海であると言われ、今もその地で「生き仏」として禅定《ぜんじょう》を続けているという伝説さえある。

『枕草子』と『源氏物語』

すべての偉大な文学作品と同様、この二つの古典的名作も人間の条件にかかわる普遍的な真実を追求しようとした点で時代や場所を超越している。『枕草子』は時に驚くほど現代的な視点で人間の弱さを描き出しているし、『源氏物語』は主要な登場人物たちの内面や成長過程を描いたという点で世界最初の真の小説としての条件を満たしていた。

どちらの作品も、基本的に美的感覚と「血統（育ちの良さ）」だけが価値判断の基準であり、それらがお互いに絡み合った社会を描き出している。「趣味の良い」人間はほぼ間違いなく高貴の生まれであり、その逆もまた真であった。重ね着した着物の色合わせに失敗したり、字が乱雑であったり、和歌に不適切なイメージが盛り込まれていたり、手紙に季節に合わない紙を選んだりするなど、趣味の悪さを露呈することは重大な道徳的欠点であり、育ちの悪さを示す行為と見なされた。

その一方で、不特定多数の相手と性交渉を持つことは許容されていたばかりか、期待されていた。貞節はおろか純潔を守ることさえ、例外的というよりもはや奇抜な行動と見なされていたのである（少なくとも男も女も中年を迎えて「隠遁」や「出家」に憧れる年齢になるまではそうだった）。下層階級（特に女性）は完全に高貴な人々の善意に頼って生活していた（上層階級に仕える以外に「生計を立てる」選択肢はなかった）。当時の経済には基本的に「貨幣」は存在しなかったため、寵愛を失った者の末路には孤独だけでなく極貧の日々が待っていた。『枕草子』は生き生きとした筆致で描かれた日々の印象や思いつきの走り書きから成る素晴らしい随筆だが、『源氏物語』で紫式部がしてのけたのは、当時の社会的基準が人々にどんな影響を及ぼしたかを登場人物たちの心の内側に入り込んで描き出すことだった。とりわけ注目すべき点は、アイヴァン・モリスが著書『光源氏の世界』（『源氏物語』だけでなく、平安時代の宮廷生活一般に関する優れた入門書）で指摘しているように、紫式部は嫉妬を「人間にとって最大の苦悩」（モリスの言葉）として描いていることだった。だが彼女が住んでいた社会の仕組みを考えれば、それは不思議でも何でもないことである。

表面だけを見れば、紫式部が描く世界と我々が住む社会との間にほとんど共通点はないにもかかわらず、現代の読者がこの小説にこれほどすんなりと入り込めるのはここに理由がある。たとえば同性愛者の作家エドマンド・ホワイトは、エイズが猛威を振るい始める前のマンハッタンやハリウッドの狭いゲイ社会において、平安文学がいかに男たちの琴線に触れたかについて記している。この世界もパトロンの存在や不特定多数とのセックスや「趣味の良さ」がすべての価値判断に優先されることを特徴としていたからだ（ただし、ここでの「趣味の良さ」とは「血統」ではなく「ルックス」を意味した）。さらに、言うまでもなく、紫式部がきわめて洞察力に富んだ描写を行なった経済的依存の心理的・情緒的影響は多くの女性の共感を呼ぶはずである。『源氏物語』の多くの登場人物にとって、「嫉妬」とは単に寵愛を失うことや容姿が衰えることへの恐怖だけではなく、本人がそう口にするかどうかはともかく、高貴な愛人の関心を失えば社会的地位を喪失することを彼らが強く意識していることにも由来している。明示的ではないがほのめかすような形で、宗教的テーマが小説の全篇を貫いている。そこには誰にも逃れられない業《カルマ》が働いているのだ。紫式部や彼女と同時代の人々は、自分たちにとって最善の日々はすでに過去のものであると考えていた（平安貴族を支えてきた政治的・経済的基盤はその時点ですでに崩壊しつつあり、その意味では彼らの考えは正しかった。紫式部の死後一世紀もたたないうちに、貴族たちは権力の座から追われることになる）。彼らは己の凋落をこの世が「末法《まっぽう》」（仏教において、釈迦が説いた正しい教えがまったく行なわれなくなる時代）に入ったせいだと考えた。

平安時代の崩壊と封建社会の到来

平安政権が崩壊したのは、他のあらゆる政治体制が崩れるのと同じ理由によるものだった。指導者たちが政府の基本的な機能を果たせなくなるレベルまで税基盤が縮小したのだ。その機能とは秩序と経済活動に不可欠な基本的枠組みを維持することだった。ところが彼らは、治安を維持できるほどの強力な軍事組織を育成し、同時にそれが暴走しないように監督するという政権の命運にかかわる問題の処理能力に欠けていた。

京都に集結していた貴族たちは、荘園《しょうえん》と呼ばれる私有地を全国各地に所有しており、彼らの生活はそこで生産される米の大半を収奪することで成り立っていた。当時、米は日本経済の基盤を成し、他の必需品と交換されていたが、この経済構造は一九世紀半ばまで変わることはなかった。問題は、これらの荘園の領主の中に表向きは朝廷から承認された形で租税を免除される者が増え始めたことだった。

その結果、中央政府はもはや機能維持に必要な歳入を確保できなくなった。しかも貨幣鋳造能力さえ失われていたため、もはや米の現物を税金として徴収してもそれを商品交換の媒介物に換えることはできず、もっぱら物々交換に頼るようになった。こうして藤原氏はこれまで彼らの権力基盤を武力で支えてきた武士団に報酬を払う財政基盤もその手段も失ってしまったのである。そのため社会秩序は崩壊し、街道に野盗が出没したり、首都自体の市街地にも盗賊が横行したりし始めたが、さらに深刻な問題は武士団が彼らを無視してわがもの顔で行動するようになったことだった。藤原氏は皇位継承への影響力を失い、天皇と同盟を結んだ武士は次第に政治にも介入するようになっていった。要するに、藤原氏が一族の利権のために朝廷を操り、伝統的に行使してきた特権がそのまま武士に奪われてしまったわけである。

平安時代末期には上皇（譲位した天皇）が執政を行なう「院政」が盛んになった。（表面上はすでに現役を退いた上皇が「院」と呼ばれたのでこの名が付いた。）たとえば、白河天皇の場合、一〇八七年に退位したものの、通常は権力を握る摂政を押しのけ、次の三代の天皇の治世にわたって院政を敷き、自らが直接統治を行なった。

武士は、平安時代後半にはすでに独自の階級を形成し、やがて「侍《サムライ》」と呼ばれるようになったが、この名称は「貴人のそばに仕える」ことを意味する「さぶらふ」という言葉に由来する。表面上は皇位継承をめぐる争いなどの形を取りながら、彼らは実際にはこの国の支配権を確立するために次第に日本全国を内乱状態に陥れていった。その最終決戦となった「源平合戦（治承《じしょう》・寿永《じゅえい》の乱《らん》）」では、平氏《へいし》と源氏《げんじ》という最強の武士の一族同士が衝突し、一五世紀のイギリスで起きた「薔薇《ばら》戦争」のような壮大な戦闘を展開した。その結果、初めて武力行使によって武家政権が誕生し、その物語を題材として数え切れないほどの演劇、絵巻、軍記物語、そしてそれ以外の様々な芸術作品が生み出されたのである。

この内乱を描いた古典的名作『平家物語』は、『源氏物語』と並んで日本文学の礎を築いた作品と考えられている。だが『源氏物語』にプルーストの『失われた時を求めて』の一一世紀版のような一面があるのに対して、『平家物語』にはトロイヤ戦争を題材とする『イーリアス（イリヤッド）』や中世フランスの戦争を描いた『ローランの歌』との類似点が多い。これらの作品と同様、『平家物語』もまた勇気、友情、裏切り、悲劇に彩られた数々の武勇伝を描く壮大な英雄叙事詩にほかならないからだ。事実、物語の劇的展開や「滅び」が生むペーソスを見事に描き出している点で、第一巻で最高潮に達する壇《だん》ノ浦《うら》の戦《たたか》いに勝る描写を他の作品で見つけるのは至難の業だろう。源平合戦の最終決戦となった一一八五年三月のこの戦闘では、まだ幼い天皇が祖母に抱かれて三種の神器と共に入水する。舞台となったのは本州と九州を隔てる関門海峡で、現在の下関市周辺の海域である。当初、平氏は戦いを優位に進めていたが、武将の一人が寝返って、まだ六歳（数え年八歳）の安徳《あんとく》幼帝と二位尼《にいのあま》と称した祖母が乗っている軍船を源氏方に教えた。二位尼は平氏政権を成立させた一族の偉大な指導者、平 清盛《たいらのきよもり》の未亡人だった。清盛は武士《サムライ》として初めて日本の実質的な支配者となった人物である。『平家物語』は清盛を中心とする平家一門の興亡を描いた作品と言えるが、彼が一族のために成し遂げたすべては、妻と孫の死によって海の藻屑と消え去ることになる。

ここで意義深いのは、この英雄叙事詩が敗者の名前をタイトルに冠していることだ。日本で最古の文化的な元型《アーキタイプ》の一つに「高貴なる敗北者」というものがある。それは、大義への純粋な献身と忠誠心だけに支えられ、勝ち目のない戦いで奮闘を続けて死んでいく英雄像を描いている。『ラストサムライ』（トム・クルーズと渡辺謙《わたなべけん》が共演）を見た欧米の映画ファンなら、その一例を目にしたことがあるはずだ。この映画はかなり大雑把ではあるが、封建体制が最後の抵抗を示した一九世紀後半の有名な出来事に基づいている。一方、勝者を崇める傾向が強いアメリカ人でさえ、似たような心情を抱くことはある。たとえば、南北戦争で敗者の将となった南軍のロバート・E・リー将軍の生涯は、日本的な「高貴なる敗北者」の類型にかなりぴったりと当てはまる。もっとも、日本文学研究者のアイヴァン・モリスによれば、リーが日本で間違いなく英雄伝説の仲間入りをしたければ、最後のアポマトックス方面作戦で降伏して晩年まで堂々と生き延びたりせず、戦死すべきであったという。

このように「高貴なる敗北者」の元型は日本に特有のものとは限らないかもしれないが、とりわけ日本人の想像力を虜にしてきたことは間違いなく、時にそれは暗い結果を招いた。たとえば、第二次世界大戦末期に不可避な結末に抗うために無駄死にさせられた「神風特攻隊」の若き飛行士たちがそうだ。『平家物語』は壇ノ浦における平家滅亡で幕を閉じるわけではなく、この戦いを勝利に導いた武将の悲劇的な末路も追っている。源氏の頂点に立つ源頼朝《みなもとのよりとも》の弟、源義経《みなもとのよしつね》である。義経は数え切れないほどの演劇、小説、絵画などにおいて華奢で女性的なところさえある少年として描かれ、真剣勝負で彼に負けて以来、忠義と愛情を捧げるようになった僧兵の武蔵坊弁慶《むさしぼうべんけい》に伴われていた。日本で時代を超えて生き残るもう一つの文化的元型は、この弁慶の人物像に基づいている。それは最後まで勝負を諦めない屈強な戦士で、言葉は巧みではなく感情を表に出すのも苦手だが、実直かつひたむきで主人には頑固なまでに忠誠を尽くす男の姿である。一方、義経はまさにその純粋さと美徳のせいで夭逝《ようせい》する運命を背負う美少年の元型を成していた（歌舞伎で義経を演じるのは通常女形《おんながた》であることを見逃してはならない）。義経と弁慶の関係は、日本文化が生み出した素晴らしい男の絆の物語《ロマンス》の一つでもある。壇ノ浦における栄光の勝利の後で、義経は源氏を率いる兄の頼朝に疑惑をかけられ、怒りを買ってしまう。頼朝は自らの権力に脅威となりそうな相手はすべからく即刻排除してきたような武将である。その結果、義経は頼朝の手先に日本中を追い回されることになった。事実上すべての味方に見放された中で、唯一最後まで義経に付き従ったのが弁慶であった（能や歌舞伎で何度も繰り返し演じられ、最終的には黒澤明《くろさわあきら》の映画『虎の尾を踏む男達』でも描かれたあるエピソードでは、胸が張り裂けそうな場面が展開される。奥州へ落ちる途中、荷役を担ぐ強力《ごうりき》に変装したのを見破られそうになった義経を弁慶が激しく打ち据えて容疑を晴らそうとする。頼朝の部下である関守《せきもり》は、本物の義経なら部下にここまでされまいと納得した振りをして、武士の情から一行を通過させるのである）。結局、主従二人は逃避先の奥州で味方に裏切られ、潜んでいた館を兵に囲まれる。弁慶は単身で大勢の敵とよく戦い、義経が妻と娘を伴って自害して果てるまで相手を決して寄せ付けない。もはや弁慶と正面から相対しようという兵は誰もいなかった。映画『ロード・オブ・ザ・リング』で無数のオークを斬り倒しながらついに敵の矢に屈するボロミアのように、弁慶もまた無数の矢を受けて仁王立ちしたまま息を引き取るのである。一方、計算高くて謀略に長けた政治家であり、権力掌握のためならどんな手段や裏切りもいとわない頼朝は、二人とは別のもう一つの元型を表している。結局、彼は日本で初めて「将軍」として国の統治者にまで上り詰めた。

だが、どこまでが伝説でどこからが史実か、もはや明確に切り分けるのは不可能だ。こうした歴史上の人物たちが実在したことは確かだが、義経と弁慶の偉業として知られる英雄的行為の多くは明らかに空想上の産物である。義経はおそらく有能な司令官であったと思われるが、天使のように美しい若者で超人的な剣の遣い手であったというのはほぼ間違いなく創作だろう（一部の歌舞伎の演目では、義経は弁慶との最初の出会いで扇をひらひらさせながら宙を舞って相手を圧倒する）。一方、頼朝はしばしば伝えられている通りの陰険な男で、あまりにも潜在的なライバルを殺しまくった結果、息子たちが死ぬと血筋はすっかり途絶えてしまった。それでも彼は権力をどう掌握し、どのように行使すべきかを熟知していた。日本の歴史上初めて、政権の中枢は伝統的に日本の文化的中心であった奈良盆地周辺の大和《やまと》からはるか遠方に移された。頼朝が新政権の拠点として選んだのは遠い「東国《とうごく》」にある鎌倉《かまくら》と呼ばれる辺鄙な土地だった。それは三方を急峻な山で囲まれ、南は海に面していて狭い開口部があるのみの天然の要害だった。つまり、日本最大の平野部である関東地方に接近する者を監視する意味でも最適の場所と言えたのである。こうして頼朝は、日本の政治経済的な活動の重心が「西国」の大和周辺の盆地から現代の東京がある「東国」の関東平野に移行するプロセスをスタートさせた。そして、その後の七世紀の大部分にわたって日本を支配する「幕府」の設立に取り掛かったのである。

将軍の時代

征夷大将軍の称号にある「夷」（蛮族）とは、「蝦夷《エミシ》」と呼ばれる先住民族か、オホーツク海地域一帯に居住していた部族民と人種的に関係が深く、後にアイヌと呼ばれるようになる人々のことだと考えられている。日本が国家としての体裁を整えてまだ数世紀しかたたない頃、日本人は列島で蝦夷と共存していたが次第に北方へと追いたてるようになり、ついに本州から追放してしまった。その間に、蝦夷はアイヌと混血するようになった（蝦夷とアイヌの違いに関しては、人類学者の間でもいまだに意見の一致を見ない）。アイヌは一九世紀後半になるまで日本の国民とは認められなかったが、今日でも列島の最北に位置する北海道各地で小規模の集団が暮らしている。しかし北海道以外の地域では、地名（札幌《サッポロ》や登別《ノボリベツ》のようにパ行やバ行の字が入っている場合は、アイヌか蝦夷に由来する可能性がある）や特に北日本の人々に見られる一部の身体的特徴を除いてアイヌの痕跡はほとんど残っていない。後者に関しては、男性は中国、韓国、モンゴル国の住民に比べて少なくとも過去においては毛深くて丸い大きな目をしているなどの傾向が見られた。

だが奈良時代から平安時代初期にかけては、蝦夷はなお大きな軍事的脅威であった。朝廷が彼らを平定するために派遣した軍隊の指揮官は征夷大将軍と呼ばれ、頼朝が実質的に日本の支配を確立した後に得たのもその称号だった。天皇を廃位させて自ら皇位に就くよりも、彼は鎌倉に事実上の「第二の朝廷」を開くことを選んだ。新たな幕府が政治的正統性を得るには建前としてはいまだに天皇の任命を必要としていたからだ。だが平城京を建てた者たちが、東大寺の大仏建立で最高潮に達する一連の寺院造成事業で権力基盤を固めたように、彼も同様のやり方で鎌倉幕府のために寺院を造り、大仏を建立させた。[6] そうして以前の統治者たちがやったように国家財政の支配を不動のものにしたのである。朝廷と鎌倉幕府の類似点はそれにとどまらず、名目上の支配者と実際の支配者の関係にまで及んでいた。奈良・平安時代の天皇がほぼ名前だけの統治者であったのと同様、一一九九

(6) 鎌倉幕府が造らせたのは、よく旅行者向けのポスターに載っているあの有名な露座の大仏である。元々は大仏殿の中に安置されていたのだが、それが一四九八年の大地震に伴う津波で押し流されたために現在のような野ざらしの姿になった。

年に頼朝が死ぬと実権は彼の息子たちではなく、正室の政子《まさこ》と彼女の出身氏族である北条氏に受け継がれた。それ以降、北条氏は将軍職に代わって政権を握る執権《しっけん》（平安時代の摂政に相当）として権勢を振るうようになり、その地位を実質的な世襲制としたのである。実際に、北条政子は女性として日本史上最高の政治権力者だったと言っても過言ではない。彼女は一二二五年に死去するまで幕政を動かし、事実上日本を支配した。世に「尼《あま》将軍」と称されたが、それは夫の死後に剃髪・出家していたためだ。頼朝が始めた一連の謀殺、処刑、裏切りによる政敵の排除によって、彼の死後、源氏の血筋は二人の息子の代で断絶した。それ以降の鎌倉幕府の将軍たちは、いずれも藤原氏の血を引く者や皇族の皇子の中から北条氏に選ばれた名目上の存在でしかなかった。

蒙古襲来、鎌倉幕府の滅亡、足利政権の誕生

一二七四年、鎌倉幕府はそれまでの日本の歴史で最大の外的脅威に直面する。モンゴルの中国征服王朝「元《げん》」の初代皇帝フビライ・ハーンによる日本侵攻（文永《ぶんえい》の役）である。フビライは偉大な戦士チンギス・ハーンの孫で、すでに朝鮮（高麗《こうらい》）をひれ伏させて属国の身分に落とし、中国の宋《そう》王朝の残党を掃討する作業に取り掛かっていた。日本への最初の侵攻は失敗に終わったが、敗因の一つは元軍が暴風雨を受けて壊滅したことにあった（現代の研究者たちによれば、元が派遣した艦隊の大半は荒れた海を航海するには不向きな川船を改造し

ただけの急造艦で、暴風雨を乗り切れなかったのはおそらくそこに原因があるという)。だがフビライはその程度で引き下がりはしなかった。一二七六年には南宋の首都を破壊してモンゴル支配への最後の敵対勢力を排除すると、一二八一年に再び日本に目を向け、今度は二つの大艦隊を派遣した(弘安《こうあん》の役)。一隊は前回と同じく高麗から、もう一隊は中国本土から出航し、九州北方の玄界灘《げんかいなだ》にある壱岐島《いきのしま》で合流し、日本本土に上陸する予定になっていた。

一方、鎌倉幕府は二度目の侵攻に備えて迎撃の準備を怠らなかった。現在の福岡市がある博多湾沿岸一帯に石による長大な防塁を築き、日本全土から兵力を動員していたのである。日本は小型の軍船をうまく利用して侵略者たちを悩まし、またしても暴風が吹いて敵艦隊の大半を海に沈めたことにも救われた。その結果、すでに上陸していた数万人の侵略軍が取り残されたままになったが、補給物資や援軍を得る道が絶たれたため、大半はその後の戦闘で命を落とした。元軍の死傷者数は一〇万人以上を数えたという。

元軍の敗北はきわめて重要な結果をもたらした。日本がモンゴル帝国の無敵神話を突き崩したことはもちろん海外でも波紋を呼んだが、それだけでなく日本国内でも様々な変化を誘発したのだ。侵略軍を撃退したことは「日本人としての自意識」を強化した。侵略軍の艦隊を二度にわたって撃滅せしめた暴風は「神風《カミカゼ》」と呼ばれるようになったが、第二次世界大戦末期の特攻隊の名称もそれに由来する。日本人の大半は祖国を守るために神々の意思が働いたことを確信していた。その結果、繰り返し祈りを捧げたことが功を奏したとの考えから、神社が質入れした所領が感謝の気持ちを抱いた貸し手から無利子で戻されるという余禄にもあずかった。

幕府の要請で馳せ参じた名のある武将たちは、戦場で示した武勇への恒例の見返りとして新たな領地を求めた。ところが幕府には分け与えられるような領地はなかった。すでに国土防衛のために膨大な戦費を費やしていただけでなく、元との戦いで新たな領土を獲得したわけではなかったからだ。その結果、御家人たちの間で不満が噴出し、主に皇位継承をめぐって派閥争いが激化した。日本の歴史上初めて皇室が二つに分裂し、当初は交互に皇位に就くことで丸く収まっていたが、この取り決めが崩壊するとお互いの主張が対立して内乱にまで発展した。この背景には鎌倉幕府の影響力が衰退していたことも重要な要素として働いていた。この時代の最も野心的で有能な天皇であった後醍醐《ごだいご》天皇は、北条氏の執政体制と真っ向から対立し、一三三三年に倒幕の兵を挙げると幕府から朝廷に寝返った武将の新田義貞《にったよしさだ》に鎌倉を攻めさせた。難攻不落であるはずの首都も新田軍の猛攻の前に陥落し、『太平記《たいへいき》』によれば、北条氏の一族郎党八七〇人余りが一斉に自害するという末路をたどったのである。これにより日本最初の幕府である鎌倉政権は滅亡した。

だが、この時代にはもはや珍しいことではなかったが、新田義貞もまた一族郎党が権力を掌握するまで生き延びることは叶わなかった。足利尊氏《あしかがたかうじ》というもう一人の野心的な武将が後醍醐天皇に反旗を翻し、新田軍を破って「北朝」を擁立したからだ。こうして一三三六年、尊氏は史上第二の幕府を成立させ、新政府は足利幕府、あるいは政権が置かれた京都の地名を取って室町《むろまち》幕府と呼ばれるようになった。一方、後醍醐天皇は京都を逃れて数十キロ南方にある吉野山《よしのやま》に逃れ、ここに朝廷を置いた。これが「南朝」の始まりで、この年、朝廷はついに南北朝に分裂したわけである。この分裂状態は、一三九二年に後醍醐天皇の後継者である南朝の天皇が北朝の天皇に譲位し、南北朝が統一されるまで続いた。その一方で、日本は再び京都という単一の首都から支配される形を整えたが、当時のこの国を単一の中央政府が実際に統治できるかどうかはまた別問題だった。なぜなら武将たちによる裏切り、包囲攻撃、合戦、それに朝廷の分裂や皇位と将軍職の継承をめぐる派手な歴史絵巻が展開される裏では、地方大名らが全国で覇権を確立しつつあったからだ。日本は中央の朝廷よりも彼らによって支配される封建時代に突入しようとしていた。

日本の「封建制度」

「封建制」の概念をめぐっては、単に言葉の意味そのものよりも重大な問題が争われてきた。この時代をどう解釈するかという問題は、二〇世紀において日本の内外で因縁深い学問的闘争を生むことになる。国粋主義的な歴史学者たちは、親政（天皇が幕府を介さずに直接統治する）を「復興」させようとした後醍醐天皇の試みは、現代の日本で天皇制が発展すべき方向性について一つの先例を示していると考えた[7]。その一方で、日本の知的エスタブリッシュメント層の大半はことさら硬直化した理論的マルクス主義の影響下にあり、資本主義への移行が行なわれるには、その前段階として封建時代が存在しなければならないという先験的《アプリオリ》な前提にとらわれていた。その結果、二〇世紀前半の日本がすでに資本主義社会に完全に移行していたかどうかをめぐって二つの学派が激論を展開したのである。そのうち一方は、日本にはまだ封建社会の要素が強く残っているため、直ちに社会主義革命が起きることはありえないと主張したが、どちらも日本が間違いなく封建時代を経験したという見方では共通していた。

ハーバード大学のエドウィン・O・ライシャワー教授（ケネディ、ジョンソン両政権下で駐日アメリカ大使を務めた）に代表される欧米の反マルクス主義的な研究者たちもこの点に関しては同意見だったが、解釈に新たなひねりを加えていた。彼らは冷戦時代の知的バリケードに猛攻撃を仕掛け、激しいときの声を上げながらマルクス主義的な歴史観を批判した。ヨーロッパ諸国以外で真の封建社会を経験したのは日本だけであり、だから封建社会が人類の発展プロセスにおける普遍的な一段階であることを前提としたマルクスの理論は間違っている――彼らはそう主張したのだ。日本の封建制度は最終的に社会主義革命へと続く発展の前兆からは程遠く、それどころか日本が先進的な工業大国として当時の非欧米諸国では他に類を見ない成長を遂げた要因の一つだったというのである。この分析の背後には、日本の歴史的発展プロセスの最終的な到達点はマルクス主義的なユートピアではなく、アメリカに代表される自由主義的な資本主義であるという暗黙の前提があった。

平安時代の支配体制が崩壊してから数世紀の間に、日本でも一部の主要な点でヨーロッパの封建制度に類似した政治的なシステムが発展した。その意味では、日本のマルクス主義的研究者と彼らに批判的なアメリカの知識人たちの考えはまさに正鵠を射ていた。どちらの制度においても、領地を実効支配する権限は大体においてその土地の軍事的支配者である領主に掌握されていた。これらの領主は、軍事的奉仕を行なうことを誓った家臣たちに報いるために領地を分け与えた。実際にそれらの領地を耕作し作物を育てるのは、建前としては法律で土地を離れることを禁じられていた農民（農奴）であった（実際には別の場所へ移動した者も少なくなかった）。君主たち自身もそれぞれ実力が異なる統治者に忠誠を誓ったが、少なくとも一六〇三年に徳川幕府が成立するまでは、それも流動的でいつ終わるとも知れないはかない関係にすぎなかった。世俗的な実権を握る支配者と並行して精神的な正統性を付与する支配者も別に存在した。精神的な統治者と見なされた者が、ある程度までは世俗的な権力を行使する場合もあった。

ヨーロッパの封建領主は通常、君主と呼ばれ、ハプスブルク朝やカペー朝やプランタジネット朝などの国王に忠誠を誓ったが、その相手は時によって変化した。だが精神的な権威は常に教会と共にあった。日本における領主は大名《だいみょう》で、大名が名目上の忠誠を誓う国王は将軍

（7）実際に、一九一一年には明治天皇が南朝こそ正統であると宣言したため、過去の北朝の天皇の大半は歴代天皇に含まれないこととなった。だが、その結果、後に南朝の直系の子孫を名乗るある人物が、昭和天皇（欧米では今も「ヒロヒト」として記憶されている）は北朝系なので自分の方が正統な皇位継承者であると主張した時には厄介な問題に発展し、一時世間を騒がせたこともあった。

だったが、正統性を付与する精神的な統治者は天皇であった。

日本で封建制度が始まったきっかけは、朝廷が地方を治めるための行政官として任命してきた国司《こくし》を補助する（あるいはそれに取って代わる）目的で、鎌倉幕府が守護《しゅご》と呼ばれる軍事権を持つ地方官を派遣したことにある。任期のある国司と違って、守護（やがて守護大名と呼ばれるようになる）は一ヵ所にずっととどまり、古くからある任地の支配を強め、自らの「小王国」を設立した。その後、江戸時代に入ると、これらの領地は幕藩体制の下で「藩」と呼ばれるようになる。だが一九世紀後半の明治維新で藩も廃止され、境界線も書き直されて、新たな地方行政機関である府県に置き換えられた。だが、現在でも藩を中心とした地域意識は根強く残っている（たとえば、かつて土佐《とさ》藩があった高知県で話される方言は「高知弁」ではなく「土佐弁」と言われるのもそのためだ）。仙台、広島、高知、鹿児島、福岡をはじめとする日本の県庁所在地の大半は、かつて大名の藩政拠点があった都市に置かれている。

室町時代が始まってしばらくたつと、足利将軍の力は弱まり、名目的な権威が及ぶ範囲も縮小してほぼ京都とその周辺に限られるようになった。とりわけ一四六七年から一四七七年まで続いた応仁《おうにん》の乱（表向きは将軍職の継承問題に始まり、最後は京都をほぼ壊滅状態にまで追い込んだ内乱）の後は、領地を広げることや他の大名を支配下に置くことに野望を抱く大名たちがほとんど絶え間のない内戦を繰り広げるようになった。

それでも、こうした悲惨な戦乱にもかかわらず、日本の「中世」――通常は鎌倉幕府の成立から戦国時代末（室町幕府の滅亡）までを言う――は、燦然と輝く文化遺産を生み出した時代でもあった。我々が通常、日本の「ハイカルチャー（学問、文学、美術、音楽などにおける完成度の高い高尚な文化）」と認識しているものの大半、つまり鎌倉時代の驚異的なリアリズム彫刻、舞台芸術の能、雪舟《せっしゅう》や周文《しゅうぶん》の流れをくむ水墨画、日本庭園の原型とされる史跡、茶の湯、そして日本で最も壮麗な建築物の一部はこの時代に造り出された。そしてそれらの素晴らしい文化遺産は、直前の平安時代や後の江戸時代と違って、最初は中国、後には西洋からの外的刺激に対する反応として生み出された部分が大きかったのである。

封建時代の文化と宗教

歴史学者たちは昔から、平安時代の貴族中心の公家《くげ》文化と鎌倉幕府を創設して朝廷から政治的実権を奪った武士《サムライ》階級の文化を明確に区別してきた。だが、このいわゆる「歴史的な変わり目」を体験した当事者にとっては実際に何が変化したのか実感しにくかったのではあるまいか。平安時代が幕を閉じるかなり前から、地方では独立した権力の中心が登場し始めていた。それにこれまで見てきたように、表向きは実権が将軍や大名に移行した後も、政治的正統性の源泉である伝統的な階層性《ヒエラルキー》において、皇位継承問題や新たに台頭した地方権力の中心の重要性に変わりはなかったのである。

同じことは文化についても言える。京都の文化的な覇権はいまだに他の追随を許さず、一六〇三年の徳川幕府設立で江戸が台頭してくるまではその地位を脅かす強力なライバルは現れなかった。だがそれにもかかわらず、文化そのものには変化が生じつつあった。武士《サムライ》たちはきわめて厳格かつ徹底して軍国主義的な倫理を信奉しており、それは忠誠と名誉の価値を極限まで高め、肉体的苦痛に屈しない勇気を最高の美徳とするものだった。だが、彼らはこの倫理と平安時代から受け継いだ耽美主義との間に何の矛盾も感じていなかった。それどころか、過去に存在したあらゆる軍人階級の中で、彼らほど自らの衣装の品質や手書き文字の巧拙に強くこだわった人々はまず皆無であっただろう。

だが耽美主義が武士階級に影響を及ぼしたのと同様、武人的な価値観もまた日本の美意識に浸透し始めていた。平安時代の芸術に特徴的な贅沢《ぜいたく》、壮麗さ、装飾性、そしてあえて言うなら本質的に女性的な精神《エートス》は、徐々に男性的（あるいは少なくとも武人的な）抑制、質素さ、そして芸術を通じて物《モノ》（墨、紙、粘土、岩、水、木、それに一本の笛が奏でる飾らない音色など）の本質に到達したいという探究心へと変身を遂げようとしていた。非対称的に配置された複数の岩や熊手で砂に線を描いた砂紋《さもん》で自然を表現した「枯山水《かれさんすい》」の庭園、仮面をつけた役者が一本の松の木が描かれた舞台の上で型によって構成された演技を展開する能、ひなびた小屋で古いひび割れた陶器にお茶を淹れてたしなまれる「茶の湯」、吸水性に優れた白い和紙の上に墨をまき散らすかのように描かれる四季の移り変わり……。室町時代の典型的な美意識を代表したのはこうした芸術であった。

この美意識の変化における最も重要な触媒は、おそらく中国から輸入された禅《ぜん》仏教だったと思われる。足利幕府の将軍たちは中国を新たに支配した明《ミン》王朝（一三六八年－一六四四年）と国交を樹立していた。矛盾しているように思えるかもしれないが、この関係は日本の秩序の全般的な崩壊を反映していた。中国では日本の海賊（倭寇《わこう》）による被害が次第に深刻な問題と化しつつあったからだ。中国沿岸部に荒廃と恐怖をもたらした彼らは、ヨーロッパを震え上がらせたバイキングの襲撃と比較されることがある。明政府は室町幕府に対して、海賊の取り締まりに協力してほしいと申し出ていた。これを契機に三代将軍の足利義満《よしみつ》は、日本の支配者として中国皇帝の臣下であることを宣言した史上唯一の例となり、日本を正式に中国の冊封《さくほう》体制の下で従属国とした（この体制下では、中国の文化的周辺に位置する一連の国々は中国王朝に忠誠を誓い、朝貢《ちょうこう》という貢物の形を取った貿易関係を築いた）。もっとも室町幕府が望んだのは日本を中国の衛星国にすることではなく、その真の目的は間違いなく日明貿易で国庫を潤すことにあった。それと同時に明との関係には、その後数世紀にわたって日本の政治思想や支配的原理の形成に影響を与えた「宋明理学《そうみんりがく》（朱子学などを含む新儒学）」や禅（北京語の発音はチャン）の導入をもたらすなどの副次的効果もあった。

これより八世紀ほど前に仏教がこの国に根を下ろして以来、日本はどこからどう見ても「仏教国」になっていた。土着の神道もまだ生きながらえていたが、その典礼や信仰が仏教の儀式から派生したものであることはもはや明白だった。だがどこの宗教でもあるように、日本の仏教もまた当初の方向性を次第に見失い、教義や僧侶たちや階層制や世俗的な権力に重きを置く組織的仏教になってしまった。

おそらくそれに対する反発もあって、仏教内部の新しい二つの流れに加わる改宗者の数が増え始めた。最初の流れを代表するのは、一三世紀に中国から導入された新仏教やほぼ同時期に日本人の僧である日蓮《にちれん》によって興された日蓮宗（法華宗《ほっけしゅう》）のように、儀式や形式よりも「信仰に基づく」教えを説く宗派だった。これらの宗派の特徴は、信者の個人的な信仰心を重視することにあった。教会より聖書の権威を重視した西洋のプロテスタンティズムとの類似性は明らかだが、同じような階層の人々を魅了した点でも両者はよく似ていた。日本で新たな教えに群がったのは、大陸との交易で増大した経済機会を求めて京都や大坂に集中し始めた商人や下層階級の都市生活者たちだった(8)。

奈良・平安時代から続く仏教の伝統と異なる流れにはもう一つ、日本における禅の受容があった。禅が重視したのは信仰よりも個人的救済や悟りを開くことだった。それは瞑想や精神修養を通じて、現実の本質を直感的に把握することを妨げる言葉や概念の束縛から精神を解放することを目的としていた。苦しい修行や精神修養を尊ぶ教えは武士《サムライ》階級にとってこの上なく好ましく思えた。実際に、禅は事実上「サムライの宗教」と化したのである。禅が日本の高尚な文化《ハイカルチャー》にもたらした影響の深さはいくら強調しても足りないほどである。禅の価値観、特に余分なものを取り除いて本質をむき出しにし、それと同時に洞察を得るために突然視点を変化させるやり方は、今日に至るまで日本の美意識の隅々まで浸透している。

南蛮人《なんばんじん》の到来

中世の冒険家マルコ・ポーロは、金があまりにも豊富に取れるため、寺院や宮殿が黄金でできた国がはるか彼方にあると『東方見聞録』で伝えている。そのため、一四世紀のヨーロッパ人にとって「ジパング（当時の中国語の発音を語源とし、英語の"Japan"もこれに由来する）」はすでに知られた存在であった。反対に、一五四三年に九州南部の種子島にポルトガル人の一団が漂着するまで、日本は西洋のことにまったく無知だった。これらの人々の素性を知らなかった日本人は、彼らを単なる未開人と片づけて「南蛮人《なんばんじん》（南から来た野蛮人）」と呼んだ。結局のところ、彼らは南方のどこかから流れ着き、東アジアや東南アジアで文明人の証とされる漢字を読み書きする能力をまったく欠いていたからだ。それればかりか、ひどい体臭を放ち、木の十字架にはりつけにされて拷問死した一人の神を信仰する奇妙な宗教について、くどくどと話し続けるばかりだった。

しかし日本人はすぐにその認識を改めた。西洋人の入浴習慣には眉をひそめたかもしれないが、彼らが乗ってきた船や航海術やとりわけ鉄砲には目を見張らざるをえなかった。当時

（8）事実、日蓮の教えを受け継いだ現代の宗教組織（主に創価学会《そうかがっかい》とそれ以外のいわゆる「新宗教」）の信者の中には、今でも西欧でキリスト教原理主義に引き付けられる人々と似たような社会階層の出身者が多い。大企業や官僚組織の一員ではなく、小規模な商店主をはじめとする下位中流階級に属する人々である。

の日本国内が混乱状態に陥っていたことも、キリスト教の伝道者たちには有利に働いた。最初の印象はどうあれ、彼らの話に耳を傾ける土壌は期待以上に豊かだったのだ。ポルトガルの商人たちに六年遅れて来日したイエズス会の宣教師たちは、如才がなく鋭敏な判断力を有する男たちで、すでに数十年間にわたって異国の民を改宗させてきた経験にも支えられていた。彼らは土着の仏教の僧侶たちと渡り合っても、決して引けを取ることはなかった。リーダーのフランシスコ・ザビエル（死後聖人に列せられた）はイエズス会の創設メンバーの一人で、アジアに偉大な足跡を残した宣教師として記憶されている。彼はインドのゴアやマレー半島のマラッカ、そしてマカオを経て最終的には日本にまでカトリックの教えを広めた。イエズス会の優れた布教活動、常に目新しいことに夢中になる日本人の国民性、そして新たな宗教にとって特に有利な環境（ほぼ絶え間ない争乱とその結果生じた政治的・社会的混乱）が相まって、ザビエルの来日から三〇年もたたないうちに、九州の人口の最大三分の一がキリスト教に改宗した可能性さえある。その間、新しく誕生した仙台《せんだい》藩の初代藩主・伊達《だて》政宗《まさむね》は、ローマに使節団を派遣している。正宗は当時領内に滞在していたスペイン人の協力を得て西洋型帆船を建造し、メキシコ（当時の名称はヌエバ・エスパーニャ）のアカプルコを目指して太平洋を横断させた（この船は千葉沖で座礁した別の洋式船を修理したか、それを模範に建造されたという説がある）。使節団を率いる支倉常長《はせくらつねなが》はメキシコを陸路横断すると、大西洋岸のベラクルスから再び航海を続け、ヨーロッパに到着してローマ教皇パウルス五世に謁見した。仙台近郊の海辺の町・松島町にある瑞巌寺《ずいがんじ》の宝物館では、常長が法皇から下賜された一対のガラスの燭台を今でも見ることができる。それらは常長らが確かに日本に戻ってきたことを示す輝かしい証と言えないこともない。

燭台がガラスを見たことのない人々に大きな感銘を与えたことは想像に難くないが、当時日本にもたらされたのはそれだけではなかった。まさに日本全土が南蛮渡来のありとあらゆる品々を求めて沸き立っていたのだ。大きくふくらんだズボンをはき、奇妙な形の兜を被った風変わりな外国人たちを描いた南蛮絵（日本に渡来した西洋画、あるいはそれを模した作品）と呼ばれる新たなジャンルが登場し、多くの日本人がその衣装を真似るようになった。西洋料理も取り入れられ、日本人は初めて油で揚げた料理を味わった。その「天ぷら」はまず間違いなく、ポルトガル料理に起源を発している。その語源もおそらくポルトガル語で時間を意味する「テンポーレ（"tempore"）」に由来すると思われる。これ以外にも、日本語に影響を与えた例はいくつかある。「パン」が"pão"（パンと発音する）に由来することは誰が見ても明らかだし、「ありがとう」はポルトガル語の「オブリガード（"obrigado"）」から来ているという俗説もある。

そんな中で最も重要な輸入品が鉄砲であったことに疑いの余地はない。西洋人の到来は日本の封建社会が果てしない戦乱の世に突入し、混乱を極めた時期と重なっていた。一四六七年に起きた応仁の乱で、京都の室町幕府の秩序維持機能はほとんど崩壊してしまった。その結果、権力は弱体化した足利将軍家から圧倒的な力の差を見せつけた最強の大名たちへと移行していったのである。長期にわたる戦乱の世が続き、その中から相次ぐ合戦に勝ち残った三人の偉大な戦国大名が舞台の中央に躍り出る。彼らはついに中央政権が日本全体を支配下に置く体制を復活させ、この国が近代国家への道を踏み出す土台を築いたのである。彼らが頭角を現す際に決定的な要因となったのが、鉄砲の戦術的重要性に関する優れた理解力だった。

日本の再統一

戦国時代の分裂状態に終止符を打った三人の大名の名前は、日本の小学生なら誰でも知っている。最初の織田信長（一五三四年－一五八二年）は現在の名古屋《なごや》市近郊で小規模な大名の嫡男として生まれた。父親が死ぬと直ちにその領地を掌握し、脈々と受け継がれる日本の伝統に則って敵対勢力になりそうな相手を始末していったが、その中には血を分けた弟も含まれていた。実際に、これほど過酷な時代においてさえ、織田信長の酷薄さや残忍性は群を抜いていた。その一方で、彼はまごうことなき軍事的天才だった。戦国の覇者としての道を歩み出した彼は短期間で近隣領地の支配権を確立し、次は京都そのものに狙いを定めた。信長は、相対する両陣営が戦闘を開始する前に、きらびやかな武者鎧をまとった武将たちが敵陣に名乗りを上げるといった悠長な戦い方はしなかった。彼は、当時の火縄銃が一度発射すると弾を込め直すのにひどく時間がかかることを理解していたため、その威力を最大化するためには一斉射撃ではなく、順次入れ替わって発砲する必要があると考えた。そこで彼は鉄砲隊を事前にいくつかの隊列に分けて戦闘に臨ませたのである。こうして鉄砲の戦術的活用に誰よりも秀でていた信長は、二〇年間かけて権力への階段を昇り詰め、一五七五年の長篠《ながしの》の合戦ではついに最大の強敵である武田《たけだ》氏の軍勢を壊滅させる。長篠の戦いには、イギリス軍が長弓隊を有効に使ってフランスの重装騎兵に圧勝した一四一五年の「アジャンクールの戦い」を思わせるところがある。どちらも新しい軍事技術が従来の戦術を一変させる効果を示した好例であった。映画監督の黒澤明は、一九八〇年に公開された『影武者』で長篠の合戦の様子を再現しており、空前の大規模な戦闘シーンの一つとして記憶されている。

一方、信長の「西洋かぶれ」は鉄砲だけに限らなかった。彼はイエズス会の宣教師らとも親しく接したが、彼らは信長を「日本の王」であると勘違いしていた（そのうち一人の作になる信長の肖像画は、日本人を描いた史上初の西洋画となった）。宣教師たちが彼の軍人としての天才的な能力や政治指導者としての力量を高く評価していたことは、残された克明な記録からも明らかである。信長がひそかにキリスト教を信奉していたという噂さえあった。ありそうにない話だが、噂自体は彼が伝統的な仏教勢力を目の敵にしてきたことから火がついた可能性がある。すでに言及したように、信長は京都を見下ろす比叡山を焼き討ちして延暦寺の寺社をことごとく焼失させ、制度的な仏教勢力の権力を徹底的に叩き潰した。そして彼ならではの容赦ないやり方で僧侶たちを最後の一人に至るまで追い詰めて捕らえさせ、皆殺しにしたのである。

信長の歴史的重要性は、主として伝統的な権力構造の痕跡をほぼ残らず破壊しつくしたことにあった。彼は京都に乗り込むと将軍に残されていた権力をすべて骨抜きにし、朝廷がまだ行使できた政治的影響力をほぼ排除してしまった。その中には、たとえば大寺院間で起きた土地争いを裁定する権限などが含まれていた。一五八二年までには、彼は日本の約三分の一を直接支配し、自ら将軍の地位に就くことに専心していたように思われる。そしてこれまた日本の「伝統」に則って皇位継承にまで口を出すようになっていた。ところがこの時点で、家臣の明智《あけち》光秀《みつひで》が謀反を起こしたのである。京都にある本能寺《ほんのうじ》の境内にいるところを包囲された信長は、今や武士のならいとなった身の処し方で自らの命を絶った。それは切腹《セップク》、あるいはもっと直接的な表現で言えばハラキリ（腹切り）と呼ばれる割腹自殺であった（太田牛一《おおたぎゅういち》『信長公記』などによる）。

こうして明智は天下人への重要な一歩を踏み出したのだが、主君の仇討ちに乗り出した信長の部下に討ち取られたため、わずか一三日という「三日天下」に終わることになる。後継者争いで一歩抜きん出ていたのが日本統一を進めた三大名の二人目、豊臣秀吉《とよとみひでよし》（一五三七年―一五九八年）である。秀吉の出自はこれ以上ないというほど低く、父親は信長の足軽にすぎなかったが、戦略家としての卓越した才能と旺盛な出世欲によってすぐに頭角を現し、信長に最も近い側近の一人にのし上がった（後に高貴な生まれであるという経歴を捏造し、姓も「豊臣」に改める）。秀吉は信長に匹敵する有能な軍事戦略家であったが、政治家としてははるかに抜きん出た才能を発揮した。彼は敵を懐柔して味方につけた方が力で押さえ込むよりずっと効果的であることを理解していた。信長は考えるより先に残虐行為や恫喝に訴えたが、秀吉は敵対勢力を自陣営に引き入れることで信長が果たせずに終わった天下統一の野望を達成したのである。彼はまた、その過程で基本的に日本の近代国家としての制度的基盤を築くことになった。武士階級と農民階級の間に明確な境界線を設け、それぞれに課された義務や居住地域の分離についても具体的に定めた。大名には絶対的な忠誠を誓うことを最低条件として様々な特権を与え、全国的に同じ基準を定めて田畑の面積や米の収穫高を調査することで一定の年貢負担を義務付けた。これによって国内のあらゆる土地から生まれる収益が米を単位（石高《こくだか》）として計算されるようになったのである。それまでの歴史で、一人の人間が日本全土にこれほど絶対的な支配権を確立したのは秀吉が初めてであった。

しかし、秀吉はその後、イギリスの歴史家アクトン卿の「絶対的権力は絶対的に腐敗する」という格言の正しさを証明するかのように、誇大妄想的な行動に走り始める。かつての度量の大きさは影を潜め、疑惑や疑心暗鬼がそれに取って代わった。嫡男が生まれるとそれまで後継者に任命していた甥が邪魔になり、この気の毒な男ばかりか一族郎党三十数人を全員公開処刑にした。秀吉自身は単なる将軍ではなく、最初は天皇を補佐して政務を司る「関《かん》白《ぱく》」、次に「太閤《たいこう》」（伝統的に前関白に与えられる尊称）と自らを呼ばせていた。さらに中国（明《ミン》）を征服することを最終的な目標に掲げて二度にわたって朝鮮（李氏《りし》朝鮮）に侵攻し、北京《ペキン》にある紫禁城《しきんじょう》に天皇を迎えて皇帝の座に就ける計画であることを宣言した。そして海外各地に世界征服の野心を公言する書簡を送り、スペイン領フィリピンのマニラ総督には領地を蹂躙されたくなければ直ちに京都に馳せ参じ、秀吉の足元にひれふせと警告した。

一方、秀吉の海外派兵の裏には誇大妄想的で現実離れした目標だけでなく、実際的な動機もあった。すでに日本全体を支配下に置いていた秀吉は、配下の兵士らの不満を抑えるために新たな略奪先を必要としていたのだ。だが朝鮮侵攻で日本軍が犯した未曾有の残虐行為は朝鮮人と中国人の双方を驚愕させ、これらの国々における日本のイメージを深く傷つけただけでなく、その影響はその後数世紀にわたって尾を引くことになる。[9] その間にも、国内に残った秀吉はひどくお粗末な能の演技を天皇に無理やり披露したり、簡素で静かな境地を重んじる茶の湯を華々しく豪華な催し物に一変させたりしていた。秀吉は、偉大な茶人でかつて彼の教養面における師匠を務めた千利休《せんのりきゅう》とも不和になり、詰め腹を切らせてしまうのだ。

秀吉の重臣の中で最も抜け目がなかったのが徳川家康《とくがわいえやす》（一五四二年-一六一六年）であった。彼は秀吉によって小田原攻めで滅亡した北条氏の旧領に転封されていたため、朝鮮出兵をまんまと回避すると、当面は新領地の支配権を確立することに精力を集中したのである。これらの領地には米の栽培に適した領地としては国内最大の関東平野が含まれていたので、政治権力に不可欠な経済基盤の確保には好都合だった。家康は関東平野の南端にある「江《え》戸《ど》」と呼ばれる小さな漁村に居城を建設すると、秀吉の死で必然的に起きた後継者争いで勝利を収めた。一六〇〇年に天下分け目の「関ヶ《せきが》原《はら》の戦い」で敵対勢力の大半を滅ぼすと、まず自らが征夷大将軍の宣下を受けて幕府を開き、嫡男にその後を継がせた。一六一五年にはついに当時日本で最大の城郭であった大坂城（イエズス会の宣教師たちも、同時代のヨーロッパにも類がない城郭建築として称賛の念を隠さなかったことが当時の記録に残っており、間違いなく世界最大級であったと思われる）を攻め落として徳川支配に対する最後の脅威を取り除くことに成功する。家康は秀吉の死後に嫡男の秀頼《ひでより》を支えることを誓っていたが、当の秀頼は父親と同等の指導者になりうる資質を見せ始めてからは大坂城内に引きこもるようになった。そして朝廷を相手に政治工作を行ない、様々な位階や官職の昇進を獲得するなどの策をめぐらせ始めた。一方、家康は朝廷に対し、今後は儀式や儀典に専心し、武士や大名に位階や官職の昇進を行なうことは控えるように事実上命じることでこれに待ったをかけた。そういうことは幕府にまかせておけというわけだ。秀頼を死に追いやって大坂城を灰にするのはもちろん豊臣氏に対する背信行為だった（家康側は大坂の陣の最初の攻防の後、和議の条件を無視して堀を勝手に埋め立てるという奸計を弄している。この「トロイの木馬」級の謀略で城はすっかり丸裸にされ、次の攻防で陥落した）。だが、こうした背信行為をもはや必要としない世の中が生まれようとしていた。大坂の陣は、応仁の乱から約一世紀続いた戦国時代に終止符を打った。家康が徳川幕府を開いた江戸は、その後数十年で世界最大の都市にまで発展する。この新政権は二世紀半にわたる平和を日本にもたらし、国の周囲を分厚い

(9) 秀吉の朝鮮出兵は日本よりも朝鮮に大きな影響をもたらした。同国はその後も、様々な面で秀吉の軍勢がもたらした殺戮と荒廃から完全に立ち直ることができず、李王朝が弱体化する原因を作った。援軍を派遣した明も膨大な出費を余儀なくされ、国力が衰えたことが数十年後に満州族に滅ぼされた遠因になったと考えられる。

カーテンで仕切った。この政策は日本を世界から遠ざけると同時に、近代国家を育成するために外部の影響から守る防壁の役割を果たしたのである。

第2章　日本近代国家の育成

図2　喜多川歌麿の木版画『歌満《ま》くら』（茶屋の二階座敷の男女）（写真：ALBUM／アフロ）

日本の近代化は、一八六八年の明治維新から始まったと言われることが多い。その前年、江戸幕府最後の将軍が正式に退位して天皇に政権を返上し、二世紀半以上にわたって海外との交通や貿易を大幅に制限してきた「擬似鎖国」の実験にもついに終止符が打たれた。その時点ですでに、最も頑なに現実から目をそむけている人間以外は、誰もが抜本的な改革の必要性を認めていた。日本が欧米列強の一つかそれ以上の国に植民地化されることを免れたいなら、もはや政治的意志を奮い起こして国内の経済と社会を一から立て直すしかなかった。産業革命で一変した世界で何とか独自の道を切り開いていくには、それが唯一の方法だったのである。世界から自分を切り離したままでいるという選択はもはや論外だった。

一九世紀の終わりまでには、日本はこの試みに成功したかに思えた。当時、西洋以外の世界で欧米の帝国主義に屈服せずにいたのは、日本を除けばタイとエチオピアだけだったからだ。もっとも日本の成功はそれらの国より一歩先を行っていた。もはや日本自体が海外に植民地を持ち、重工業や近代的な軍隊を有するれっきとした帝国主義列強の一員へと成長を遂げていたのだ。残念ながら、その四五年後に、日本はこの「成功」の長期的な代償を強いられることになる。戦争に負け、その時に失った政治的独立をいまだに完全に回復できずにいるのだ。

一九世紀における日本のうわべだけの成功や二〇世紀に敗戦という破局に至る経緯を正確に理解するには、二世紀半以上にわたる徳川政権下で日本がどのような発展を遂げたかを把握しておく必要がある。多くの歴史研究者が、徳川幕府が正式に発足した一六〇三年を一八六八年よりも重要な歴史的転機と見ているのはそのためだ。さらに言えば、江戸時代が歴史区分で「中世」ではなく「近世」に分類されているのもそれが理由である。

こうした歴史区分は、ある程度まではどうしても恣意的にならざるをえない。一六〇三年を境にした時代の歴史的連続性は、質的にも量的にも一八六八年のそれに匹敵する。確かに後者のほうが過去と明確に決別したように見えるが、それは日本の指導者たちが西洋人のような格好をし、西洋式の建物を建築し、日本土着の伝統に西洋の名前が付いた制度を接ぎ木し始めたからにすぎない。だが単純に重要性を比較した場合、軍配が上がるのは一六〇三年の方だろう。なぜならこの年にこそ、日本で近代国家だけに特有の特徴が明確に形を取り始めたからだ。それは、武力行使を政治的に正当化できるのは中央政府だけだという考え方である。別の言い方をすれば、国家の政治権力は国より小さなレベル（藩など）や国を超えるレベル（帝国など）ではなく、一国の政府の立場でしか行使されるべきではないということだ。一六〇三年より前の時代には、武力行使や経済運営にかかわる判断は、朝廷や幕府といった国家権力だけでなく、大名レベルでも同様に行なわれていた。だがその年を境に中央政府の権力の正統性を脅かす存在は完全に消滅し、その状態はダグラス・マッカーサーが神奈川県の厚木基地に降り立ち、アメリカによる日本支配を開始するまで変わることはなかったのである。一六〇三年から一九四五年の間に国家権力が移譲された唯一の例は、徳川幕府が明治の寡頭制（藩閥政府）に取って代わられた時だったが、注目すべき点はそれが「維新」と呼ばれたにもかかわらず、実際には既存の法的手続きに則って進められたことだった。

一六〇三年の重要性が際立っているもう一つの理由は、それがより広範な世界史の流れから日本が意図的に自らを切り離した年でもあったからだ。その結果、日本はヨーロッパのテクノロジー、科学、制度、政治的イデオロギーの潮流に乗り遅れてしまった。一六世紀には欧州各国に匹敵する国力（通常は軍事、政治、テクノロジー、経済の各分野で比較される）を有していたにもかかわらず、一九世紀半ばには一部の主要な分野で時代に取り残されていた。その一方で、まるでそれを相殺するかのように、日本は世界との間に壁を設けることで、きわめて独自性の高い国民文化を発展させたのである。その文化は単に絵画、音楽、言語、文学だけでなく、政治的、経済的、社会的制度をすべて含めた総体として捉えられるべきものだった。こうして日本文化は西洋だけでなく、近隣諸国との違いも次第に際立たせるようになっていった。

徳川時代の「鎖国体制」

日本を世界から孤立させること自体は、徳川幕府の目的ではなかった。歴代将軍の関心は安定と秩序を確保し、彼らの支配に対する挑戦など不可能にすべく幕藩体制の基盤を強固にすることにあったからである。近年の歴史研究者たちは、江戸時代にも中国や朝鮮との間に広範な貿易関係や文化的交流が維持されていたことを史料によって裏付け、日本は「鎖国」をしていたという従来の定説に異議を唱えている。当時のエリートたちは依然として中国を文化の源泉とみなし、そこから知的触発を受けていた。また、幕府が武家政治の基礎理念としていた「朱子学」は、階層性《ヒエラルキー》を通じて社会秩序を維持することの重要性を説く保守的な思想体系であったが、それは一二世紀の中国（南宋《なんそう》の時代）の儒学者・朱子《しゅし》によって生み出されたものだった。江戸時代の日本には、後世のように朝鮮を文化的に劣る後進国として軽侮する風潮があったという記録はない。朝鮮政府は定期的に通信使と呼ばれる美しく着飾った外交使節団を江戸に派遣していたし、徳川幕府も朝鮮南部の港湾都市・釜山《プサン》に倭館《わかん》という日本人居留地を設けていた。中国に物理的にも文化的にも近い朝鮮から来た知識人や芸術家や学者たちは、江戸では軽視されるどころか、一目置かれる存在だったのだ。その一方で、沖縄本島とその周辺の島々を統治する琉球《りゅうきゅう》王国は、中国に朝貢しながら九州南部の薩摩《さつま》藩の支配下にもあるという両属体制下に置かれていたが、依然として独立王国の地位を保ち、日中間で重要な中継貿易の拠点として機能していた。

幕府は周辺諸国から日本を孤立させようと考えていたわけではなく、その目的はあくまで国民がヨーロッパ（具体的にはヨーロッパの宗教）と接触することを防ぐことにあった。その意味では、日本は「鎖国」という言葉から想像されるよりも限定的に人やモノの出入りを制限していたにすぎない。すでに述べたように、ヨーロッパから伝わった鉄砲は、一六世紀の戦乱の行方に決定的な影響をもたらした。だが日本人はこの技術を即刻吸収すると自力で銃器の製造に着手した。彼らはすぐにヨーロッパ式艦船の建造技術まで模倣するようになった。一七世紀前半の日本は、少人数の野心的なスペイン人によって征服されたアステカ帝国とは訳が違ったのである。たとえ日本がヨーロッパと地球半周の距離を隔てていなかったとしても、フランスやイギリスやスペインが植民地化を図って攻め入れば、かなり強固な軍事的抵抗に遭遇したはずである。この点に関しては、ヨーロッパ人自身が日本で目撃した城塞建築や武士たちの戦闘能力をほめそやしていることからも明らかだ。当時の日本にとって最大の脅威は、ヨーロッパの優れた技術力でも軍事力でもなく、キリスト教に代表される思想《イデオ》体系《ロギー》だったのである。

歴史に「もし」は禁物だが、あえて日本がキリスト教国になっていた可能性や、そうなっていたらその後の歴史はどう展開したかを想像するのは興味深い。日本に初めてキリスト教が伝えられた当初、この国はおそらくアジアのどんな国よりも熱狂的な反応を示し、宣教師たちも同様の熱意でこれに応えた。日本で布教したフランシスコ・ザビエルは「この国の人びとは今までに発見された国民の中で最高であり、日本人より優れている人びとは、異教徒のあいだでは見つけられないでしょう」〔『聖フランシスコ・ザビエル全書簡3』河野順徳訳、平凡社、二〇〇九年、九六頁〕という有名な賛辞を残しているほどだ。イエズス会の宣教師たちが来日した直後の時代は信者の目覚ましい増加ぶりから「日本のキリスト教の世紀」と呼ばれるようになった。実際には、その成功は一世紀にはるかに満たない期間しか持続しなかったのだが、当時の国内の状況を知る者にとって、キリスト教が日本の国教になるというシナリオは決して非現実的ではなかったはずである。

日本でキリスト教の布教が失敗に終わった要因の一つに織田信長の早すぎる死を挙げる説がある。信長はイエズス会の宣教師らから伝えられた知識に非常な興味をかき立てられ、彼らの学識や立ち居振る舞いにも感銘を受けていた。さらに彼が既存の仏教勢力に対して執拗な敵意を抱いていたことはすでに述べたとおりである。キリスト教の弾圧は秀吉の疑心暗鬼から始まり、社会秩序の安定を何よりも重視する徳川体制下で最高潮に達する。信長に心酔している存命の政治家には、小泉純一郎《こいずみじゅんいちろう》元総理大臣と民主党政権誕生の立役者・小沢一郎《おざわいちろう》というかつて最大の影響力を誇った二人も含まれる。彼らはどちらも、信長の死後に日本が数世紀にわたって世界の潮流から距離を置いたことは失敗だったのではないかと考えている。

信長があと二〇年間生きていたら日本がどうなっていたにせよ、この国の支配者層がキリスト教を敵視するようになった経緯にはヨーロッパの宗教戦争が深くかかわっていた。まずプロテスタント派とカトリック派が相互に抱く憎悪によって、どんな形にせよ共同戦線の可能性は論外となってしまった。さらに一六世紀後半にオランダから渡来したプロテスタント派の貿易商人たちは、これまで対日貿易で膨大な利益を独占してきたポルトガルの牙城に必死で食い込もうとした。そのため、彼らはイエズス会とドミニコ会がスペインの帝国主義の尖兵にほかならないこと、アステカ帝国やインカ帝国がスペインに滅ぼされたこと、そして近隣のマラッカ、マカオ、フィリピンが植民地化されたことなどを次々と日本人の耳に吹き込んでいったのである。中でもイギリス人のウィリアム・アダムズ（日本名・三浦按針《みうらあんじん》）は幕府の外交方針に大きな影響を与えた。彼は一六〇〇年に九州沖で座礁したオランダ船の船長を務めていたが、その後、初代将軍の家康やその嫡子で二代目将軍の秀忠《ひでただ》の側近として召し抱えられ、外交問題の顧問として活躍するようになる。アダムズ自身はプロテスタント派で、オランダ軍の一員としてスペインの無敵艦隊が敗れた海戦に従軍した経験もあった。そのため、日本の外の世界で起きている出来事についてもイエズス会とはかなり違った見方を提供したのである。家康はアダムズに小さな領地まで与えて旗本に取り立てた。一六二〇年の死去から約三六〇年の歳月を経て、彼はアメリカでベストセラーとなった大衆的な歴史小説の主人公として復活し、それを原作としたテレビドラマのミニシリーズまで放映された。あの三船敏郎《みふねとしろう》も重要なキャラクターを演じた『将軍 SHOGUN』である。

さらにイエズス会が男色の習慣を執拗に糾弾したことも、日本のエリート層をキリスト教に改宗させる際に足枷となった。男色（少年愛）は大名や武士の世界ではあまりにも慣行化されていたため、古代ギリシアのアテネやスパルタと比較されているほどである。だがイエズス会の宣教師たちがこの習慣をこれ以上ないほど痛烈に非難したため、日本の支配者層の反感を招く結果となった。

　宣教師たちが最も深く食い込むことに成功したのが庶民たちであった。抑圧された農民たちには小姓と戯れる嗜好もそのために費やす富もなく、ましてや高度に抽象的な議論にかまけている余裕などあるはずもなかった。慈愛、寛容、そして天国に行けば今より良い生活が待っているというキリスト教の中心的な教えは、困窮と絶え間ない戦乱しか知らない人々の間で野火のように広がっていった。この反響の大きさと、既存の政治体制を超越した独自の秩序の存在を暗示するキリスト教のメッセージに、幕府は強い警戒感を抱いたのである。「皇帝のものは皇帝に、神のものは神に」というイエスの教えに含まれる「政教分離」の考え方は、生まれたばかりの幕藩体制の守護者たちにとって恐ろしく危険な思想のように思われた。

　これは単なる偏見のなせる業ではなかった。過去数世紀にわたる間断ない戦乱のせいで、統治権の正統性はこの時代におけるきわめて重要なテーマになっていた。しかも、日本はまさに現代に至るまでそれを引きずっているのだ。天皇はひどく弱体化して活動範囲を狭められていたが、依然として政治的正統性の究極の象徴として機能し続けていた。だがその一方で、国内の平和維持には競合する大名たちを含め、各地に分散する権力中枢の要求を抑え込む必要があった。これは圧倒的な軍事力の誇示を通じてのみ達成されたわけではなかった。確かに関ヶ原の戦いの直後、徳川軍は一〇万人もの軍勢に三日間にわたって京都の街中を練り歩かせ、彼らの勝利が完璧であったこと、そしてもはや抵抗は無意味であることを見せつけるための示威行為を行なった。だが、徳川の天下になった後も、幕府の重臣らは明らかに露骨な恫喝だけで事足りるとは考えていなかった。そこで彼らは、既存の政治的秩序の枠を超える行動や主張を「正統性への挑戦」と見なすようなイデオロギーを意図的に普及させたのだ。そうすることで、その種の事例が発生した場合、彼らはそれを物事の道理に反する行為として弾劾できるようにしようと考えた。朱子学の教義がこれほど積極的に受け入れられ、日本の支配者層がキリスト教に同調するあらゆる兆候を根絶させようと躍起になった背景には、こうした動機が潜んでいたのである。

皇帝コンスタンティヌス一世がキリスト教に改宗するまで、ローマ帝国のキリスト教徒たちは凄まじい迫害を受けてきたが、日本でもそれに匹敵する弾圧が行なわれていた。単に信仰が禁じられただけではない。すべての外国人宣教師は国外追放になり、従わない者は処刑された。弾圧は一六三七年の島原《しまばら》・天草《あまくさ》一揆でピークに達した。数万人もの農民が一揆を起こし、長崎市近くの島原半島にある原《はら》城跡に立てこもったのだ。彼らの多くは領主に迫害されたキリスト教徒だった。新たに課された苛酷な年貢への反発も一揆の要因だったが、幕府に公然と反旗を翻した反乱軍に結束力をもたらしたのはキリスト教の信仰だった。信者たちは天草四《し》郎《ろう》というカリスマ的な若者に率いられ、数カ月間にわたる籠城戦を戦い抜いた。彼らが示した頑強な抵抗は、かえってこの危険な宗教を根絶せねばならないという幕府の決意を強固にしたほどであった。城がついに陥落すると、立てこもっていた数万人が惨殺された。これに続き、全国各地で何千人もの信者が摘発されて捕縛され、改宗を強要されるか処刑されたのである。

その後の数十年間において、キリスト教信仰の兆しほど幕府の重臣たちを動揺させたものはほかになかった。信仰を疑われた者はキリストやマリアの像を足で踏む「絵踏《えぶみ》」の儀式を強要された。拒否した者には通常、磔刑が待っていた。それでも、一部の信者は潜伏して「隠れキリシタン」となり、二世紀半もの間代々信仰を継承し続けたのである。この数代にわたる歴史は最後にきわめて悲惨なエピソードで締めくくられることになる。一九四五年、キリシタンの子孫が最も集中していた地域から近い長崎に原爆が投下され、その多くが命を落としたのだ。

秩序と安定に執着した徳川幕府

徳川社会には、支配層の中心にあった武士と被支配身分の農民、職人、商人から成る身分制度があった[1]。

すべての人々には身分に応じて具体的な制約や義務が課せられた。潜在的に社会不安を引き起こす可能性が最も明白である武士の場合、仕える大名に対して絶対的な忠誠を誓うことが求められた。秀吉が検地を通じて確立した全国の大名に対する支配体制はすでに組織的完成度が高かったため、徳川体制下でも基本的にそのまま引き継がれた。また、すでに信長と秀吉の時代に他の権力中枢はほぼ破壊されていた（その最たるものが寺院勢力であった）。

そのため、家康にとって残る仕事は、大名や武士に官位を授ける権利を朝廷から取り上げ、両者が直接結びつく可能性を防ぐことだけだったのである。

日本の国土は、朝廷と神社仏閣のために確保された小規模な領地と将軍の直轄領（全領土の約五分の一にすぎないが、石高が高くて最も豊かな農地を一部に含んでいた）を除き、すべて大名に支配される藩に分割された。だがその待遇は大名によってかなりの開きがあった。それぞれの大名が表向きは統治していた藩には、わずかばかりの村や田畑があるだけの狭小な領地もあれば、金沢に藩政の拠点を置く前田《まえだ》藩のように「加賀《かが》百万石」として知られる一小国並みの大藩もあった。だがそれより重要な違いを生んだのは各藩と幕府との関係だった。譜代《ふだい》大名は主に関ヶ原の戦いで家康と共に戦った徳川家代々の家臣たちの子孫で、江戸、大坂、京都といった大都市に直接つながる街道の近くの藩に配置された。一方、関ヶ原の戦いよりはるか前から存在する大領地の大名の子孫で、あの合戦の後で家康に従うようになった者たちは外様《とざま》大名と呼ばれた。その中には仙台藩の伊達《だて》氏、広島藩の浅野《あさの》氏、薩摩藩の島津《しまづ》氏、長州《ちょうしゅう》藩の毛利《もうり》氏などが含まれていた。家康はこれらの有力な大名をあえて滅ぼそうとせず、賢明にも自陣営に引き込む道を選択したのだ。幕府の重臣たちは長年、徳川支配を打破しようとする者が今後現れるとすれば、それはこれらの外様大名の中からではないかと疑っていたが、その考えは正しかった。結果的に徳川幕府を転覆させたのは、外様の雄藩のうち薩摩、長州、土佐（それぞれ現代の鹿児島県、山口県、高知県に相当）の三藩出身の侍たちであったからだ。だがそれまでの間、これらの外様大名たちは幕府の要職から概ね排除されていた。彼らは参勤交代の制度によって、幼少期を江戸で過ごすことを強要され、成人してからも一年ごとにしか国元の城下町で暮らすことはできなかった。しかもその間、江戸には人質として妻子を残していかねばならないのだ。この制度は幕府の転覆計画を主導できないように大名たちを事実上骨抜きにすることに成功した。その結果、一八六〇年代の倒幕運動で団結したのは大名たちではなく、外様藩出身の下級武士たちであった。

もちろん、この時代に移動や生活を規制されていたのは大名だけではない。幕府は全国津々浦々に秘密警察やスパイのネットワークを張り巡らせ、町年寄《まちどしより》や名主《なぬし》（村や町の役人）などによる密告を通じて庶民を監視した。旅行者が利用する道路には各所に関所が設けられた。厳しい倹約令が出され、あらゆる身分のあらゆる世帯が支出を削るように命じられた。武士は彼らだけが身に帯びることを許された刀を使って、不届きな言動に及んだ身分の低い庶民を手打ちにする権利を名目上は有していた。その一方で武士たち自身も、主君に対する不忠の兆候が少しでも表面化すれば切腹を命じられる可能性があった。身分の低い者たちは

(1) これ以外にも差別の対象となった人々がいた。彼らは死者の遺体を片づけたり、牛馬の皮をなめしたりするなど、「不浄」と見なされてはいたが生活に必要な仕事に携わっていた。一九世紀後半になると身分制度は公式に廃止されたが、これらの人々に対する偏見はその後もしばらく残り、現在も完全に消滅したとは言えない。彼らは世界で最も興味深い少数派集団の一つで、他国における少数派と同様、社会的・経済的な指標においては社会の他の層との間に開きが見られるが、民族的にも宗教的にも文化的にも他の日本人とは隔たりがない。

多種多様な法規に縛られ、そのどれに違反しても流罪や磔刑になることがあった。一説によれば、十字架の形をした磔台で行なわれる処刑法はキリスト教と共に日本に伝わったという。

徳川幕府はオランダ東インド会社がカトリック教徒の追放に協力したことに報いるため（オランダ船は島原・天草一揆で一揆軍に砲撃を浴びせた）、日本との交易を独占させた。ところが同社の職員らは、毎年一度将軍に拝謁するために行なう江戸参府のような特例を除いて、長崎港に建設された小さな「出島《でじま》」に閉じ込められ、出入りを厳しく制限されてしまったのである。しかもこの例外を除いて、西洋との接触は一切禁じられた。公式に滞在を許可されたオランダ人以外の西洋人は、日本にいるところを見つかれば処刑された。欧米列強は次第にこの方針に対する不満を募らせていった。それというのも、捕鯨をはじめとする海洋活動が活発化するにつれ、燃料や水の補給地を確保する必要が生じ、日本の海岸沖で座礁した船から脱出する船員の数も増えることが想定されたからだ。一方、時折中国や朝鮮に派遣される外交使節の一員でない限り、琉球諸島より遠方まで行った日本人も帰国すれば処刑される運命であった。

その間、徳川幕府の誕生にきわめて重要な役割を果たした鉄砲は表舞台から姿を消した。少数の幕府当局者を除いて、鉄砲の所有は禁じられ、製造も行なわれなくなってしまったのだ。このように一国の政府が重要な新軍事技術に意図的に背を向けた例は、世界中を見渡してもほとんど類を見ないのではあるまいか。

経済と社会の変化

幕府は一六一五年に大坂城を攻め滅ぼした直後の力関係を恒久的に維持することを目指していた。そこで、上は天皇から下は差別の対象となった最下層民まで、社会のあらゆる構成員に複雑な階層構造《ヒエラルキー》における特定の地位を与え、他の構成員への義務と責任の入り組んだ網の目の中に縛りつけたのである。こうして幕藩体制は固定化された権力構造の秩序を作り上げることに成功し、それは二六五年間に及ぶ徳川支配の下でほとんど変化することなく維持された。だが実際には、この固定化された秩序の表面下で、ほぼ間断のない変化が起きていたのだ。

江戸時代の日本がきわめて抑圧的な国であったことは間違いない。現代の監視テクノロジーが発達する前の時代に、大きな人口を擁する国でこれほどの圧政が敷かれた例は他に類を見ないだろう。しかも、この強権支配はきわめて効果的だった。島原・天草一揆以降、幕府の政治権力が国内で深刻な脅威にさらされることは二世紀にわたってなかったし、その間に秩序からの逸脱者を特定して罰する仕組みは目覚ましい成果を収めていたのである。今日の世界で珍しくなくなった社会統制装置、すなわちマスメディア、交通機関のハブの検問所でよく見る抑止を目的とした警備体制、庶民の行動に常に目を光らせている私服警官などは、世界のどの国よりも早い段階から、すでに未発達な形で江戸時代の日本に存在していた。

だが、この抑圧的な体制は日本の人々に一つだけ多大なメリットをもたらした。同時代のヨーロッパが三十年戦争からワーテルローの戦いに至る長い殺戮の時代を経験し、地球上の他の地域を帝国主義的な略奪行為の餌食にしている最中にも、日本はずっと平和の恩恵に浴していたのだ。その平和のおかげで日本人は兵隊による強奪だけでなく、暴力犯罪からさえ事実上無縁の生活を送ることができた。江戸時代の農民たちは徳川体制下で容赦なく搾取されていたし、事実、藩主や幕府の重臣らは百姓を「生かさぬよう殺さぬよう」最大限収奪するにはどうすべきかあからさまに議論していたほどである。それでも、彼らは兵士の一群に農作物を強奪されたり、小屋に火をかけられたりすることを恐れずに暮らすことができた。都会に住む職人たちも薄っぺらな作りの家に詰め込まれ、「江戸の華」と言われるほど頻繁な火災に見舞われていたが、江戸の街中はおそらく同時代のどんな国と比べても安全であっただろう。

一つにはそれが理由で、江戸時代の日本の人口はそれ以前の三倍近い約三〇〇〇万人にまで膨れ上がった。それは前近代的な農業しか知らず、基本的に一国で自立した経済が支えられるぎりぎり最大の人口であった。一八世紀前半までには、江戸の人口は一〇〇万人を超えて世界最大の都市に成長し、大坂は五〇万人以上、京都も三〇万人を抱え、当時のロンドンやパリと肩を並べるまでになった。

この人口増加は経済成長にも結びついた。徳川幕府の経済に関する考え方は、農業（と漁業）こそが富の唯一の源泉であるというものだった。この時代の日本人は自分たちのしていることをさして理解しないまま、同時代のヨーロッパに匹敵するほど高度な経済制度を発達させており、一部には凌いでいるケースさえあった。たとえば、年貢米を貯蔵した蔵屋敷が立ち並ぶ大坂では、各大名が将来の米の生産高を商人に保証することで藩費を稼いでいたが、それがやがておそらく世界初の本物の先物取引市場にまで発展することになった。

徳川幕府の疑心暗鬼のおかげで意図せずして生み出された制度も少なくない。特に重要な役割を果たしたのは、大名に一年おきに江戸に住まわせ、国元に戻る際には妻子を残していくことを義務付けた参勤交代の制度だった。これによって江戸は単に徳川幕府だけでなく、全国各地の大名が設けた江戸藩邸に様々な必需品や贅沢品を供給する大都市として栄えるようになったからだ（言うまでもなく、大名は体裁を保つことを何より重視した。江戸時代の文学は、世評を気にした小藩の大名の家族が費用捻出のために極貧にあえぐ様子を描いた逸話にあふれている）。これらの藩邸の多くが立ち並んでいた地域は、現代の東京でも見分けることが可能だ。職人や商人の住まいは東京東部の平地にある「下町」に密集し、大名屋敷は将軍の居城である江戸城（現在の皇居）周辺の小高い「山の手」に集中していた。後者では大きな敷地を占めている大学や主要ホテルや公園などの多くは、旧藩邸跡地に建てられたケースが少なくない。

江戸と各藩の城下町を際限なく往復する大名行列は大規模な交通インフラの発展を余儀なくさせた。これにより、街道、宿場、輸送施設、渡し舟、港、物資補給所などの全国的なネットワークを展開させる必要が生じたのだ。大名行列の準備や藩邸の維持には莫大な出費を要したので、それを捻出するために前述した先物取引のような洗練された金融商品が生み出された。徳川幕府の財政基盤は米によって形成され、土地の毎年の生産性を米の生産量に換算して各大名の石高が決められた。税金は主に米で納められ、すべての武士（全人口の約六％）には蔵米の形で俸禄が支給された。だが米の生産量は天候の変化によって毎年上下したため、大坂で発展した先物市場や将来の米の生産量を担保に融資を受ける他の仕組みに依存するケースが増えてきた。

複雑な資金調達の仕組みが登場し、長距離サプライチェーンを管理する必要性が生じたことで、商人階級の影響力は大幅に強化された。被支配者層の一部であるにもかかわらず、江戸時代の最初の数十年間で彼らの富は増える一方だった。全国から集められた米の取引の中心地だった大坂は、「天下の台所」として栄える大商業都市に発展した。住友や野村といった日本の実業界を代表する社名の多くも、元はと言えば大坂商人に端を発したのである。

一方、形の上では支配階級であった武士《サムライ》たちは、戦乱の世が終わると突然「存在意義」を失ってしまった。関ヶ原の合戦の直後の数十年間には、戦功を立てて出世する道を絶たれた浪人たちが江戸や主要な城下町に大挙して流れ込んだ。これらの若者たちには、シェイクスピア時代のイギリスで華麗な剣さばきを披露した伊達男や現代アメリカのヒップホップ音楽に影響を与えた「ギャングスター（ストリートギャング）」のように反体制的な魅力があり、奇抜で流行を積極的に取り入れる大衆的な芸術形式が生まれるきっかけを作った。江戸時代に成立したそれらの芸術は、時代を超えて今も世界を魅了し続けている。歌舞伎、遊郭や茶屋などにおける当時の風俗（浮世《うきよ》）を木版画に描いた浮世絵、即興で詠まれる俳句などは、いずれも一七世紀に急成長を遂げつつあった都市に流入した無頼の若者たちの登場に影響を受けているのだ。

その一方で、暇を持て余した若者がそれだけ大量におり、その上、帯刀して秩序にあえて逆らうような振る舞いをしていたことは、政治的混乱の引き金になりかねなかった。そこで幕府は彼らを取り締まると同時に、戦国の遺風が残る武士たちを「官僚」に作り変えて危険を未然に防ごうと考えた。こうして幕府や各大名の下で大量のサムライたちが「宮仕え」に励むようになり、近代の全体主義国家が登場するまでは類のないほどの事務処理の専門集団を誕生させたのである。だが、そういう彼らにも使い道がなかったわけではない。ジャレド・ダイアモンドは著書『文明崩壊』の中で、江戸時代の日本における「国勢調査」は人間だけではなく樹木の本数にまで及んでいたと指摘している。日本経済が一国で自立していて輸入に頼れないこと、そしてあらゆる世帯の住居がほぼ例外なく木造建築で、大都市が定期的に大きな火災に見舞われていることを考えれば、これは政策的にも理に適っていた。国内のすべての樹木は木材としての適性に応じて分類され、需要が持続可能な供給量を上回らないようにするために木材資源の使用は厳重な管理体制の下に置かれた。ダイアモンドがここで強調しようとしたのは、人類が過去において環境破壊を未然に防いだ事例は確かに存在するし、私たちは必ずしもすべての木が切り倒されて木材資源が枯渇したイースター島の運命をたどる必要はないということだった。かつて戦場で戦う「兵《つわもの》」だった者たちは、樹木の本数を記録することも含め、あらゆる種類の仕事を担当させられることになった。こうして彼らが暇を持て余して反体制的な活動に走るのを未然に防いだわけである。何しろ、少なくとも「兵《つわもの》」としての彼らの存在価値はもはや皆無に等しかったからだ。

事実、もはや武士階級に日頃から鍛錬した武芸を披露する機会はほとんど訪れることはなかった。実戦の記憶が歴史の霧の彼方に消えつつある中で、皮肉なことに「サムライ精神」はこれまで以上に硬直化して軍国主義的になり、上役に対する絶対的な忠誠、どんな命令も命懸けで果たす覚悟、そして軟弱さや物質的な快適さを見下す態度が重視されるようになった。武士階級の相対的な経済状況は悪化する一方であったため、物質的な欲求を軽視する傾向には、政治的な利用価値もあった。江戸時代の少なくとも最初の一世紀半の間、経済は急成長を続けたが、武士は米で支払われる固定給に縛られていたため、自分たちより身分が低いとされる者たちが成長の果実の大半を吸い上げるのを黙って見ているしかなかった。それでも、彼らの多くは今ある地位にしがみつくより方法はなかったのである。

だが、重視されたのは倹約の精神だけではなかった。どんな命令にも疑問を抱かずに規律正しく従い、各人が清廉潔白な行動に徹し、道徳的、肉体的なだらしなさを軽蔑する武士の倫理的価値観は当初、屈強な軍隊を作り上げるのに有用だったが、今やそれと同様に従順な官僚を育てる役にも立っていたのだ。だがこの倫理観は、未発達ではあるが明らかに資本家階級《ブルジョワジー》に変身しようとしていた商人たちとの間に次第に大きな溝を生むことになる。

現代の日本には一見矛盾して見える様々な現象があって、海外の人々をひどく当惑させることがあるが、実はこれらの現象も元をたどれば、江戸時代の公的な組織のあり方と現実社会との間の「ずれ」に由来しているのだ。たとえば二〇世紀後半、世界は日本企業が世界史上でもトップクラスの大成功を収めるのを目撃したが、同時に当時の日本は主体性を失って硬直した官僚制度の代名詞とも言える存在だった。だが、これも江戸時代に大坂の大商人と硬直化していく一方の武士階級が並存していたという前例を知れば、さほど不可解に思えなくなる。一方では忠誠と自己犠牲がほとんど常軌を逸したレベルにまで高められ（たとえば切腹に見られる武士の自死礼賛、第二次世界大戦末期の神風特攻隊、過労死するまで企業に尽くす現代のサラリーマンなど）、他方では現代の奇天烈なテレビゲーム、性描写の過激なアダルトアニメ（英語で「ヘンタイ《HENTAI》」と呼ばれている）、漫画《MANGA》、それに現代の奇抜なファッションなどを頂点とする型破りで反体制的な芸術が次から次へと生み出されていく。こうした文化の二面性は、江戸時代に端を発しているのだ。

当然ながら、日本人自身もこうした矛盾には気づいていた。日本語にこうした心の葛藤を表す語彙がふんだんにあるのはそのためだ。誰にも他人とうまくやっていくために取り繕っている表向きの顔とその下に隠されている本当の顔がある。前者が「建前《タテマエ》」で、後者はおそらく本当に信頼できる相手と日本酒《SAKE》でも一杯やりながらでなければとても口にできない「本音《ホンネ》」である。あるいは上司や債権者や家族などに対する社会的な義務（義理《ギリ》）ともっと自発的に湧いてくる人間らしい感情（人情《ニンジョウ》）の対立もそうした例の一つだろう。これは、たとえば愛と義理の葛藤に苦しみ、前者を全うするために心中する奉公人と遊女の恋であるとか、主君の嫡男を助けるために自らの息子を身代わりにする父親の苦悩を描いた人形浄瑠璃（文楽）や歌舞伎の作品などにも見て取れる。

こうした矛盾は社会内部に大きな緊張をもたらしたかもしれないが、同時にあらゆるジャンルの芸術作品に素晴らしく豊富な題材を提供することになった。社会全般の高い識字率（江戸では八〇％近くに達したという推計もある）、経済成長、それに出版物を安価に普及させることを可能にした印刷技術のおかげで、江戸時代の日本には世界初の大衆文化が誕生したと言っても過言ではない。これは社会のあらゆる階層に親しまれ、消費されるような文化が発展したことを意味する。平安時代から封建社会が誕生して以降の時代にかけて生まれたハイカルチャー（舞台芸術の能、日本の詩歌形式である短歌、それに水墨画など）は徳川体制下でも受け継がれ、その伝統は特に武士や京都の古い公家たちによって守り続けられた。だが武士も含めて当時の日本人の大半は、大都会の中心地で発展しつつあった新たな芸術表現に娯楽と啓蒙を求めるようになっていたのである。

江戸の大衆文化

すでに見たように、江戸時代の大衆文化の色調は、徳川氏の最終的な勝利によって武功を挙げる道を絶たれた若きサムライたちの集団に影響された部分が少なくなかった。だが文化の裁定者としての役割は、時代とともに次第に武士階級から日の出の勢いの商人たちへと移っていった。そんな中で大衆文化の発信地となったのは遊女屋や芸妓屋が集まる幕府公認の遊郭や花街と呼ばれる区域だった。中でも、江戸の吉原《よしわら》と京都の島原《しまばら》の二ヵ所が最もよく知られている。遊郭は日本で唯一身分差の存在を一時的に忘れられる場所で、武士も入る際に刀を預けなくてはならず、商人その他の庶民たちとも分け隔てなく交流できる社交場として機能していた。

遊郭を訪れる者は誰もがセックスを求めてやって来る。セックスこそは江戸時代に見事なまでに開花した大衆文化の動力源であると同時に発生源であるというのは、半ば公然の秘密であった。その後、日本人が堅苦しい欧米人のやり方を見習うようになると、歌舞伎や浮世絵といった日本特有の芸術表現の起源は意図的に覆い隠されるようになった。とりわけ欧米人が、日本のエリート層からがらくた同然に扱われていた木版画や江戸の大衆文化から生まれた他の芸術作品に夢中になり始めてからは特にそうだった。

だが皮肉なことに、歌舞伎はある意味で一七世紀前半における性的娯楽の一種として始まったのだ。それは現代で言えばストリップ嬢が音楽に合わせて踊るポールダンスの類であった。出雲大社の巫女《みこ》の出身と言われる出雲阿国《いずものおくに》という女性の芸能者が、京都の鴨川《かもがわ》河川敷で若い女性の一団を率いて踊りや簡単な舞踏劇を演じ始めたのである。阿国自身が最も好評を博したのは、若くて見目麗しい男性として舞台に登場した時だった。また、これらの若い女性たちに一定の金額を払いさえすれば、後で個人的な性的サービスを受けられることは公然の秘密だった。彼女たちの贔屓客《パトロン》となった若いサムライたちの間では喧嘩や刃傷沙汰が絶えなかった（これらの若者たちは「かぶき者」と呼ばれたが、それは「傾《かぶ》く」という語に由来し、通常とは違う派手で異様な服装をしたり行動を取ったりしたことを意味した。彼らの風俗を取り入れた阿国の踊りは「かぶき踊り」と呼ばれるようになり、これが「歌舞伎」の語源だと言われている）。だが幕府にとっては少しでも秩序を乱すような行為は容認できるものではなく、女性によって演じられる「かぶき踊り（女歌舞伎）」はやがて禁止された。するとこれに対抗するかのように、今度は少年の役者による「若衆《わかしゅう》歌舞伎」が盛んになったが、これが男色（衆道《しゅどう》）に染まった一七世紀のサムライ文化に歓迎されないはずはなかった。さらに若い女性ではなく、少年を役者にしたことは別の意味で功を奏した可能性がある。というのも、名うての男色家であった時の三代将軍・徳川家光《いえみつ》がこれに大いに関心を寄せ、江戸城に呼んで御前上演をするよう手配させたからである。しかし一六五一年に家光が死ぬと、幕府は少年たちをめぐって喧嘩に明け暮れる武士らに業を煮やし、若衆歌舞伎にも禁令を出して役者を前髪のない（つまり一五歳以上の）成年男子に制限してしまった。

歌舞伎が現在のように偉大な舞台芸術として円熟味を増してくるのは、これ以降のことである。ほぼ同時代に大坂で発展した文楽（人形浄瑠璃）から発想を得たり、その戯曲を台本として借用したりすることも多かった。最も有名な歌舞伎俳優たち（特に女性の役を専門的に演じる女形《おやま》）は、現代のロックミュージシャンやバロック時代のオペラ界でスーパースター的存在だったカストラート（去勢された男性歌手）[2]に匹敵する絶大な人気を誇り、著名人としてもてはやされるようになった。同時代で彼らと肩を並べられるほど時代のトレンドを先取りしていたのは、幕府公認の遊郭という浮世の世界で頂点に君臨する太夫《たゆう》や花魁《おいらん》（芸者《げいしゃ》や芸妓《げいこ》と呼ばれる遊女たちの最高位）たちくらいであった。経済と文化の両分野で真の影響力が武士から商人へと移行するにつれ、江戸時代初期に「若衆」に集中した熱狂的な人気は次第に冷め、あらゆる嗜みを身につけたこれらの高級遊女たちに取って代わられるようになった。英語で言う「GEISHA」の語源となった「芸者」とは文字通り「芸を修得した者」という意味で、この道で頂点を極めたい女性たちは歌舞音曲から詩歌に至るまで、ありとあらゆる技芸を完璧にこなせるようになるまで稽古をつけられた。もちろん、その中には客の気をそらさない会話術も含まれていた。彼女たちは決して「単なる」遊女ではなかったし、金を払えばどうにでもなるという存在ですらなかった。花魁から性的接待を受けられるのは裕福な顧客に限られ、しかもなじみになれるまでにはある程度の時間をかけて相手にふさわしい客であることを見定めてもらう必要があったのだ。

しかし、太夫や花魁もつまるところは、金銭と引き換えにセックスを提供する世界の頂点に立つ存在であることに変わりはなかった。元はと言えば、六歳か七歳の頃に事実上、農家の親から遊郭に売られてきた美しい少女たちである（厳密に言えば「売られた」わけではな

（2）音楽学研究者のリチャード・タラスキンは、一六世紀にフィレンツェの貴族たちによって最初に創作された高尚なオペラとヴェネツィアで発展した大衆オペラの違いを指摘しているが、ハイカルチャーとしての能と大衆的な芸能として発展した歌舞伎の違いもこれに類似するもののように思える。

かったが、かなり厳しい条件下で借金を返す必要があったため、実質的には年季奉公を強いられた性労働者《セックスワーカー》と言ってよかった)。美貌だけでなく、太夫への道を歩む適性を認められた少女たちは、通常は見習いとしてあらゆる芸事を叩き込まれる。そして一三歳か一四歳になると、「水揚《みずあ》げ」と呼ばれる処女喪失の儀式に大枚をはたいた客と初めて寝所を共にするのである。その後も才能を示し続け、容色が衰えることさえなければ、浮世の世界で頂点に立つことも夢ではなかった。その一方で脱落した者には凡百な遊女に落ちぶれていく運命が待っていた。

確かに、浮世の世界が最終的にはセックスを売り物にしており、金と権力を持つ人々が性的快楽のために他人を利用する意思と能力があるかどうかにその存続がかかっていたという現実は否定できない。それでも、その世界が一つの文明の色調を決定してしまうほど時代を超える魅力を持つ芸術を生み出したこともまた事実なのである。時代をさかのぼること数世紀、平安時代の貴族たちに見られる息を飲むような美意識に、ある意味で当時蔓延していた性的な乱れを相殺する効果があったように、浮世の世界の住人たちが示した様式美や審美眼や風格そのものがそれを可能にする性的搾取を帳消しにしたとも言える(太夫たちの多くや、位の劣るもっと平凡な遊女たちには『源氏物語』にちなんだ仮の名前を名乗る者が多かった。これは源氏名《げんじな》と呼ばれ、『源氏物語』と直接関係がない場合でも、遊び心からそれを連想させるような雅《みやび》な名前が選ばれた)。もちろん根底にある経済的搾取や力関係は現代のバンコク(タイ)やハンブルク(ドイツ)の売春街で見られるそれと大差なかったと思われるが、世界の文化に貢献したという観点からすれば、文明のバランスシート（そんなものが存在しうると仮定してだが）の上では、それを可能にした搾取を埋め合わせたと考えてもいいはずである。

これは、日本の都市部に富が集中したため、新興成金や既存の権力者たちが貧しい農村出身の少女たちを金にまかせて性欲の餌食にしたという単純な話では片づけられない。何よりもまず、農村に残った少女が吉原の遊女屋に売られた姉よりも悲惨ではない人生を送れるという保証はどこにもなかったのである。実家が農家の少女にとって期待できる将来とは、せいぜい両親が娘にふさわしいと考えたどこかの粗野な農民に嫁がされ、夫の意のままに明け方から夕暮れまで苛酷な労働を強いられる生活を送ることであった。

さらに視点を広げて、江戸時代の結婚観や性的欲求の本質に関する当時の考え方を知れば、浮世の世界とそこから生まれた芸術がもてはやされるようになった理由が見えてくる。当時、結婚とは二つの家族が契約的な同盟関係を結ぶための政治的な制度に他ならなかった。男女平等の考え方はまだなかったが、夫は女性としての魅力を感じなくなったというだけで妻を離縁して辱めるようなことは許されなかった。現代のように、社会的成功を誇示したい男性が何十年も連れ添った糟糠《そうこう》の妻をあっさり捨て、頭が空っぽな若い美女と再婚するというようなことはありえなかったわけである。その代わり、ある程度の経済力がある男性であれば、家の外で性的満足を得ることは当然視されていた。そのパターンは、さほど裕福ではないが時折遊女屋に出入りしている奉公人から、太夫のなじみになる資産家の商人まで様々だ。一方、まともな既婚女性は家にいるのが当然と考えられていた（日本語では妻を「奥様」と呼ぶが、これには文字通り「家の中にいるお方」という意味がある。つまり家庭内のことを切り盛りする人間ということだ）。一方、高級遊女である太夫の周囲にはいつの間にか「社交場」ができていた。女人禁制の戦場のしきたりの影響で、質実剛健な旧来のサムライ文化は女性との性的な火遊びを見下し、女性との恋愛関係は武士から男らしさを奪って軟弱にすると考えて遠ざける傾向があった。そのため、今や飛ぶ鳥を落とす勢いの商人たちの方が女性の存在のみから得られる贅沢感や心地よい刺激に喜びを感じることができたのである。人類の歴史で高級娼婦が重要な社会的役割を果たした国や時代はほかにもあった。だが、ほぼすべての社会的・文化的トレンドが太夫の君臨する浮世の世界を中心に展開された江戸時代の日本に匹敵するような文化は他にほとんど例を見ない。

江戸時代には武士が「女性化」しつつある傾向を危惧する声も出ていたほどで（これについては後述するタイモン・スクリーチの説が詳しい）、僧侶も性欲は悟りを開く修行の妨げになると考えていたため、彼らはどちらも自然と恋愛の対象には女性よりも少年のほうが好ましいと思うようになった。男色と言えば武士か僧侶に特有の風俗と見なされるようになったのはそのためである。だが性欲の存在そのものが人類の堕落した状態を示すという考えはそこにはなかった。たとえば男性だけでなく、女性も性的な感情を抱くのは当然と考えられていた。欧米における処女マリアの崇拝や、女性はそもそもセックスが嫌いなはずだという非快楽主義的な考え方は、日本にはまったく無縁のものだった。確かに女性は男性と比べてそうした感情に身をまかせる自由を奪われていたし、不義密通には厳しい仕置きが課せられた。だが女性たちの中にも（それだけの経済力があり、発覚を避けることさえできれば）男娼のもとに通う者はいた（当時の男娼たちは、女たちが日中は仰向けに寝て過ごすくせに日が暮れると起き上がると言って皮肉ったが、それは彼女たちが夫の目を避けるために暗くなる前に自宅に戻る必要があったからだ）。また、女性たちも江戸時代の木版画文化の柱となった春画やエロチックな内容の好色本などを好んで利用していた。

だが、この種の出版物の利用にかけては、やはり浮世の世界に頻繁に出入りするだけの経済力に欠けた男性の方が貪欲であった。ロンドン大学アジア・アフリカ研究所のタイモン・スクリーチ教授によれば、一九世紀のヨーロッパに大量に持ち込まれて人々の目を釘付けにした有名な浮世絵（まさに「浮世の絵」である）の半数以上は、露骨な性的表現を含む春画であったという。それらは浮世の世界が提供する快楽を直接味わえるほどの金銭的余裕がない人々のために、その代替物となるはずのものだった。あるいは武士階級の女性たちのように、経済力とは別の事情で性的奉仕を受けられない者もいただろう。こうした事実はつい最近になるまで研究者たちによって明らかにされなかったが、それには二つの理由があった。第一に、浮世絵が欧米の芸術家たちの間で引く手あまたであることを知った明治政府がその起源を隠そうとしたからである。そして第二に、第二次世界大戦後に新たに成立した法律が性器の直接的な描写を禁じたため、日本では露骨な性的描写を含む木版画は文字通り違法になってしまったからだ。一九九〇年代になってこれらの法律が緩和されたため、ようやくスクリーチのような研究者が新たな事実を確認できるようになった。つまり、江戸時代に大量に生み出された春画や好色本は、性欲自体を本質的な悪として忌避するわけではないが、それに身をまかせる機会がきわめて限られていた文化の産物であるというわけだ。参勤交代の制度によって大名は江戸と国元を定期的に往復せねばならず、そのために江戸には常に女性よりも男性がはるかに多い状況が作り出されていた。だが、そこに居住していた女性たちの大半は、性的な感情の直接的なはけ口を見つける自由も金銭的余裕も持たされていなかった。そこで男性のみならず女性も性欲処理は自分で行なうしかなかったのである。

スクリーチは江戸時代のポルノグラフィ（春画とはそれ以外の何物でもなかった）について、そこに描かれた恋愛関係と愛情の深さや思いやりは世界中のあらゆる同種の作品の中で傑出していると指摘している。江戸時代の日本においては、ほぼすべての性行為は同等の関係にない二人の人間の間で行なわれただけでなく、それを実際に望んでいるのはどちらか一方だけであることがほとんどだった（どちらも望んでいない場合さえあった）。普通の娼婦や親が決めた結婚相手とのセックスの場合、通常、女性の側には断るという選択肢はなかったからである。武士階級の少年愛のように、一見幅広く受け入れられているように思える例外においてさえ、関係の不平等さという点では変わりはなかったようである。若いサムライたちは自分の意思で年上の恋人を受け入れたり、拒絶したり、あるいは自ら追い求めることさえできたが、その関係に伴うはずのアナルセックスから快感を得ることは期待されていなかった。彼らは指導や友情や助言を受ける代償として、その痛みに耐えることを求められたのである。

このように江戸時代のポルノは、同時代のほとんどの人々が強く欲しながら決して得られなかった何かを強調していたのだ。それは真の愛情や思いやりに裏付けられた相思相愛のセックスであった。これらの春画の多くが同時に素晴らしい芸術作品に仕上がっている理由は、そこにあるのかもしれない。ここでしばし、喜多川歌麿《きたがわうたまろ》の木版画「歌満《ま》くら」（茶屋の二階座敷の男女）について考察してみよう。本章の扉にも掲載されているこの作品は最も有名な浮世絵の一つでもあり、間違いなくそれだけの価値がある。そこにはまさに性的情熱そのものが見事なまでの筆致で表現されており、描かれた二人が恋人同士で、高められた欲情がお互いへの深い愛情に根差していることも容易に見て取れる。だが西欧の芸術的伝統にはこれに類するモチーフはまったく見られない。深い愛情で結ばれた男女が性的恍惚感に浸る様子をこれほどまでに忠実に描いた作品は、西欧の芸術ではベルリオーズの劇的交響曲『ロメオとジュリエット』やワーグナーのオペラ『トリスタンとイゾルデ』といった音楽作品に求めるしかない。だが、そうした作品の場合でさえ、主要なモチーフは危険に満ちた禁断のセックスであり、そこが日本の作品とは決定的に異なるのだ。

歌麿が木版画に描いたのは危険でも禁断でもなかったが、ほとんどの人々にとっては決して手の届かない愛情表現だった。一方、江戸時代の文芸作品は視覚芸術とは反対に、相思相愛の恋愛を扱うほとんどのケースでそれを悲劇として描いた。それは人情と義理を真っ向から対立させるような破壊的な情動を伴っていた。江戸時代を通じて最も有名な人形浄瑠璃や歌舞伎の作者・近松門左衛門《ちかまつもんざえもん》（一六五三年－一七二四年）は、このテーマを何度も繰り返し掘り下げようと試みた。彼の作品に登場する主人公たちは、英雄的資質に欠けるアンチヒーローばかりである。たとえば、商家の奉公人や遊女がお互いに激しい恋愛感情を抱いた結果、あらゆる点で悲惨な結末へと転げ落ちていくというのも一つの典型的なパターンだった。社会のあらゆる階層の人々に語りかけているという意味では、これらの作品には大衆文化の萌芽が見て取れる。武士階級が絶望的な状況にある都会の下層階級の物語に魅了されたのと同様（これはたとえば、平安時代の貴族階級にとっては考えも及ばないことだった）、貪欲に金を貯め込むこと以外に関心のないはずの商人たちがサムライの一団の仇討ちに喝采を送ったのも決して不思議な現象ではなかった。日本全土を熱中させたこの復讐劇は、とある小藩の家臣らが昔ながらの忠義に命を捧げた事件で、次第に商業的価値がすべてに優先されつつある当時の社会に一石を投じることとなったのである。

赤穂浪士《あこうろうし》　四十七士の物語

一七〇一年、幕府旗本の吉良上野介《きらこうずけのすけ》が赤穂《あこう》藩の若き藩主・浅野内匠頭《あさのたくみのかみ》の「遺恨」を買って江戸城内で斬りつけられるという事件が起きた。真相は不明ながら、その理由に関しては諸説ある。吉良が小藩の大名である浅野にはとても賄えないほど高額な賄賂を要求したとか、あるいは彼の若くて美しい妻に横恋慕したとか、ひそかに赤穂藩の領地を切望していたとか、あるいは単に陰険な性格をしていただけという説もある。無教養な地方の領主が儀式の規則を知らずにうろたえるのを見て、鼻持ちならない優越感に浸っていたというのだ（吉良は幕府で儀式を担当する高家《こうけ》という役職に就いていた）。原因は何であれ、若い大名が激昂のあまり刀を抜いて吉良に軽い切り傷を負わせたことは間違いなく事実だった。将軍の居城である江戸城内で抜刀することは死罪に当たるため、浅野は即日切腹を命じられ、赤穂浅野家は断絶、その領地は別の大名に引き継がれることになった。浅野家の家臣四七人はひそかに盟約を結んで旧主の仇討ちを誓った。幕府当局もこうした動きを警戒して監視を緩めなかったため、一党の頭目で元筆頭家老の大石内蔵助《おおいしくらのすけ》は、敵の目を欺くために京都の遊郭で我を忘れたかのように遊興にふけり始めた。自らの名誉を汚す行為にもはや仇討ちはあるまいと相手を油断させたところで、一党は江戸に結集して吉良の屋敷に討ち入り、ついに首級を上げた。彼らはそのまま旧主の墓に報告に向かうと吉良の首を墓前に供え、当局に自首したのである（東京都内にあるこの泉岳寺《せんがくじ》には浅野を含む四十七士全員が葬られており、今も参拝者が絶えない）。

日本全土に衝撃が走った。四七人の赤穂浪士の物語はたちまち国家的神話の様相を帯び始め、その後数世紀にわたって人々の共感を呼び続けることになる。一九三〇年代には日本をファシズムに引きずり込む一因となった五・一五事件や二・二六事件などの暗殺事件を美化する風潮に寄与するなど、無視できない影響を与えてきた。討ち入りによって徳川幕府が厄介な問題に直面したことは間違いない。四七人の浪士は高位の幕臣を殺害するというきわめて重大な罪を犯した。しかし、伝統的な武士の美徳が衰退し、それに代わって利己的な金銭欲や行き過ぎた贅沢が横行している状況に思い悩む幕府の保守的な論客たちは、四十七士の仇討ちがまさにそうした美徳の模範となるような行動だったことを指摘せずにはいられなかった。結局、幕府は浪士たちをありきたりの犯罪者のように処刑するのではなく、武士として名誉ある切腹を許したのである。

　史実としての赤穂浪士の事件は様々な画家や作家たちに題材を提供したが、彼らが生んだ作品群の頂点に立つ古典的名作が『仮名手本忠臣蔵《かなでほんちゅうしんぐら》』である。一七四八年に初演されたこの人形浄瑠璃（文楽）と歌舞伎の演目は、西欧におけるヘンデルの名曲『メサイア』の演奏のように、やがて娯楽というよりはもはや宗教的な儀式に近いイベントと化す。

　だが『忠臣蔵』が獲得した絶大な人気とその元となった歴史的事件があれほど全国民の心をつかんだ事実は、江戸時代の「最後の世紀」に幕府の矛盾が一気に表面化することを予感させた。それは徳川幕府にとって最大の政治的・イデオロギー的矛盾だった。清廉潔白、忠孝、そして安定した階層性《ヒエラルキー》といった幕藩体制の統治に必要とされてきた原理は、次第に社会の現実と相容れなくなっていたのだ。そうした矛盾が社会にもたらすストレスが高まるにつれ、幕藩体制の正統性も徐々に揺らいでいき、その結果、幕府に海外の変化に対応する能力があるかどうかが疑問視されるようになってきた。それらの変化は時間とともにますます無視するのが難しくなり、もはや日本が外部の干渉を受けずに独立国家として生き残れるかどうかの瀬戸際に立たされるほどの脅威と化していた。

ペリー提督の「黒船艦隊」と徳川幕府の崩壊

一八五三年と一八五四年の二度にわたるペリー来航に始まった西欧列強の日本再訪は、よく知られているように徳川体制の崩壊を早めることになった。三世紀前と異なり、日本が相対しているのはもはや比較的少数の貿易商人や宣教師たちではなく、まさに地球全体を分割する過程にあり、有無を言わさぬ要求を突きつけてくる強大な列強諸国であった。その結果として日本が直面することになった諸問題に、もはや徳川幕府が満足に対処できないことは火を見るよりも明らかだった。だが幕藩体制の崩壊に実際に手を下したのは欧米列強ではなく、外様藩出身の下級武士たちの集団であった。「夷狄《いてき》（野蛮な外国人）」の傲慢な要求に対する幕府の弱腰な対応に憤激していた彼らは、もはや状況は容認できないところまで来ていると考えるようになった。もっとも、彼らを立ち上がらせたのはそれだけではなく、ほかにもはるかに多くの不満を募らせていたのである。

彼らは外敵の脅威と少なくとも同じくらい、武士階級の特権が侵食されつつあること、豪商や腐敗した幕府の役人が贅沢な暮らしをしていること、一八三〇年代に起きた一連の凶作のせいで国民がひどく悲惨な生活を強いられ、彼ら自身も困窮状態に置かれていたことを嘆いていた。徳川幕府の終焉は一八五三年のペリー提督来航から始まったとよく言われるが、実は一八三八年にはすでにその萌芽が見られたと考えることもできる。同年、大坂町奉行所の元与力で大塩平八郎《おおしおへいはちろう》という名の武士が様々な階層の群衆を率いて武装蜂起し、大坂市中のかなり広い地域を火の海にしたのである。これほど大規模な暴力行為が組織的に行なわれたのは二世紀ぶりのことだった。反乱は程なく鎮圧され、大塩とその配下の者たちは自殺するかきわめてむごたらしいやり方で処刑された（拷問に耐え切れずに死んだ者の体は塩漬けにされ、後に磔刑に処された）。大坂は全国の商取引ネットワークの中心的地位を占めていたため、事件の情報はすぐに全国各地に広まった。人々は反乱そのものだけでなく、あらゆる階層の人々がそれに参加していたことに大きな衝撃を受けた。暴徒には武士や絶望的な状況に追い込まれた農民ばかりか、被差別階級の者たちまで含まれていたからだ。事件もそうだが、大塩が率いた群衆の間で社会の階層性に対する当時の「良識」が完全に崩壊していたように思えることが国民を震撼させたのである。一連の凶作や海外から刻々と迫る脅威と合わせて考えると、大塩の乱はもはや崩壊の前兆以外の何物にも見えなかった。

大塩は中国明代の儒学者・王陽明《おうようめい》（一四七二年－一五二九年）が創始した陽明学《ようめいがく》を学んでいた。陽明学の有名な命題の一つに「知行合一《ちこうごういつ》（知って行なわないのはいまだ知らないことと同じである）」というものがある。それは中国の宋代と日本の徳川体制下で支配的だった朱子学の教えとは相容れないものだった。陽明学に暗に含まれる急進主義的な考え方は、一九世紀後半から二〇世紀前半にかけて、東アジアで一連の改革運動にかかわった人々に大きな影響を与えた。

失敗に終わった大塩の乱は、西洋世界とは無縁の出来事であったように思えるかもしれない。それが東アジアを起源とする思想（異端な面があったかもしれないにせよ）に影響を受けていたことは確かだからだ。それに反乱そのものは、徳川幕府の政治体制に内在する各種の矛盾が危機として表面化した結果だった。すでに述べたように、これらのうち最も重要な問題は、ほぼ一世紀にわたる戦国時代に終止符を打つために、徳川幕府が様々な身分制度も含めて階層的な権力関係を固定化したことにあった。これはまさに弁証法的な力が働いた典型的な事例と言っていいが、社会に組み込まれた安定性自体が徐々に様々な変化を進行させるきっかけを作り、その結果、体制そのものが内部から弱体化していったのである。とりわけ重要なのは大都市の発展とそれらが生み出した新たな富裕層の台頭である。これらの現象が生む矛盾が蓄積した結果、「西洋の衝撃」があろうとなかろうと、いずれ幕府の歴史に終止符が打たれた可能性は否定できない。だがその幕引きを早めたのは、ほかならぬ幕府そのものであった。外交・貿易を制限した対外政策によって西洋の潮流から距離を置き、その結果、国際貿易を通じてテクノロジーや軍事技術を飛躍的に発展させる機会を喪失させてしまったのだから。

人口、都会化、文化の隆盛のどれを取っても、江戸時代の日本が最も劇的な成長を遂げたのは、徳川支配の最初の一世紀の間であった。そして、それは長年ある種の黄金期と考えられてきた元禄《げんろく》時代（一六八八年－一七〇四年）において頂点を迎えるのだ。だが一八世紀が進むにつれ、都市部の成長は、幕府の国家的自給自足体制がもたらしたとしか考えようのない限界にぶち当たる。海外との大規模な通商が行なわれていない状況下で、大都市の発展は停滞期に突入した。しかも、外国から物資を輸入する道が絶たれているため、時折起きる凶作は飢饉に直結したのだ。武士階級は都会から離れた地域で徴収される年貢米に依存していたため、困窮した農民たちからさらに搾取することを考えて重税を課そうとした。だが、これが相次ぐ百姓一揆《ひゃくしょういっき》を引き起こし、その数は増加の一途をたどったのである。これらの騒動は一八世紀にピークを迎え、一九世紀初めには減少したが、一八三〇年代には再び凶作と飢饉が猛威を振るい、日本を取り巻く世界情勢の変化に対する不安と相まって内憂外患の状況を引き起こした。アメリカとフランスで革命が起きると、その衝撃ははるか江戸にも伝わり、ジョージ・ワシントンやナポレオンの英雄伝説が広まった。ロシア船が千島列島を南下し、蝦夷地《えぞち》と呼ばれた北海道本土の沿岸にも姿を現して通商を求めるようになったため、幕府はもはや同地を取るに足らない北方の辺境として放置しておくわけにはいかなくなった。蝦夷地はそれまで未開部族とニシンや毛皮の交易をするくらいしか益がなく、地理も定かではない遠隔地と長く考えられてきたのである。その間、世界的な捕鯨産業の隆盛によって、日本沿岸における外国船との遭遇はもはや不可避となっていた。

しかし、日本を支配するエリート層に最大の衝撃をもたらしたのは、一八四〇年代のアヘン戦争と一八五〇年代のアロー戦争（第二次アヘン戦争）であった。敗戦した清国は、開国を余儀なくされただけでなく、不平等条約で主権が及ばない居留地を中国沿岸に設けることを強要されたのである。有史初期の頃より、中国は常に日本にとって海の向こうに立ちはだかる強大な超大国であった。日本と清国との間に正式な国交はなかったが、中国が屈辱的な扱いを受け、「西洋の蛮人」によって主要な港湾の開港や関税自主権の喪失と領事裁判権の承認を強要させられるのを見れば、もはや状況は明白だった。どれほど現実から目をそむけようとしている人間にも、東アジアに暗雲が立ち込め、日本もまた逃れられない運命にあることは歴然としていたのである。

明治維新は「革命」だったのか

一八六八年に新政府を発足させた新たな指導者層は、幕府を打倒する過程で日本の統治に中心的な役割を果たしてきた様々な制度を廃止した。たとえば、彼らは徳川幕府の成立以前から存在し、ある意味ではその誕生に貢献したとも言える「藩」の制度を廃し、区域を整理・統合して「県」に置き換えた。そして中央集権化を進めるために旧藩庁からその強力な権限を剥奪すると、中央から官吏を送り込んで政府の直接統治を確立したのである。各大名には領地と領民を天皇に返上させ、封建的身分制度も撤廃して四民《しみん》平等の立場を明らかにした。さらに、武士に支給されていた家禄（秩禄）を廃し、代わりに一定の金額の公債を交付することで武士階級の身分的特権を廃止した。西欧からも教育制度、徴兵制度、株式会社、有限責任制の銀行、議会、裁判所といった新たな制度を驚くほど短期間のうちに導入し、貴金属の裏付けのある貨幣を新たに発行した。また、最新の科学知識やテクノロジーは言うまでもなく、西欧風の洋服や舞踏会に至るまで、あらゆる分野の知識を次々に吸収していったのである。こうした一連の大変革が積み重なって、総体として「革命」に近い激変が起きたという見方はある意味では正しいかもしれない。

だが、これらの出来事を単純に「革命」と分類してしまえば、ある問題が見えにくくなる。そして、そこからはこの国が経てきた歴史を理解する上できわめて重要な視点が得られるのだ。マルクス主義的な考えによれば、一つの階級が別の階級を打倒するのが真の「革命」ということになる。しかし、一八六〇年代の日本で起きた出来事がそれとまるで違っていたことはマルクス主義者でなくても容易に指摘できる。それはむしろ、既存の支配者層の末端にいる者たち、つまり長州、薩摩、土佐といった外様藩出身の下級武士たちが仕掛けた事実上のクーデターと言ってよかったからだ。当時、総体としての日本の支配者層は独立性と自由裁量権を失いかねない死活的な危機に直面しており、これらの下級武士たちの目的はその危機を克服することにあった。明治維新をこの観点から見直すと、一七八九年のフランス革命や一九一七年のロシア革命よりも「反革命」に近かったことがわかる。それは基本的に権力者間の争いであり、この国を支配するエリート層同士がすべてを賭けた血みどろの権力闘争だったというのがおそらく正しい理解に近い。この国はその後の一世紀半の歴史において、同様の権力闘争を何度か体験したが、明治維新はその最初の一つにすぎなかった。それらはすべて、日本の支配者層の一部が別のエリート層から権力を奪取しようと謀ったために起きた争いだった。いずれの場合も、彼らはこのままではこの国の方向性を決定する支配者層の権力が壊滅的な打撃を受け、日本人が自らの手で国を運営していけなくなるという危機感に駆られ、その事態を防ぐために行動に踏み切ったのである。

ここで誰もが疑問に思うのが、一八六〇年代の日本で本物の階級闘争による真の革命が起きる可能性は皆無だったのかということだろう。別の言い方をすれば、どうして日本は江戸時代に正真正銘のブルジョワ革命を経験し、自らの手で資本主義社会へと発展できなかったのであろうか。すでに見てきたように、それに必要な前提条件は大体においてそろっていた。とりわけ、高度に洗練された経済制度や金融機関、読み書き能力の普及、大都市の発展、それに明らかにブルジョワジー（資本家階級）の前段階と言える商人たちの存在はいずれも注目に値する。さらに、商人たちは産業を「離陸」させるために必要な資本の蓄積と展開に必要な能力があることをすでに行動で示していた。

日本が「自前の革命」を起こすことができなかった理由は、徳川幕府に潜在的な反対勢力を自陣営に引き込むずば抜けた能力があったことで部分的に説明できるかもしれない。それは幕府が倒れた後も、日本の政治文化のきわめて重要な特徴として現代まで受け継がれている。江戸時代の支配者層は、商人が蓄積した富を背景に武士や大名に対してますます強大な影響力を行使し始めていることを認識していただけでなく、それが彼らの考える社会のあるべき秩序に反していることに苛立ちを募らせていた。それでも、幕府のエリートたちは商人たちの行動に直接干渉せず、ほとんどやりたいようにやらせていた。西欧で革命の主体となったブルジョワジーは、絶対王政への反発をきっかけに形成されたが、彼らはそうした可能性をきわめて巧妙に回避したのである。ただし、重要な点は、幕府が商人たちの株仲間（同業組合）やその他の関連団体を通じて「自主規制」を徹底させたことにある。これによって商人たちは常に自分たちの行動が暗黙のルールの枠内に収まるように自発的に制限を課し、既存の権力関係に公然と挑戦することがないようにお互いに監視させたのである。江戸時代の商人たちは、財産権は神聖で不可侵の権利であるという近代的な考えに訴える選択肢を持っていなかった。そのため、自発的にそうした造反に踏み切ることを可能にする概念装置を欠いていたのだ。[3] 徳川支配の根底にあった朱子学の政治思想は、既存のヒエラルキーそのものを政治的正統性の根源として規定していた。言い換えれば、既存の政治体制に正統性をもたらしているのは当の体制そのものであり、それを超越するようないかなる理論的根拠も想定していなかった。西欧の絶対王政でさえ、王は自分より偉大な権威である神から支配権を授けられたという「王権神授説」によって権力の正当化を図った。つまり王自身が「神聖」であるわけではなく、正統性の根源は別にあることを認めていたのである。[4] だが日本の政治思想においては、正規の手続きを経て確立した政治権力はそれ自体が神聖と見なされた。この概念の起源は、少なくとも六世紀にまでさかのぼることが確認されている。徳川幕府は支配体制への挑戦を想像すら不可能な状態にするために、それを社会全体に浸透させたのだ。

この概念は幕府が崩壊した後も生き残り、二〇世紀に入ると様々な弊害をもたらした。それが日本人の政治的想像力に及ぼしている根強い影響力の片鱗は、かつて驚異的な人気を誇ったテレビ時代劇『水戸黄門《みとこうもん》』にもうかがえる。このドラマは一九六九年から二〇一一年末にかけて数千話が放映され、この種の番組としては世界のテレビ史上でも例のない長寿番組として知られている（日本ではどんなに大ヒットしたドラマでも通常は二、三年で終了し、よくて一年か二年後に復活するパターンが大半だ）。『水戸黄門』の各話では常に同じストーリーが繰り返される。「天下の副将軍」こと徳川光圀《とくがわみつくに》（黄門は光圀の別称）が家臣二人を伴い、商家の隠居を装って日本各地を漫遊し、旅の途中で悪事に遭遇する（やくざが腐敗した役人か落ちぶれたサムライと組んで罪もない庶民を苦しめるというのが典型的なパターンだ）。視聴者を義憤に駆り立てるようなわざとらしい犯罪行為が何度か繰り返された後、刀による立ち回りがあり、クライマックスシーンではついにお供の一人が葵《あおい》の御紋の印籠《いんろう》を掲げて、「黄門様」の正体を明かす（葵は徳川家の家紋で、印籠は薬などを入れる小さな容器）。悪党どもはそれを目にするや、光圀や彼を取り巻くメインやゲストの「正義の味方」たちよりも多勢であるにもかかわらず、必ず恐れ奉って土下座するのである。宗教学や神学

(3) 潜在的に問題になりそうな層を排除するより自陣営に取り込むという特徴的な手法は、別の相手に対しても有効に機能した。江戸時代初期の数十年間、幕府は江戸と京都を結ぶ東海道に出没したならず者の集団が売春宿や賭場を運営することを黙認する代わりに、地域の治安を維持させた。現代日本の警察も街頭犯罪を取り締まるために似たようなやり方をしてきた。暴力団が建前上は違法な行為を収益源とすることに目をつぶる代わりに、チンピラの犯罪が度を超さないように目を光らせさせたのだ。

(4) 言うまでもなく、ユダヤ人や初期キリスト教徒がローマ帝国の総督と衝突したそもそもの原因はここにあった。アブラハムを始祖とする人々は、政治権力の正統性の根源が神にあることに異存を唱えるつもりはなかったが、自分たちの崇拝の対象はあくまで神に限られるべきだと考えていたからだ。

の専門家でなくても、ここで展開されているのが何かは一目瞭然だろう。それは、水戸黄門（つまり「お上」）は「不正を許さぬ神様」のような存在で、彼の怒りがひとたび沸点に達すれば、どんな悪人もたちどころに平伏することになるというある種の政治的神話にほかならない。

言うまでもなく、これまでも多くの時代や場所で厄介な問題が持ち上がった時、人々はその責任は政治秩序そのものではなく、それを改変するか無力化しようとしている者たちにあると考えてきた。私利私欲に目がくらんだ連中や腐敗した役人たち（現代では「利益集団」とか「圧力団体」と呼ばれることがある）さえ一掃してしまえば、時代や場所に応じて国民や神や天皇の意思が明確に示され、正義は必ず勝利する――そう考えてきたのは、日本人に限ったことではない。その一方で、政治秩序そのものを神聖視して、決して疑問視しないという考え方はとりわけ日本に深く根差している。そのおかげで江戸時代の商人たちにとっては、西欧で資本主義の温床となったハンザ同盟やイタリアの都市国家のような独立した自治組織を生み出すことは概念的にも実践的にも困難になった。近世日本にそれに最も近い存在があったとすれば、大坂に隣接する自治都市の堺《さかい》がそうかもしれない。この港町は会合衆《えごうしゅう》と呼ばれる商人たちによって自ら統治されていた。だが西欧の例と異なり、堺の商人たちは「王」に当たる将軍や大名たちが持つ制度上の権限にどんな形にせよ制限を加えたり、法の支配に従わせたりすることはできなかった。その結果、幕府はますます豪商たちからの資金繰り支援に依存するようになっていたにもかかわらず、いまだに商人たちの財産を没収する権限を有していた。それでも、商人たちの間には革命的気運が盛り上がるような気配は一切なかった。なぜかというと幕府や大名への貸付金は、商人たちが上げた収益の主要な投資先でもあったからだ。もちろん帳消しにされる危険性は常に存在したし、商人たちは借金を踏み倒した大名を裁きの場に引きずり出す実力はおろか何の手段も持ち合わせていなかった。だが大名側も、この先借金の貸し手を探すのに苦労したくなかったので、そこまでにすることに二の足を踏んだのだ。その結果、商人たちは徳川幕藩体制と暗黙の同盟関係を結ぶことになった。彼らはもはや運命共同体の一部であり、彼ら自身の繁栄は幕府の存続と切っても切り離せなくなったのである。

徳川幕府の滅亡

徳川幕府にとって政治的正統性の究極の源泉が「天皇の任命」にあることは、概念上の弱点になりかねなかった。なぜなら天皇によって将軍に「任命」されるということは、その任を解除されることも制度上はありうるからだ。もちろん、一六〇三年に徳川家康を征夷大将軍に任命した時も、一八六八年にその子孫の徳川慶喜《よしのぶ》から上奏された政権返上を勅許した時も、在位中の天皇が実際に自らの意思で政策を決定したわけではなかったが、それは大して重要な問題ではない。ペリー提督の来航後、アメリカが自国の船に必要な燃料や食糧の補給や通商条約の調印を迫ると、それをきっかけに他の西欧列強も相次いで様々な要求を突きつけてくるようになった。列強諸国にとって日本は中国と同様、搾取するのにあつらえ向きの新市場にほかならず、膨大な富をもたらす可能性があったため、早めに権利を主張しておく必要があったのだ。その頃までには、幕府の重臣たちにもあらゆる軍事的抵抗は悲惨な敗北に終わることが目に見えていたので、通商条約はおろか治外法権でも譲歩することで列強に迎合しようとしていた。結局、日本が調印した「不平等条約」は、一〇年ほど前に清国が押し付けられた条約にほとんど匹敵するほど日本に不利な内容で、唯一の救いはイギリスが日本にアヘンを無理やり売りつける権利を獲得しなかったことくらいだった。

これらの条約や、突然日本にやって来て居丈高に振る舞い、あれこれ指図する外国人の出現は、血気にはやる青年武士たちの多くを当然のように憤然とさせたが、中でも外様藩にそういう者が多かった。彼らは密談を重ね、人脈を築き始めた。そして事実上国家への反逆にほかならない謀略を古くからの天皇制のベールで覆い、概念的に受け入れやすいものにしようとしたが、それは外部だけでなく、自分たち自身を説得するためでもあったかもしれない。朝廷も過去数世紀で初めて、政治に直接関与することになった。孝明《こうめい》天皇（一八三一年－一八六七年）は、幕府が西欧列強の要求に屈服したことに激怒している青年武士たちに共感していた。一方、幕府は朝廷が潜在的な脅威となることを恐れ、天皇の妹和宮《かずのみや》を将軍徳川家茂《いえもち》の妻に迎える「公武合体策」で政局を安定させようと図ったが、それはどちらにとっても気の進まない縁談であった。だが結局、幕府は天皇が「夷人（外国人）」を国外に追放する攘《じょう》夷《い》の勅命を下すことを防げなかった。

その頃までには、幕府の重臣たちも「夷人」たちの要求が強大な軍事力に裏付けられていることを痛感していた。だが、彼らと違って天皇自身や、古くからいる公家の中の急進派を扇動していた青年武士たちは、日本が直面している脅威の実体をよく把握していなかった。一八六二年には横浜近くの生麦《なまむぎ》村付近で、薩摩藩の行列を乱したという理由でイギリス人商人が藩士に殺傷される事件が起きている。その数カ月後には、本州と九州を隔てる下関《しものせき》海峡を通過中の外国船に長州藩が海岸の砲台から砲撃を仕掛けた。これに対して、まずイギリスが鹿児島湾に艦隊を派遣し、砲撃で鹿児島城下の一部を火の海にした。それから程なく、今度は長州藩への報復として、アメリカ、イギリス、フランス、オランダの四国連合艦隊が下関を砲撃し、陸戦隊を上陸させて砲台を占拠・破壊した。

その後も多くの急進派が「尊王攘夷（天皇を尊び、夷人を排除する）」の旗印の下で幕政改革の運動を続けたが、列強と直接砲火を交えたことで彼らもようやく日本が直面している現実を正しく認識できるようになった。この時代を象徴する人物の一人に坂本龍馬《さかもとりょうま》という青年武士がいた。龍馬は外様の土佐藩で酒造業などを営む裕福な商家の家系に生まれた。坂本家は新田開発を条件に士分株の売買を認める制度を利用して武士階級の最下層である郷士《ごうし》の身分を得ていたのだ。(5) 龍馬は当時の一般的な武家の少年と同様、最初は中国の古典を勉強する漢学《かんがく》塾に入学させられたものの、勉学に身が入らず、いじめにも遭って退塾した。その後、姉に背中を押されて各地で盛んになっていた剣術道場の一つに入門したが、それらは当時の政情不穏や「夷人」たちの挑発に対する危機感が生み出したものだった。龍馬はさらに剣術に磨きをかけるために江戸に遊学したが、そこで門人となった道場で急進派の中でも最も過激な青年武士たちと出会うことになる。彼らは龍馬に、現代風に言えば「テロリスト」になるように持ちかけたのだ。彼に与えられた最初の任務は、ある幕府の重臣を暗殺することだった。その重臣とは、日本の海軍を徹底的に立て直し、海軍士官の養成機関を設立する使命を帯びた軍艦奉行の勝海舟《かつかいしゅう》だった（幕府はそれによって列強の脅威に対抗できる国防力を確保したいと考えていた）。海舟自身の回想録によれば、龍馬に自宅に踏み込まれた彼は、殺す前に言い分を聞けと血気にはやる若者を説得したのだという。そして日本を今の世界に通用する国に変える必要があることをとくとくと言い聞かせたのだ。それを実現しようとしている人々を殺しても、決して日本が直面する問題の解決にはならないと。

同じような逸話を持つ歴史的人物はほかにもいるが、ここで坂本龍馬が経験したのはある種の「転向」であった。その過程で、夷人や彼らに迎合しようとしている「国賊」に対する怒りや憤激は、欧米に関する好奇心（特にすべての人間の政治的平等を唱えるアメリカの理想に興味を覚えたようだ）と日本が抱える問題はその支配構造にあるという確信に置き換えられたのである。事実上二つの政府と二人の支配者が並存していることが問題なのだと彼は考えるようになっていた。幕府に追われる身となった龍馬は江戸を脱出して鹿児島へ向かい、そこで長年の仇敵同士である西国の雄藩、薩摩と長州の同盟成立に重要な役割を演じることになる。彼が夢見た統一政府は、徳川幕府最後の将軍が大政奉還を行ない、若き明治天皇に正式に政権を返上することで実現するのだが、龍馬自身はそのわずか数カ月前に暗殺されてしまう。

龍馬の一生は、当時の日本が歩んでいた道のりそのものである。圧倒的な外敵の脅威に直面して当初は怒り心頭に発し、現実と向き合うことを避けていた。だがこのままでは日本が独立を失う事態になりかねないことが明白になると、急激な方針転換を行なった。そして、国内の制度を徹底的に見直し、脅威に備えるために諸外国から必死で知識を吸収しようとしたのである。

幕府は列強への譲歩とちぐはぐな改革努力が裏目に出て、外国からの脅威に対応する能力がないことを露呈してしまい、正統性を失った。その結果、国内の秩序は崩壊した。都市を中心に、神々のお札が天から降ってきたことを信じた群衆が踊りながら街路に繰り出し、「ええじゃないか」と連呼する社会現象が起きた。西国の雄藩による公然とした倒幕運動は言うまでもなく、こうした集団狂気《マスヒステリア》とも言うべき民衆運動にまで直面した幕府は、ついに瓦解の時を迎える。だが、その過程で出た犠牲者の数は驚くほど少なかった。最大の死者を出したのは、新たな権力構造から締め出されることを恐れて（その懸念は当たっていた）、新

(5) 徳川体制下では、武士とその他の被支配者階級の間に建前上は厳密な身分の差が設けられていたが、実際にはかなりの流動性が保たれていた。裕福な商人であれば、武士階級の最下層である「郷士」（農村に住む武士を意味する）の身分を金で買うことができた。また、郷士の中には武士と同じ「名字帯刀」の特権を与えられた上層農民も含まれていた。

政府発足後から降伏するまで一八カ月にわたって抵抗を続けた東北地方の諸藩だった。それでも内戦による死者数が相対的に少なく、国としての方針転換が明らかに急務であったことは、日本の新たな支配者層が既存の法的手続きに則って政権を掌握することを可能にした。つまり、名目的な統治権を天皇に「返上」することできわめてスムーズに徳川幕府の後釜に納まることができたのである。実際には優に一〇〇〇年以上も前から、天皇が誰の介入も受けずに日本を支配することはなくなっていたにもかかわらず、「大政奉還」によって新政権はほぼ発足直後から政治的正統性を獲得した。天皇の直接支配というフィクションと、それを利用して自らを支配的地位に就けた寡頭政治家たちによる政治支配の間には、明らかな矛盾が存在した。それから半世紀後、日本史上最も悲惨な破局のお膳立てをすることになるのは、それと同じ権力構造の矛盾にほかならなかった。だが差し当たり重要なのは、それが日本の新たな支配者層に政治権力をもたらしたことだった。彼らはその権力を利用して、この国を一世代で欧米列強に勝るとも劣らぬ帝国主義的な「大国」に変身させたのである。

第3章　明治維新から占領期まで

図3　岩崎弥太郎の肖像。一代で三菱財閥を創始した日本で最初の偉大な実業家。（写真提供：三菱史料館）

日本を植民地主義の脅威から守り、工業国としても帝国主義国家としても紛れもない大国に成長させたのは、天皇の名の下で実質的に国を支配した少人数の有能な男たちだった。今では当時の元号から「明治の指導者たち」などと呼ばれている。彼らは世界史で言えば、アメリカ革命を指揮した「建国の父」や、解体の危機に直面していたオスマン帝国を打倒してトルコ共和国を樹立した「青年トルコ党」に匹敵する功績を残したと言えるだろう。彼らの大半はきわめて若い年齢で一八六八年の明治維新を経験したため、二〇世紀に入っても至極健在で「元老《げんろう》」として政界に君臨し続け、一九三〇年代に至るまで日本の総理大臣を事実上任命する権限を行使し続けた。巻末の人名録「明治の指導者たち」に記した名前や経歴から明らかなように、薩摩藩と長州藩の出身者が彼らの大半を占め、ほかに目立つのは京都の公家出身者や土佐藩出身の人間が若干いる程度だ（これはある意味で、アメリカの「建国の父」にマサチューセッツ州とバージニア州の出身者が多かったことと類似性があるかもしれない）。

明治の指導者たちは複雑に絡み合った三つの緊急課題に直面していた。まず欧米列強の帝国主義に対する抑止力として機能するほど強力な軍隊を創設する必要があった。その軍隊の装備を整えるには、日本を先進的な産業大国へと成長させるために必要な資本とテクノロジーを獲得しなければならなかった。さらに、これらの難事業を達成するために必要な近代的諸制度を確立するだけでなく、国際社会で列強の仲間入りをするための前提条件をすべて満たしていることを欧米諸国に納得させる必要があった。そのためには確かな実力を備えた軍隊（望むらくは帝国主義的な戦争でどこかの弱小国に勝利するという実績を作ればそれに越したことはなかった）だけでなく、議会、裁判所、銀行、一夫一妻制、選挙、それに理想を言えばキリスト教教会の存在も必須条件だった。言うまでもなく、建築様式、服装、性慣行、食事の行儀作法に至るまで、国民全体がしきたりや外見的なことを西洋式に合わせることも求められていた。日本の指導者たちにとっては、近代的な帝国主義国家を本物そっくりに模倣することによってしか、欧米諸国に不平等条約の改正を認めさせ、関税自主権を取り戻し、治外法権を撤廃させる道は開かれていなかったからである。

幸いなことに、彼らは優れた前例に恵まれていた。薩摩と長州の両藩は維新前からすでに海外に視察団を派遣していたが、明治政府も一八七一年から七三年にかけて右大臣岩倉具視《いわくらともみ》を代表とする「岩倉使節団」を欧米に派遣した。使節団には政府首脳陣や有能な側近たちが参加し、日本の近代化に最も役立ちそうな模範例を求めてアメリカや欧州一二ヵ国を歴訪したのである。イギリスからは造船、海軍組織、中央銀行、鉄道技術、それに王室に求められている儀礼的な役割などに関する知識を吸収し、フランスからは法律学、函館の五稜郭《ごりょうかく》の建設に応用された城塞建築技術、医学、アメリカからは近代的農業、北海道のような辺境地の開発政策、普通教育、そしてスウェーデンやスイスといった小国からは、強力な隣国に対して抑止力になりうる軍事力を展開する知恵などを学んできた。

そんな中で日本にとって最高の指南役となったのが、ビスマルクの主導下でプロイセンを中心に統一されたドイツ帝国であった。ドイツがとりわけ日本にふさわしい模範となったのは、同国も典型的な「後発国」だったからである。小さな君主国や自由都市の寄せ集めにすぎない連合体から統一国家を建設しようという気運が高まる中で、先進諸国に追いつこうと「キャッチアップ型」の工業化を進めてきた点でも学ぶところが多かった。政府主導の産業開発に関するドイツの考え方は、明治の指導者たちにとって金科玉条となった。ドイツ人経済学者フリードリッヒ・リストの著作はとりわけ大きな影響をもたらした。リストは、アメリカの建国の父の一人であるアレクサンダー・ハミルトンや、彼に影響を受けた政治家のヘンリー・クレイなどが建国間もないアメリカで導入した政策を高く評価していた。それは保護関税を導入し、国内産業の育成という明確な目的のために補助金を交付するという国家的経済計画だった。リストは自著『政治経済学の国民的体系』の中で、ドイツも同じような政策を採用すべきだと主張している。同書は日本語に翻訳されると、設立されたばかりの日本銀行の総裁による公式な序文付きで出版され、明治のエリート層の間で広く読まれるようになった。

だが明治の指導者たちは、産業育成と銀行を中心に据えた企業グループの第一義的重要性を強調するドイツの考え方を熱心に取り入れようとする一方で、同時にドイツが経験したより桁外れに大きな困難を伴う資本蓄積の未熟さの問題に直面していた。日本の裕福な豪商たちは、巨額の資金を提供して明治維新を経済面で支え、彼らの一部は日本が産業社会へと変身を遂げた後も生き残った。(1) だが明治政府には日本の資本家階級《ブルジョワジー》が自然に成長して産業革命で指導的役割を果たせるようになるまでのんびり構えている余裕はなかった。一九世紀後半の世界には貪欲に植民地を求める帝国主義的列強がひしめき合っており、日本が独立国家でいるためにはそれでは時間がかかりすぎたからだ。それに、経済的成功の行方を商人たちの管理に委ねるというのは、概念的にも政治的にも一種の革命にほかならないという理由もあった。法律で定められた公式な支配者層は、「武士」の消滅と同時に廃止されたかもしれない。だが、政治的正統性が階層性《ヒエラルキー》、前例、伝統といった概念とまったく不可分なこの国で、新たな支配者層の大半がかつての武士階級に占められるようになるのは、恐らく避けられないことだった。明治政府の指導者層は、幕府や藩が取り組んでいた事業を引き継ぎ、自らも新たな営利活動に乗り出したが、やがて運営に行き詰まると武士時代の同僚だった者たちに

---

(1) 江戸時代の豪商のうち、明治時代への移行に成功した最も有名な一族の家名には住友と三井が含まれていた。

ただ同然の値段でそれらの経営権を譲渡した。それはある意味でソ連崩壊後のロシアで起きた現象によく似ていたが、日本の場合、利権を売却した「インサイダー」たちは、私腹を肥やすことより自国を守りたいという強い使命感に突き動かされていた点が違っていた。彼らは国を挙げて富国強兵《ふこくきょうへい》に邁進しようとしていたのだ。

岩崎弥太郎《いわさきやたろう》と近代的産業組織の成立

岩崎弥太郎のことは明治期が生んだ最も偉大な実業家として巻末の「明治の指導者たち」でも触れているが、彼の経歴を見れば当時の日本経済の状況がよくわかる。岩崎は前章で紹介した坂本龍馬と同じ土佐藩の出身で、身分の低い武士の家に生まれた。維新後、藩が大阪や長崎で運営していた事業（当時の大藩は海外から必需品を調達するために長崎と大阪の両方に出張所を置いていた）の経営を引き継ぐと、廃藩置県を機に個人事業として展開し始め、後に社名を三菱《みつびし》商会と改めた。一八七五年、明治政府は三〇隻の船を同社に無償で払い下げ、運航助成金まで支給した。その背景には、海外海運業者の国内進出に対抗して立ち上げた国有海運会社が破綻したことがあった。これらの船はその企業が保有していたものだった。一八七七年には薩摩藩出身の維新の英雄・西郷隆盛《さいごうたかもり》が鹿児島で反乱（西南戦争）を起こした。[2] 西郷は新政府の参議や陸軍大将まで務めたが、政争に敗れて郷里に戻っていたのだ。岩崎は兵員や弾薬などの輸送に社船を注ぎ込み、反乱の鎮圧に大いに貢献したため、政府の信頼を勝ち取ってさらに多くの特権を享受することになる。

　岩崎はきわめて優れたビジョンの持ち主だったため、当初政府から供与された資産などを元手に世界有数のビジネス帝国の基礎を築き上げた。そればかりか、日本のビジネスの経営形態に画期的な変革をもたらし、その重要性はいまだに健在である。明治政府の指導者層は企業グループの中心に銀行を据えるドイツのやり方を模倣し、債券や株式の市場ではなく、銀行が実業界に対する最も重要な資金提供者として機能する形態を採用した。だがその際、銀行が企業の株式を直接保有するよりも、企業グループを統括する経営体が銀行と企業の双方の株式を直接保有するのが望ましいと岩崎は考えたのである。日本に特徴的な「財閥」という経営形態は、岩崎のこの独創的な発想から生み出された。この経営形態は現在でも、戦前の日本の財閥をモデルとした韓国のサムスングループや現代《ヒュンダイ》グループ（その後分裂）といった「チェボル（財閥）」に見て取れる。一方、第二次世界大戦後の日本では、財閥一族が有価証券や企業に対する利権の放棄を命じられ、財閥そのものは解体されたが、その後、一族ではなく同一グループ内の企業がお互いの株式の過半数を持ち合う「系列《ケイレツ》会社」や「グループ会社」として生まれ変わった。今日でも、日本で著名な大手企業や大手金融機関の多くはこうした企業グループに属している。

　明治時代のエリート層はきわめて緊密に連携していたため、彼らの仲間が支配する企業グ

（2）この反乱は、映画『ラストサムライ』のストーリーのモデルとなった。

ループの中心に銀行が位置していたことは、希少な金融資源が「戦略的」産業に優先的に配分されることを意味した。一九世紀後半においては、それはまだ近代的軍隊を装備するために必要な産業というニュアンスが強かった。だがこれらの産業の育成に必要な資本の蓄積をどう実現するかという問題はそれだけでは解決できなかったし、新しい工場の運営に必要な資本設備の輸入資金をどう調達するかという問題は一層解決から遠かった。一九世紀後半の世界では、国際貿易の決済には金の価値で裏付けられた価値交換媒体しか受け入れられないのが一般的だった。そのため、日本が産業基盤を築くには、何らかの方法で金の形で金融資本を蓄積する必要があった。だが不幸なことに徳川幕府の最後の数年間で、日本は保有していた金の大半を失ってしまっていた。当時の国内の金銀交換比率は一対五ほどで、海外相場の一対一五からあまりにも懸け離れていた。そのため、莫大な差益を手にする機会に目ざとく反応した外国人商人らが、実際の価値よりもはるかに安い値段で買い占めてしまったのだ。一方、幕府やその後を継いだ明治政府は不平等条約により、関税を通じて国外への金の大量流出を防ぐ手立てを奪われていた。

当然ながら、当時はまだ世界銀行のような国際開発金融機関や海外開発援助といった制度は存在していなかったため、日本が頼れる場所は多くなかった。それでもロンドンの金融街シティーではごく普通に外債が発行されており、たとえば北アメリカにおける鉄道建設などに大量の資金を調達していた。日本もまたアメリカの例に倣ってロンドンで「借金」をすることで、国内初の鉄道の建設費用を賄った。だがドイツの宰相ビスマルクは、欧州を訪れた岩倉具視に対し、外国の資金力に頼る危険性についてかなり具体的に警告している。帝国主義の全盛期だった当時のような時代に債務不履行に陥るようなことがあれば、元本と利息の代わりになるような資産を差し押さえるためにイギリス海軍が派遣されないとも限らないというのだ。一八八一年に参議兼大蔵卿（後の大蔵大臣）に就任した松方正義《まつかたまさよし》は、エジプトやトルコで実際にこれが起きるのを目の当たりにしたし、ビスマルクが外債のリスクに関して岩倉に警告した際にも同席していた。松方はこれ以降、ビスマルクの言葉を額面通りに受け取り、外国への借金は間違いなく返済することを固く心に誓った。

資本蓄積と立憲政治の外観

だが海外で資金調達ができず、不平等条約のせいで輸入を制限して海外への資金流出を防げないとなると、もはや「富国強兵」に必要な資本を蓄積する手段は一つしかなかった。長年にわたって困窮を強いられてきた農民たちからさらに絞り上げるのである。もし賃金や物価や生活水準をある程度まで低下させることができれば、関税自主権がなくても余剰資本を生み出すことは可能になる。それは一七四〇年代にイギリスを代表するスコットランド出身の哲学者デイヴィッド・ヒュームが最初に明らかにした真理で、それ以降もアレクサンダー・ハミルトンが初代財務長官を務めた頃のアメリカ、ビスマルク時代のドイツ、それにスターリン時代のロシアの各政府によっても直感的に理解されていた。これらの政府はどれも最

新式装備を備えた軍隊を持つために必要な産業基盤を築こうと躍起になっていたのだ。(3)

だが賃金と生活水準を押し下げる政策が成功するには、農民や一般労働者が反撃に転じないことが大前提となる。松方は一連のデフレ政策を実施して必要な資本剰余金を確保することに成功した。その結果、前任者たちが作った借金を返済し、岩崎のようなエリート層の仲間が必要とする資本設備の輸入資金を工面できるようになったのである。だがその代償として政府が直面したのが「自由民権運動」だった。それは近代以降初めて起きた「下からの反乱」に限りなく近い国民運動で、その後は一九四〇年代後半になるまで日本でこれほど大規模な反体制運動が起きることはなかった。

自由民権運動が生まれる風潮をお膳立てしたのは、在野の元武士たちだった。彼らは、西洋文化の大規模な流入の一環として国内に否応なく広まり始めた民主主義的な考え方に飛びついたのだ。中には権力の座をほぼ独占したかに見える薩摩藩や長州藩の出身者への恨みから行動していただけの者もいたかもしれない(板垣退助《いたがきたいすけ》も含めて、自由民権運動の初期の指導者たちには土佐藩出身者が多かった)。だが動機が何であれ、彼らが一様に指摘したのは、議会制民主主義制度の欠如こそが日本の後進性の主な原因となっているということだった。松方財政によるデフレ政策と増税によって、自由民権運動は日本の下層社会にまで広がっていった。当時、すでに数十万人もの農民が地租を払えずに小作農に転落していた。先祖代々の土地を失い、困窮に直面した彼らは、養蚕が盛んだった埼玉県秩父《ちちぶ》地方をはじめ、各地で一斉に蜂起して大規模な暴動事件を起こしたのである。

明治政府の指導者層は、こうした危機に対応するために日本初の近代的な憲法の制定に同意した。いわゆる「明治憲法（大日本帝国憲法）」である。それと同時に帝国議会が創設されることも決まり、これらの制度は激化した民主化運動をある程度鎮静化する効果があっただけでなく、日本が近代国家として制度的体裁を整えつつある具体的証拠となった。

一八九四年の日清戦争

だが日本が欧米列強から近代国家として真剣に認められるようになるには、戦争に勝つというさらに大きな説得材料を確保する方法もあった。その際に崩壊寸前の清朝中国が格好の標的となることは誰の目にも明らかだった。表向きの開戦理由としては、朝鮮をめぐる日清両国の利害対立があった。一八七〇年代以降、明治の指導者たちは朝鮮を日本の支配圏に取

---

(3)　ヒュームが唱えた「物価・正貨流出入機構論」は、体系的な科学としての経済学における最初の重要な理論と考えられている。彼によれば、金本位制下の国の正貨（金）が貿易黒字によって増加すれば国内の通貨供給量が増え、物価水準が上昇するので輸出価格も上がって輸出量が減少する。その一方で輸入価格は低下するので貿易赤字が生じ、金は国外へ流出する。その結果、政府の介入がない限り、物価と賃金は下がり続け、再び貿易黒字が生じて同じサイクルが繰り返される。これによってヒュームは、賃金と物価の低下を黙認する限り、国際収支の不均衡は是正されるので、政府が金の流出を恐れる必要はないことを証明しようとしたのである。

り込むべきかどうかではなく(それはもはや既定路線と言ってよかった)、日本にそのための武力侵攻を行なう「準備」が整っているかどうかをめぐって意見を対立させてきた。公正を期すために言っておくと、植民地獲得をめぐって凄まじい争奪戦が展開されていた当時の世界情勢を考えれば、日本政府が戦略的に行動しようと考えたのも無理はない面があった。かつてイギリスの帝国主義と戦ったアメリカは、ハワイ、プエルトリコ、フィリピンを併呑し、ベルギーをはじめとするちっぽけな小国でさえ、アフリカ大陸で収奪や強姦などの残虐行為を繰り返していた。要するに「戦うことは誇りが許さない」という毅然とした態度(第一次世界大戦でドイツのUボートにイギリス客船が撃沈され、多くのアメリカ人乗客が死亡しても中立を堅持したウッドロウ・ウィルソン米大統領が語った言葉)を示したところで、日本が列強から一目置かれるはずはなかったのである。ビスマルクに派遣されたあるドイツ人軍事顧問は日本政府に対し、朝鮮半島は「日本に突きつけられた短刀である」と警告した。朝鮮は伝統的に中国との間に正式な朝貢国としての関係を維持してきた。だがもはや瀕死の清朝が露骨になる一方の欧米列強の介入に抵抗すらできないのを見て、列強は朝鮮に食指を動かすのではないかと日本政府は懸念していた。朝鮮の中国に対する依存状態は明らかで、独立維持に必要な内政改革に着手する能力も意思も欠けていた。これらの事実は、朝鮮を欧米列強の植民地化政策の格好の餌食にしそうに思われたのだ。朝鮮が中国以外の国の支配圏に取り込まれることが避けられないなら、それは日本であるべきだと明治政府は心に決めていた。朝鮮国内も中国との伝統的な関係を維持すべきだという考えと日本における明治政府の方針を模範にすべきだという意見に二分されていた。一八九四年には親日派とされる朝鮮人政治家金玉均《キム・オッキュン》が上海で暗殺され、遺体が本国朝鮮に送られると、あらためて体を切り刻む「凌遅刑《りょうちけい》」に処せられた。この事件は日本国内でも大きな反発を呼び、間接的に開戦の時期に影響したかもしれない。日本は日清両国で協力して朝鮮に内政改革を進めさせることを提案したが、清国政府は当然のようにこれを拒否したため、ついに日本も開戦を決意した。

日本軍は各地で清国軍を圧倒した。陸戦では平壌《ピョンヤン》の戦いで大勝し、海戦では黄海《こうかい》で清国の艦隊を撃破して制海権を得ると、さらに山東《さんとう》半島の威海衛《いかいえい》湾に立てこもる敵艦隊の残存艦を攻略して次々に撃沈した。開戦からほんの数ヵ月で、清国政府は講和交渉を申し入れてくるありさまだった。

この戦争は様々な影響をもたらした。まず秦《しん》の統一王朝以来、二〇〇〇年以上続いた中華帝国の歴史が終焉を迎えつつあることが明白になった。長年半ば未開な海賊の国のように見なされていた日本に大敗したことで、清朝にはもはや国威のかけらすら残っていなかった。さらに、日本が勝利したことで、欧米列強からは「中国分割の分け前」に対する要求が駆け込みで殺到したのである。(4) 中国民衆の間で排外感情が高まった結果、一九〇〇年前後には「義和団《ぎわだん》の乱」と呼ばれる動乱が起きた。日本を含む列強は共同出兵して八ヵ国連合軍を結成し、血なまぐさい戦闘の末に乱を鎮圧して北京を占領した。この結果、清朝の崩壊は最終段階を迎え、一九一一年には辛亥《しんがい》革命が勃発して、翌年には中華民国の成立が宣言されることになる。

その一方で、一八九五年の講和条約によって日本は清国から莫大な賠償金を金で支払われたため、江戸時代末期から悲惨な状態が続いていた国際収支の均衡をようやく回復できた。また、この条約で日本は台湾、台湾の西海岸沖の澎湖《ほうこ》諸島、それに朝鮮の北西にある遼東《りようとう》半島と戦略的に重要な位置にある旅順《りよじゆん》（欧米ではポート・アーサーとして知られていた）の割譲を受け、植民地として所有することになった。台湾住民は「台湾民主国」の独立を宣言して五ヵ月ほど抵抗を続けたが、一八九五年一〇月までには抗日運動も崩壊した。一方、自らも中国進出の機会をうかがっていたロシアはフランスとドイツを説得し、日本に対して遼東半島を清国に返還するように共同で圧力をかけてきた。これがいわゆる「三国干渉」で、応じる代わりに清国からの賠償金は追加されたものの、日本政府としては憤懣やる方ない思いだった。しかもロシアはその後、日本から返還させた遼東半島の一部を二五年間にわたって「租借」する権利を獲得した。日本が恐れていたように、ロシアは中国に代わって、着々と朝鮮半島に対する政治的影響力を増大させていったのである。

一九〇四年－〇五年の日露戦争

三国干渉は、まだ経験が浅い若いヒョウの獲物をライオンの群れが寄ってたかって横取りしたようなものだが、ヒョウもすぐにこの時の教訓を生かし始めた。日本政府は一九〇二年に日英同盟を結んで当時の世界的な超大国と緊密な関係を築き、国益を賭けた外交や国家間の権力闘争で一歩も引くつもりはない覚悟を示した。そうすることで、今や最大の仮想敵国となったロシアとの戦争に備えて行動する自由を獲得したのである。徳川幕府末期に押し付けられた不平等条約もついに改正され、日本は関税自主権を取り戻し、治外法権を廃止した。日本が財政的、軍事的、文化的に国際的な評価を高めつつあったことは、日露戦争（一九〇四年‐〇五年）に必要な戦費の海外調達を容易にした。ユダヤ系米投資銀行クーン・ローブ商会のジェイコブ・シフが日本の外債を引き受け、それによってウォール街は国際金融センターとしてのデビューを飾ることになった。シフはロシア帝国の官憲によるユダヤ人同胞の迫害に憤激しており、日本を支持する理由があったのだが、それだけでなく日本の返済能力を信用していたのだ。

日露戦争における日本の勝利は、ある意味では一〇年前の清国に対する勝利よりもさらに衝撃的だった。キリスト教国の軍隊がキリスト教国でも西欧の一部でもない国に敗北したのは、実に東ローマ帝国の滅亡以来だったからだ。日本の陸海両軍は見事な戦いぶりを見せた。連合艦隊は日本海海戦でロシアのバルチック艦隊の大半を撃沈し、陸軍は朝鮮半島を北上し

---

(4) アメリカ人なら高校時代の歴史の教科書で、アメリカ政府が行なった「門戸開放宣言」の風刺漫画を見た記憶があるかもしれない。中国への進出が遅れたアメリカは、この宣言で清国は各国に同等に開放されるべきだと主張したのだが、漫画では各国が同じテーブルについて料理が平等に切り分けられるのを待つより、同じ皿から争うように中華料理を貪り食っている様子が描かれていた。

てロシア軍と戦闘状態に入り、最終的には旅順を陥落させ、陸戦を制した。日清戦争と日露戦争がもたらした結果には共通点があった。第一に、清国と同様、敗戦したロシアは失墜した国威を二度と回復できなかったこと。第二に、敗戦は辛亥革命と同様、一九一七年のロシア革命が起こる契機となったことである。一方、日本は日清戦争後に台湾を割譲されたように、一九〇五年の日露講和条約（ポーツマス条約）でついに日本の朝鮮支配を認めさせた。日本はさらに支配を強化するために、ほとんど詐欺のような手口で大韓《だいかん》帝国皇帝・高宗《こうそう》を退位させたが、ほぼ同時期にアメリカがハワイを併合するために用いた手段より卑劣ということはなかった。同国は一八九三年、リリウオカラニ女王を陥れてハワイ王政の廃止を宣言していたからだ。要するに、日本の行動は当時の世界的な常識から決して懸け離れていたわけではなかったのである。さらに重要なのは、この国がわずか四〇年足らずで政治的に崩壊寸前の弱小国からアジアで最も傑出した国家へと成長を遂げたことであり、欧米諸国も非西洋国家としては数世紀ぶりに列強の一員と認めざるをえなくなったことだった。だが本当の意味でこの変身の代償が支払われるのはまだ先のことだった。それが、そこまで高くつくとは当時の誰も予測だにしなかったのだ。

近代日本の悲劇のルーツは明治時代に

日本がどこで道を誤ったかを語るには、まず軍国主義の色彩が濃厚な国家資本主義の制度が農村に浸透していった経緯から始めなくてはならない。江戸時代の徳川幕府と大名たちは農民たちから容赦なく搾取したかもしれないが、詰まるところは社会の安定と税収の確保にしか関心がなかった。年貢がきちんと納められ、秩序が保たれている限り、村や農村地域は大体において放置され、好きなように物事を進めることが許されていたのだ。

ところが明治に入ると、農民たちのいわば強制的な「プロレタリア化」が進み、寡頭政治家たちが日本の独立維持に必要不可欠と考える政治体制の中に取り込まれてしまった。その中心にあるのが「富国強兵」の国策だった。これまで見てきたように、日本の農村は産業基盤の構築に必要な財源の主要な収奪先として機能してきた。それ以外にも、農民たちは労働力の一大供給源であった。一九世紀後半の日本にとって最大の外貨獲得源であった生糸の製糸工場では、農村出身の若い女性たちが数十万人も働いていた（さらに数万人が主要都市の娼家に売られていった。これは江戸時代からほとんど変わらず続けられていた慣習の一つだが、江戸時代の「浮世」が優れた文化性を有していたのに対し、それを恥じる傾向があった明治期にはそういう側面はかなり薄れてしまった）。一方、大名の毎年の参勤交代の代わりに、農村と都会の間を半年に一度往復する男たちが登場した。彼らは田畑が休閑中の冬の間に都会の町工場に群がる出稼ぎ農民だった。

明治の指導者たちは、所属する藩や身分によって分断された江戸時代の社会構造を単一の政治体制に置き換え、その中に農民たちを意図的に取り込もうとしたのである。だがこの計画を成功させるには、江戸時代の農村地帯で生活に一体感をもたらした様々な地域的制度や文化的規範に代わって、新たな政治的・概念的枠組みを定着させる組織的な努力が必要となった。それができない場合、前述した自由民権運動のように、激烈で時に暴力的な抵抗運動がそうした目論見を破綻させることにもなりかねない。この新たな枠組みの支柱となるイデオロギーの一つが、日本は全員一致を原則とする本質的に調和的な社会で、その政治的・経済的な仕組みは「天皇」という現人神《あらひとがみ》の意思によって神聖な認可を与えられているという考えだった。それゆえ、この政治的・経済的システムに公然と反対を唱えることは「非日本的」というだけでなく、神聖な秩序の存在そのものを否定する行動と見なされたのである。

こうした枠組みの構築は、江戸時代にすでにある程度基礎が固められていたとはいえ、決して生易しい仕事ではなかった。その基礎を築いたのは徳川幕府の政治的イデオロギーを構成する重要な要素の一つで、階層性《ヒエラルキー》を崇拝する朱子学だった。だが明治の指導者たちには前任者たちと違って、手段として使える制度が二つあった。義務教育と男子徴兵制度である。おそらく産業化に必要な資金を収奪するために全国の農民に課税された地租を除き、一八七三年に導入された徴兵制ほど憎まれた制度もあるまい。農民世帯は徳川体制下で定期的に課される土木工事のような賦役は甘受したが、息子たちが軍隊に取られることには強い憤りを覚えたからだ。

徴兵制度は憎しみの対象となったかもしれないが、義務教育と同様、農民（そして町工場や都会の仕事に就いた彼らの子孫）に新たなイデオロギーと時代精神《エートス》を吹き込むという目的には多大な貢献をした。それらは近代的な大国に不可欠と考えられていたのだ。確かに、このエートスは質素倹約、日々繰り返される労働、そして地域社会全体で問題解決に当たることを重視した農村の伝統に基礎を置くものだった（このうち最後は、稲作で毎年適切な時期にあらゆる水田に水を張ったり抜いたりするために使われる灌漑用水路や排水路の維持に必要不可欠だった）。ところが明治の指導者たちは、農村が重視するこうした「永遠の真理」に彼ら自身が受け継いできた武士階級の美徳を混入させたのである。それらはもちろん、日本の農村においてはきわめて異質な価値観であった。軍国主義や戦争を忌み嫌うという点では、日本の農民もどの国の農民と変わらない。彼らの多くにとっては、若い男が主君を侮辱した相手に復讐を遂げた後に嬉々として自分の腹を切り裂くという発想は異様なだけでなく、親不孝にさえ思えたはずだ。若者は父親に忠実であることが当然視されており、倒れて動けなくなるまで仕事をしたり、自らも男親になったりすることでそれを証明することを期待されていたからだ。一方、武士階級のエートス自体も江戸時代に戯画的なほど硬直化してしまっていた。そうした美徳がもはや無意味になった社会に生きていることを埋め合わせるかのように、ますます芝居がかった態度で自己犠牲や過剰な禁欲主義を誇示する風潮が高まっていった。そして、日本が突如として海外からの軍事的脅威や国内における民主運動の激化に直面すると、それらの美徳は江戸時代の遺物の中から拾い出され、近代的な軍隊だけでなく、軍国主義化した社会に適合するように作り変えられてしまったのである。

日常生活のほとんどあらゆる側面が軍事的な色彩を帯びるようになった。少年たちはプロイセン軍士官候補生の軍服に由来する学生服を着て通学した。日本の歴史上初めて大量の女子が男子と同じ学校に通うようになった（尋常小学校の一、二年以降は男女別学とされた）が、彼女たちがそこで教えられたのは「良妻賢母」を目指すことこそが女性にとって最大の野心であるべきだということだった。ここで言外に含まれているのは、求められればいつでも天皇のために戦って死ねる軍人を産み出すのが女性の究極の使命ということだ。天皇自身も軍人としてのイメージが強化されるようになった。平安時代以前から天皇は文化的・宗教的な雲の上の人物で、武士階級とは別の存在というだけでなく、少なくとも名目的には上位に位置すると考えられてきた。だが、それはもはや過去のことだった。今や天皇は定期的に軍服を着用して国民の前に現れ、軍人にとって最高の美徳である「絶対的忠誠」の究極の対象と化したのである。

このイメージは明確な政治的作為をもって構築された。岩倉使節団が一八七一年から七三年まで外遊した際、ビスマルクは日本には国民に一体感をもたらすような対象が必要だと助言している。つまり従来は家族、村落、宗教、地元の領主などに集まっていた忠誠心を国家的レベルで一極集中させるために、意図的に愛国心を植えつけるべきだというのだ。これはもちろん、一九世紀のドイツが取り組んでいた国家的プロジェクトであり、明治政府はそれを模倣したのだった。日本の支配階級は常に自分たちが「日本人」であること、そして「日本」が世界を構成する多数の国家の一つであることを意識していた。第1章で述べたように、これは日本が領土を持つ主権国家が共存する「ウェストファリア体制」の理想にすんなりと適応できた主な理由の一つだった。日本の支配階級は中国やトルコのエリートたちと違って、自国が世界秩序の一部となるための必要条件を理解するのに大きな概念的飛躍を必要としなかったのだ。それは、政治的権威と政治的正統性の両者がともに国家の中央政府から派生することを前提としていた。

だがこうした「日本」や「日本人」としての意識を共有するのは、大体において上流階級の人々に限られていた。しかも彼らの場合でさえ、「日本」よりも藩や大名や将軍に対する忠誠を優先することが少なくなかったのだ。言うまでもなく、それは農民たちも同じだった。そこでそうした忠誠心を粉砕し、愛国心や天皇崇拝に置き換えることが明治政府にとってきわめて重大な任務となった。

前述したように、「廃藩置県」も明治政府がそのために取り組んだ改革の一つだった。これは古い「藩」を近代的な「県」に置き換えることで、文字通り日本の政治地図を塗り替える試みであった。その結果登場したのは、権力が中央政府と地方政府に分散された連邦制ではない。確かに旧藩の城下町の多く（仙台、広島、高知、鹿児島など）は県庁所在地として生まれ変わったが、かつて保有していた地方行政権を、東京で実体を現し始めた巨大官僚組織にほぼ全面的に奪われてしまったのだ。その一方で、明治政府は日本の宗教組織の伝統的な骨組みに直接狙いを定めるようになった。一六世紀後半に織田信長が仏教寺院勢力を激しく弾圧したにもかかわらず、その後も仏教は江戸時代を通じて日本文化に深い影響を与え続け、お互いにほとんど分かちがたい関係を保ってきた。実際に、幕府の官僚たちは全国の仏教寺院を通じて宗教統制を行ない、檀家《だんか》制度を通じてキリスト教徒を摘発し弾圧したほどである。あらゆる国民は地元の寺院に所属し（つまり檀家となり）、寺請証文を発行してもらうよう義務付けられたが、これは事実上の住民登録制度として機能した。武士層が各藩に設けられた藩校で学んだように、裕福な商人や農民などの庶民は寺子屋と呼ばれる民間の教育施設で読み書きなどを教わるようになった。これは、鎌倉時代以降の寺院で、最初は主に武士を対象とした教育が行なわれたのが起源であると言われている（その後、武士だけでなく、町人や農民なども加わるようになった）。

しかし明治に入って教育の軍国主義化と義務化が進むと、それは国家の専権事項となった。政府が外来の影響を排除して「日本的」であることを模索し始めたことは仏教界に影を落とした。日本には神道というある種の土着の宗教があったが、過去一〇〇〇年以上にわたって仏教と混淆し、多くの宗派が存在したにもかかわらず、事実上一つの宗教体系（「神仏習合」）として機能してきたため、今さら両者を分離するのは教義的にも不可能に近かった。しかし愛国的あるいは国粋主義的観点からすると、それは大した問題ではなかった。神仏分離令によって神社と寺院は分離され、それをきっかけに全国各地で廃仏毀釈《はいぶつきしゃく》運動が起きて寺や仏像などが破壊された。さらに政府は仏教寺院から多くの財産を没収した。その代わりに明治政府が推進したのがいわゆる「国家神道」の普及で、その核を成すのが天皇崇拝だった。この事実上の「新宗教」のために造営された神社の建築を見ると、可能な限り中国や朝鮮の影響を排除してデザインを純化し、シンプルで無駄を省くと同時に伝統的な神社との連続性を重視した設計になっていることがわかる（東京都の明治神宮はその典型例と言えるだろう)。そこで行なわれる儀式にはきわめて近代的な機能があった。それは統一された専制国家にとって必要不可欠な愛国心などの美徳を国民に教化することだ。明治神宮や靖国《やすくに》神社といった国家にとって重要性の高い神社は、信者の精神的な支えとなる教会や寺院のように真の意味での祭祀の場というよりは、ナチス・ドイツが民族意識を高揚させるために建設した「ティングプラッツ(一種の野外劇場)」に近いもののように思える。これは古代ゲルマン人が儀式を行なった劇場を模したもので、ある意味で、キリスト教以前に存在した「純粋」に神聖な空間に回帰するための場所とされていた。国家神道も同じように明確な政治的意図のもとに構築されたのである。その目的は国家自体への忠誠を何よりも優先すべきだという考えを国民に教化することにあった。国家こそが永遠の真理を体現しているというのがその教えだった。

一方、国内のキリスト教はどうなったであろうか? 明治の指導者たちは、日本が西洋から対等国として認められるにはキリスト教禁教を解く必要があることを早くから理解していた。彼らは自分たちがモデルとしようとしている経済的・軍事的制度を持つ国々がすべて一つか二つ以上のキリスト教の宗派を信仰していることに気づかざるをえなかったのだ。明治時代の知識人には実験的に入信する者も少なくなく、一部はその後真に改宗した。キリスト教宣教師たちも、二五〇年の空白を経て再び日本で布教することを許された。前回と違い、来日したカトリック教徒たちは、ポルトガルやスペインのあるイベリア半島からではなく、主にフランスからやって来るようになった。それ以外にもロシアからは正教会の、そして主にアメリカからはプロテスタント諸教派の宣教師たちが送り込まれてきた。彼らは一九世紀後半から二〇世紀前半にかけて積極的に活動し、その結果日本に多くの学校や大学や病院をもたらした。それらは現在でも各分野でトップクラスの組織として高く評価されている。[5]一方、三世紀前とは異なり(あるいは現代の韓国の状況と対照的に)、キリスト教は日本の一般市民の間ではさほど普及しなかった。それは主に欧米化した少数のエリート層向けの宗教と見なされたからである。

明治時代の宗教がたどった運命は、日本がその後歩んだ道のりそのままである。まず従来の宗教的基盤を成した仏教は「非日本的」の汚名を着せられ、大打撃を受ける。そして、それに代わって「純粋」に日本的とされる土着の伝統的信仰で構成された「新宗教」が導入される。その後、今度は少数のエリート層が欧米から輸入されたキリスト教に魅了され、それが多くの組織を通じて日本に重要な足跡を残すのである。明治期の日本は「日本的であること」の意味を明確にすることに没頭していたにもかかわらず、日本の真の姿を知るには不可欠な中国大陸の影響を隠そうと躍起となっていた。同時にまた、欧米文化を無理に取り入れようとして背伸びしすぎ、一度に多くを吸収しようとしすぎて消化不良を起こしていたのだ。その結果、日本はアジアの他の地域と欧米のどちらに対しても、ある種の分裂した態度を示すようになる。この矛盾は後々の日本にとって政治的に致命的な結果を招くことになるのだ。

純粋に日本的な文化を特定しようという試みは、明治以前から行なわれていた。それは特に水戸《みと》藩で起きたために水戸学として知られるようになった学問に顕著である。同藩には尊王攘夷の思想を教える有名な藩校があった。水戸学の影響の高まりは、日本の開国が不可避かもしれないという危機感が江戸時代末期に先鋭化したこととも深く関係していた。だが明治維新が起きた直後の時代には、水戸学への傾倒はまた別の重要性を持ち始めたようであった。

日本は常に中国文明との関連で自らを定義してきた。第1章で言及したように、「日本的」な物と輸入された物、それに中国から輸入された何かを加工した物の間の特徴的違いは日本語の言語構造そのものにまで及んでいる。だからこそ、日本の土着文化と外来文化の違いに関する問題は常に、ほとんど反射的と言っていいほど中国との関連で語られてきたのである。

しかし明治以降の日本は欧米列強という新たな「座標軸」を得ることになる。しかもそれらの大国は、かつての中国と違って日本の独立の根幹を脅かしかねない大きな脅威として目の前に立ちはだかっていた。一方、従来の座標軸がいまだに健在であることも問題を複雑に

(5) たとえば現皇后美智子《みちこ》は、日本でも有数のカトリック系大学である聖心《せいしん》女子大学の卒業生だが、誰一人としてこれを不思議に思う者はいない。つまり、キリスト教系組織が現代の日本社会にそれだけ深く浸透しているということである。これはイギリスのエリザベス女王の夫君であるエディンバラ公フィリップや、その孫のウィリアム王子と結婚したケイト・ミドルトンがたとえば仏教系、ヒンドゥー教系、あるいはイスラム系の教育機関で学んだ経歴を持つことに匹敵するわけで、まさに驚くべきことと言わねばならない。

していた。日本語を書く際に使われる漢字一つを取っても、その存在を完全に消し去ることは事実上不可能だった。こうした新たな現実に対する日本人の反応は、アメリカ社会で言えば出自を知られることを極端に恐れる海外生まれの移民や「成り上がり者」の態度に近いものがあった。明治期に入ってしばらくすると、指導者層は次々に野望を成し遂げたことで増長し、他のアジア諸国を軽んじる気持ちが高まった。その傾向は次第に顕著になり、日本が一八九五年の日清戦争に勝利して以降は、もはや病的なレベルに達することになる。

これを如実に示しているのが福沢諭吉《ふくざわゆきち》の日本の戦勝に対する反応だ。一万円札紙幣の表面を飾るこの称賛すべき人物は、明治期における最も重要な知識人と言っても過言ではない。彼はまた日本で有数の私立大学の創設者で、明確なビジョンを持ち、科学や教育、議会制民主主義から報道の自由まで欧米の「啓蒙」思想を日本に次々に紹介した人物でもある。彼はまた「脱亜《だつあ》論」を説いたことでも知られ、日本は近代化で遅れたアジア諸国から距離を置いて西洋諸国の仲間入りを目指すべきだと主張した。日清戦争についても「文明開化の進歩を謀るものと其進歩を妨げんとするものの戦」にほかならないと断言したほどだった。日本の勝利の一報を聞いた彼は、当時の感激を「官民一致の勝利、愉快とも難有《ありがた》いとも言いようがない」と自伝に記している〔『福翁自伝』講談社、二〇一〇年、三四五頁〕。

だがアジアを軽んじる傾向が強まる一方で、西洋文明を模範とすべきだという主張はかなり極端に走るケースがあった。たとえば日本語の書き言葉を廃止してローマ字のみを使用すべきだという意見もそうだし、エリート層が西洋式の舞踏会を開けるように都心に派手な洋館を建設した際にもそうした傾向が見られた（これが過度な欧化主義の象徴と化した鹿鳴館《ろくめいかん》である）。男女の混浴は禁止され、ほとんど実効性はなかったにせよ男性の同性愛や異性装を禁じる法律が制定され、妾も公認されなくなった。歌舞伎から男娼を連想させるイメージを排除しようとする試みが行なわれ、燕尾服と白い蝶ネクタイという姿で壇上に上がる俳優も一部に登場した。肉食は洗練の証とされるようになった[6]。明治政府は国家神道と天皇崇拝を外来文化の汚染を免れた、表向きには純粋に日本的な祭祀として推進したが、その一方で、農村地域では昔ながらの伝統的な祭りで裸の若い男や少年たちが集団で五穀豊穣や子宝を祈願するご神体を追い回し、女性たちは男性器をかたどった神輿を担いでよろめき歩いていたのだ。だが、これらはまるで親族の恥でもあるかのように外国人の目からひた隠しにされた。西洋の文化が完全に理解されないまま模倣される一方で、日本と中国の文化的つながりを少しでも連想させる事象や、古来より伝わる土着の猥雑な風習は包み隠された。これらはすべてひっくるめて「文明開化」と呼ばれ、「富国強兵」と同じくらい明治期の風潮を感じ

(6) 江戸時代には建前として肉食はタブー視されており、皆無ではないにせよ一般的ではなかった。海外で有名になった「すき焼き《スキヤキ》」は、肉食の習慣がない日本人の口に合うように明治時代に工夫された料理である。同様に、日本には「洋食」と呼ばれるジャンルの料理が存在するが、それらは実際には西洋料理というより、欧米の調理法を明治時代に日本風にアレンジしたものと言っていい。一般的な洋食には「トンカツ（日本風のポークカツレツ）」、「オムライス（米をオムレツで包んだ料理）」、「カレーライス（イギリス系インド料理の日本風アレンジ）」などがある。

させる言葉として定着したのだった。

二〇世紀半ばの偉大な小説家・三島由紀夫《みしまゆきお》は明治期の日本を評して、「あたかも急に客を迎へて、部屋中の生活の匂ひのしみこんだ品々を屑箱へはふり込み、いつもゴミ一つない抽象的衛生的生活をしてゐるやうなふりをして、客の目をごまかすことを考へた」ようなものだといみじくも書いている〔『近代日本の誕生』イアン・ブルマ著、小林朋則訳、ランダムハウス講談社、二〇〇六年、五九頁〕。彼は長篇小説『豊饒の海』四部作の第一部『春の雪』で、明治期の上流階級の生活様式を描写しているが、欧米化された一握りのエリート集団が使っていたビリヤード台、ブランデーグラス、それにロンドンで仕立てたとしか思えないイギリス製スーツの完璧なコピーまで容赦ない筆致で正確に描き出している（実際に、西洋式スーツを表す「背広」という古い言葉がロンドンで名門紳士服店が集中する「サヴィル・ロウ」に由来することはよく知られた事実だ）。

三島は死の直前に完成させた『豊饒の海』で、二〇世紀に日本がたどる運命について書いている。第二部『奔馬』では、小規模なエリート集団があまりに西洋におもねる態度を示した結果、否応なく反発を招いた経緯が語られる。天皇による統治、それに基づく政体、そして日本国の優秀性を唱える国体《こくたい》思想を軸とした狂信的な過激主義が台頭するのだ。明治期の指導者層はそもそも農民の忠誠を確保する手段としてこの思想を構築したのだが、新たな過激主義はもはやその枠組みに収まりきらなくなっており、彼らの遺志は踏みにじられてしまった。

皮肉なことに、日本人であることの意味や国体の本質、それに世界的な序列における「日本民族」の位置づけに対する過度な執着心は、水戸学やそれより古い日本の思想だけでなく、西洋の「人種理論」やイギリスの哲学者ハーバート・スペンサーやフランスの思想家アルテュール・ド・ゴビノー伯爵の粗雑な社会進化論からも少なくとも同等の影響を受けている。たとえば、ドイツの作曲家リヒャルト・ワーグナーが一八五〇年に発表した『音楽におけるユダヤ性』という醜悪な内容の論文はきわめて大きな影響力を持つようになった。その中で彼はユダヤ文化の影響を激しく批判し、偉大な芸術は特定の文化の中で育ち、それと有機的な関係を結んでいる人々にしか創造できないと主張した。何らかの政治的理由で自分の文化の最も深い源泉から切り離された民族は、見せ掛けだけでまがい物の芸術しか創作できないというのだ。芸術的観点から言えば、もしかするとワーグナーは「黒人でなければブルースの悲しみはわからない」というブラックミュージックに関する言説を先取りしていただけかもしれない。だが、彼が表明したような考え方は実際に広範な影響を及ぼし、後に政治的にきわめて深刻で破滅的な結果をもたらすことになるのだ[7]。

こうした思想を明治期の日本は夢中になって吸収した。もちろん、今にして思えば人種や文化に関するこうした理論がドイツで次々に生み出された理由は明らかだ。ナポレオン戦争で荒廃し、神聖ローマ帝国が解体された後のドイツを近代国家として再生させるには、国民の意思統一が不可欠だったからである。さらに言えば、それらの有害な理論が日本に大きな影響を及ぼすようになった理由も明白だ。相次ぐ軍事的勝利や列強の仲間入りを果たしたことを勝ち誇る一方で、日本は実力に自信が持てず、明らかに強烈な劣等感を引きずっていたからだ。しかも、伝統文化の多くを否定することで鬱積した不満や痛みもこれらの理論が受容された大きな要因となった。

夏目漱石《なつめそうせき》の『こゝろ』と明治の遺産

明治期の日本は、過去の遺産の多くと決別しながらその不満を公然と口にできないというジレンマに直面していた。夏目漱石が一九一四年に発表した小説『こゝろ』は、この体験を解明しようとした最も奥深い試みではないかと思われる。この作品は、二〇世紀前半の最も偉大な日本人作家である漱石が生んだ最高傑作として広く認められている。小説の中心人物は「先生」とだけ呼ばれ、語り手の「私」よりも年上の男性として描かれる。「先生」には人に言えない過去があった。数十年前に自殺した親友の死は自分に責任があると考えていたのだ。彼はその経緯を直接「私」に語ることはせず、長文の手紙の中で明らかにする。小説の第三部（下）は、先生が自分の罪を告白するこの遺書だけで構成されている。

『こゝろ』を読んだ批評家たちは一様に、漱石は「先生」に明治期の終焉を象徴させようとしたと考えている。そして彼の親友の自殺は、この国が生き延びるために犠牲になった伝統的な日本の姿を表していると（「先生」の遺書を受け取る「私」という青年は、大正《たいしょう》という始まったばかりの新しい時代を象徴している。一九一二年に明治天皇の後を継いだ大正天皇は、その後欧米で「天皇裕仁《ヒロヒト》」として知られるようになる昭和天皇の父親である）。日露戦争の英雄、乃木希典《のぎまれすけ》大将の殉死が小説全体に影を落とし、実際に何度も言及されている。乃木は昭和天皇の幼少時に養育係を務めた人物でもある。彼は明治天皇の崩御に伴い、伝統的な武士の作法に従って切腹した。乃木が指揮した旅順攻略戦では、彼自身の次男も含めて一万人以上の日本兵が命を落としたが、そのことも彼を苦悩させていたのかもしれない。この戦闘は第一次世界大戦における恐ろしく苛酷な塹壕戦を陰惨な形で先取りし、世界中を戦慄させた。だが乃木自身の個人的な苦悩はどうあれ、彼の殉死とその方法は日本全土に衝撃を与え、結果的にその後の数十年間で残忍な狂信主義が次第に勢いを増すきっかけをもたらしたのである。

過去一世紀の歴史が示しているように（そして残念ながら最近の報道を見ても明らかなように）、憎悪、暴力的な感情の爆発、醜悪で冷笑的な国家主義、それに精神的空白を埋める

(7)　実は現代のイスラエルも国家として誕生する際にワーグナーの影響を受けていた可能性がある。ユダヤ人の失われた祖国を取り戻すシオニズム運動の創始者テオドール・ヘルツルは、ワーグナーの主張の核心部分を受け入れていた。彼はユダヤ人が他に恥じることなく誇り高く生きていけるように、彼らだけの国家を建設しようと考えた。ところが彼が残した日記の記述が本当なら、ヘルツルがこの構想の発想を最初に得たのは、ワーグナーのオペラ『タンホイザー』を鑑賞している最中であったことになる。ワーグナーの美的感覚には日本的なところがほとんどないにもかかわらず、日本のクラシックファンに熱烈な愛好者が多いのもむべなるかなと思える。

ために近代化によって解き放たれた怪物じみたイデオロギーは、必ずしも戦前の日本だけの専有物だったわけではない。近代化の過程を経たあらゆる国は多かれ少なかれこうした問題に直面している。その一方で、日本だけがこの国に独特のやり方で政治的に制御不能の状態に陥ったのには訳がある。それは、日本では政治的現実を説明し、理解するためにある種の虚構《フィクション》が存在し、両者の間には巨大な溝が横たわっているからだ。

言うまでもなく、中学校の社会科の教科書と違って現実社会がこうした矛盾に満ちているのは当然のことだ。だが日本のケースが特殊だと言っても過言ではない理由は、この国の支配構造に関して二つの異なるフィクションが併存していることにある。一つは日本の過去から引き継がれたもので、もう一つは西洋から輸入された。過去から継承されたフィクションは「天皇支配」に関するもので、西洋から持ち込まれたフィクションは「立憲政治」と「法の支配」に関するものだ。後者は部分的には自由民権運動の脅威と代議制（議会制民主主義）の実施を要求した板垣らの運動に対抗するために導入された。だが改革に最大の推進力をもたらしたのは欧米列強が日本に向ける視線（期待）であった。西洋的な考えでは、近代国家には議会や裁判所がなくてはならない。それは人々がナイフやフォークで肉料理を食べたり、混浴を避けたりするのと同じで論じるまでもないことだった。

日本が議会や政党や裁判所を持つ必要があると列強が考えるなら、日本のエリート層はそれらを導入することにやぶさかではなかった。だが、すでに見てきたように、一八六八年の政権掌握は「大政奉還」、つまり天皇による直接支配の復活を名目として行なわれたため、彼らの多くはどんな形でも「天皇」の意思決定能力を憲法で制約するつもりは毛頭なかった。不平等条約を押し付けた列強に対し、日本が近代国家に成長したことを納得させるためにどれほど上辺を取り繕う必要があろうと、それだけは譲れなかったのである。

明治政府は法廷や立法府の組織を設立するにあたって、イギリスのような立憲君主制を目指したわけではない。イギリス政府は名目的には「女王陛下の政府」であり、外国と条約を結んだり法案を正式に法律にしたりするには女王の承認が必要だが、実際にはイギリスの君主に議会の決定を却下する権限はないというのが一般的な理解である。もしそう試みるようなことがあれば即座に憲法上の危機が発生し、君主は廃位を免れないだろう。

当時の日本の天皇がこうした状況に陥ることはまずありえなかった。帝国議会や裁判所のような組織がそうした動きをする可能性は存在したが、明治の指導者たちはこれらの組織が「天皇」の意思決定を拒否することはおろか、それに介入することすらできないような措置を意図的に講じていたからだ。

山縣有朋《やまがたありとも》と政治の支配を免れた官僚機構

一連の経緯で中心的役割を果たしたのが陸軍の基礎を築いて「国軍の父」とも呼ばれ、日本に近代的な軍隊を作り上げた山縣有朋だった。著名なカナダ人歴史家E・H・ノーマンは、山縣を「完璧な軍事官僚」と評し、「何にもましてどのような類の政党も嫌悪した。……たとえどれほど無力で限定的な形であろうと、人民全体の利益を代表するために組織された運動に対して、彼はきわめて激しい敵意を抱いた」と記している。山縣が「軍の専制的支配構造を確立し、それを維持する」ために講じたある重要な措置は、軍事官僚の任命が議会の監視下に置かれるあらゆる可能性を排除した。山縣がやったのは、一つの具体的な内容を含む「勅旨」が下されるように手配することだった。それは官僚の人事権に関連する重要事項はすべて、表向きは天皇の諮問機関である枢密院《すうみついん》の管轄範囲にあることを布告したのである。だがもちろん、天皇は実際には自ら誰かを任命したり重要事項を決定したりしたわけではない。一九一二年から一九二六年まで在位した大正天皇は生涯病弱であったと言われ、おそらく重要な意思決定が行なえる状態にはなかったと思われる。だが後に日本で昭和天皇、欧米では「天皇ヒロヒト」として知られるようになる彼の嫡男に関しては、まったくそんなことはなかった。昭和天皇は幼少時より、天皇が実際に政策決定にかかわることはないという理解を身につけながら育った。この理解は、「政治を超越した立場」にある天皇が政治的正統性の源泉として果たしてきた歴史的な役割と、欧米から持ち込まれた立憲君主制の概念の両方に由来するものだった（昭和天皇が断固として政策決定に介入した事例は三度しか知られていない。一九三六年に右翼の影響を受けた青年将校らが企てた反乱［二・二六事件］を鎮圧させた際、一九四一年に東條英機《とうじょうひでき》に組閣を命じた際、そして一九四五年の御前会議で戦争を終結させたいと自ら発言した時の三度である）。

幕府を倒した薩摩藩と長州藩の出身者が権力中枢で圧倒的多数派を形成する寡頭制（藩

閥）は、正式な制度として認められていたわけではないが、「薩長閥」が政策決定の実権を掌握している限り、日本の支配構造における最大の欠陥は露呈せずにすんでいた。しかし、これらの指導者が高齢化して次々に寿命を迎えると、それは致命的な弊害をもたらし始めた。カレル・ヴァン・ウォルフレンによれば、この欠陥は政治的説明責任の中枢が不在であることに由来するという。そうした中枢を形成するのは、民主的に選ばれた政党の場合もあれば、旧ソ連にあったような政治局、独裁者、あるいは世襲君主でさえあるかもしれない。だがここで重要なのは、特定の個人あるいは複数の個人が政治的中枢として国の目標やその達成手段を決定し、実行に移す場合、その行動には説明責任が伴うという事実である。たとえ有権者や公平無私な裁判官、あるいは独立系報道機関に対して釈明するつもりがなくても、少なくとも本人にはその責任の自覚があるはずだ。

ところが、いわゆる元老《げんろう》たち（二〇世紀まで生き残った明治の指導者たち）が政策決定の現場から退き、枢密院などの機関で行動に責任を問われることなく決定に拒否権を行使するようになると、巨大な政治的「無責任体制」が生まれるお膳立てが整った。この無責任体制こそが最終的には、日本をまったく勝利の展望がないままアジアでの地上戦へと突入させ、日本の一〇倍の産業基盤を有する大国に直接攻撃を仕掛けるという行動に導いたのである。その結果、日本は明治の指導者たちがまさに未然に防ごうとした事態に直面することになる。独立国としての地位を失ったのだ。

日本が近隣諸国にもたらした死と破壊と苦しみ（それらは最終的には日本自身にも降りかかってくる）の規模を考えると、「もしあの時あれがなければ」と想像せずにはいられない。もし明治政府が日露戦争の終わりに日本が直面していた状況を国民に隠すことなく伝えていたら、対米世論があれほど悪化することはなかったのではなかろうか。[8] あるいは、もしウィルソン米大統領がベルサイユ条約から人種差別撤廃提案の撤回を求めなかったらどうだろう。また、もしアメリカ議会が露骨に人種差別的な一九二四年移民法（「排日移民法」）を採択していなかったら、欧米の民主諸国が日本を対等国と見なすことは決してありえないという見方が国内で強まることはなかったのではないか。さらには、当時の国際情勢で日本が経済と安全保障上の観点からあれほど敵対的な環境に直面していなければ、一九二〇年代の「大正デモクラシー」で開花しつつあった政党政治や代議制が日本で成熟し、軍国主義者による権力掌握に待ったをかけることが可能になったかもしれない。そして一九二三年の関東大震災で東京が壊滅状態に陥らず、その数年後に農村地域と都市労働者の生活の困窮を招いた金融危機の下地を築くことがなければ、狂信的な国家主義者たちの誇大妄想じみた野望（「八紘一宇」や「大東亜共栄圏」などの実現）もそう簡単に一般庶民の賛同を得られなかったように思えるのだ。これらの仮定の質問の裏には、もう一つ根本的な疑問が潜んでいる。それは、もし欧米列強が一九一四年以前（つまり第一次世界大戦以前）の国際金融秩序に世界を引き戻そうという不毛な試みに取り組んだ結果、各国経済に大打撃を与えて世界恐慌を引き起こし、日本もその波に呑まれるようなことがなければ、この国はファシズムへの傾斜を回避できたのではあるまいかというものだ。

これらの仮定の質問に対して明確な解答を得ることは不可能だが、日本の支配構造における最大の欠陥は第二次世界大戦後も修正されることはなかった。この問題については次章で詳しく取り上げるので、ここでは次の点だけ指摘しておこう。一九四五年以降の日本の歴史を見れば、政治的説明責任の中枢が欠如していること自体は、戦前よりはるかに「国民に優しい」政治体制が存在することと矛盾しないことがわかる。だが政治的説明責任の中枢が欠けている政治的状況でこうした「優しい政府」が可能なのは、危機的状況に発展しかねない

(8) 日本が各地で軍事的勝利を挙げていたことに疑問の余地はなかったものの、セオドア・ルーズベルト米大統領の仲介で講和条約（ポーツマス条約）を締結した時、日本はまだ戦争に勝っていたわけではなかった。だが明治の指導者たちは三〇年後の彼らの後継者たちと違って、状況判断を誤らなかった。彼らはすでに戦場で完璧な勝利を得ることは不可能なことを悟っていたのだ。国内の銀行も政府にロシア政府と和平を結んでほしいと暗に催促するようになっていた。だが一〇年前の日清戦争と違って賠償金を得られなかった本当の理由を政府は説明しようとしなかった。その結果、国民はポーツマス条約が新たな三国干渉であるかのような印象を受けることになった。つまり、日本が戦場で命を落とした兵士たちの貴い犠牲によって獲得したはずの権利がまたしても欧米諸国（この時はアメリカ）の横槍でふいになったと思い込んだのである。

分野（外交上のトラブル、安全保障体制を支える枠組み、富の再分配）で問題が回避できる場合に限られる。第二次世界大戦直後の数十年間における特殊な状況は、日本がこれらの問題を回避することを可能にした（この問題についても次章で詳しく取り上げる）。だが明治期の指導者層による政治支配が衰退し、ついに終焉した数十年間においては、それらは不可避であると同時に解決不可能になってしまったために、日本は重要な転機を迎えたのである。日本はますます審判のいない闘技場のような様相を強め、最も無慈悲かつ狂信的で武力行使をいとわない者だけが勝ち残っていった。それは海外における示威行為や国内における政敵の暗殺という形で次々と表面化することになる。

もちろん、こうした凶暴な側面をあらわにしたのは日本だけに限らない。この破滅的な時代には人種憎悪や残虐行為を国家的崇拝の域にまで高めた国々がほかにもあった。いずれにせよ、第一次世界大戦が引き起こした大変動を回避することは日本にとってほとんど不可能だった（歴史上これほど未然に防げたはずの大惨事も珍しい）。日本は名目上連合国陣営に加わっていたが、交戦国からの注文を捌くために工場をフル稼働させ、戦時需要で大戦景気に沸いた。しかも戦後はドイツが持っていた権益や植民地を引き継ぐという余禄にさえあずかったのである。大戦中にフランス、ドイツ、ロシアが受けた経済的打撃は、一九二三年の関東大震災による荒廃でさえ霞んでしまうほど深刻だった。その一方で、日本でも世界の多くの国々と同様、「金地金崇拝」が復活し、大戦で中断していた金本位制に復帰して一九一四年以前の旧平価（通貨と金の等価関係）を維持しようとしたが、それが経済的に壊滅的な結果を招くことになったのである（日本では一九三〇年一月に実勢より円高の旧平価［一〇〇円＝五〇ドル］で金輸出解禁［金解禁］を断行したが、その結果、日本経済はたちまちデフレによる深刻な打撃を招き、「昭和恐慌」に突入することになる）。日本政府は多くの海外諸国に比べて正気を取り戻すのが早く、一九三一年には再び金輸出を禁止した。当時の高橋是清《たかはしこれきよ》蔵相は公債発行による積極財政で日本をデフレから脱却させ、後に「日本のケインズ」と呼ばれるようになる。

確かに日本は天皇の名の下に無数の残虐行為を犯したが、それらも結局のところは、ナチス・ドイツやソ連が行なった非道とは異質なものだった。日本は単なる宗教の違いや階級的背景、あるいは建前上の「反革命罪」の旗印の下に何百万人もの自国の市民を殺害するようなことは決してしなかった。また、中国や東南アジアにおける数々の蛮行や戦争捕虜への非人道的な扱いがあったことは事実だが、ドイツ軍がレニングラード包囲戦やワルシャワ蜂起の鎮圧の際に行なった蛮行とは規模的に比較にならない。おそらくそれに最も近いのは、一九三九年五月三日から四日にかけて行なわれた中国の重慶《じゆうけい》に対する大規模な無差別爆撃と一九三七年の南京《なんきん》大虐殺であろう。後者は日本軍が当時の中華民国の首都を占領した際に、数週間にわたって数万人もの人々を冷酷に殺害した事件である。(9) もっとも南京大虐殺そのもの

(9) これ以外にも日本軍による突出した残虐行為としては、悪名高い「七三一部隊」が数千人の中国人とロシア人などに対して行なった一連の生体実験などがある。

は日本政府の公式な方針によって行なわれたわけではない。それはむしろ公式な方針の欠如が招いた事件であったと考えるべきだろう。

南京大虐殺は、日本が蛮行と道徳的破綻が横行する世界の一部と化す過程において、この国の特異な支配構造が果たした役割を如実に示している。日本軍による残虐行為は概して、政府に決定された具体的な方針に則って行なわれたわけではなかった。ナチスやスターリン体制下のソ連の強制収容所で行なわれた行為とはその点が異なっていた（さらに付言すると、アメリカによる一九四五年三月の東京大空襲やその五カ月後の広島と長崎における原爆投下、あるいはイギリスが数百万人のインド人を餓死に追いやったとされる一九四三年のベンガル飢饉なども同じ理由で違っていた）。ここには日本軍の行為を正当化しようとする意図はまったくないし、「神国」日本の使命を称賛してやまなかった当時の排外的な知識人たちの異常性を容認しようという考えも毛頭ない。さらには、外国兵だけでなく自国兵に対する冷酷な仕打ちが日常茶飯事と化していた「大日本帝国軍」の怪物的な残忍性に寛容な態度を示すつもりもさらさらない。それでも、これらの数十年間に実際に何が起きたかを理解し、それらの歴史的事実が現在も及ぼし続けている複雑な影響を正確に把握するためにも、悲劇が起きた本当の原因を明らかにしておく必要がある。

日本の場合、明らかに常軌を逸した狂人のような独裁者が背後にいたわけではない。連合国側のアナリストたちは、ヒトラーやムッソリーニに相当する人物を特定しようと手間取った結果、それらしき人物は東條英機しかいないという結論に達した。東條は中国大陸で悪名高い関東軍の参謀長を務め、後に真珠湾攻撃が行なわれた時期に総理大臣に就任していたからだった。もちろん東條がアッシジの聖フランチェスコ並みの聖人であったと考える者は誰もいないし、軍国主義者であったことは明白だが、その彼でさえナチスでヒトラーに次ぐ実力者だったゲーリングほどの極悪人ではなかった。東條は狂気じみたビジョンを実現するために日本の国家機関を乗っ取ったりしなかったし、自らの任務を忠実に果たそうとする一軍人にすぎなかった。彼が同時代の多くの人間より抜きん出た面があるとすれば、それは官僚組織内の抗争に勝ち残ることで有能さを証明したことくらいで、それが結果的に彼を総理大臣まで押し上げたのである。しかし東條が考えられていたような「悪魔」でないとすれば、「天皇ヒロヒト」こそがすべての「元凶」とは考えられないだろうか。そもそも日本が起こした戦争は天皇の名の下で行なわれたのだから。だが、これは東條にすべての罪を着せるよりもさらにばかげた主張だ。戦後に作られた内気で平和主義的な世捨て人のイメージは必ずしも真実ではなかったかもしれないが、昭和天皇は決してチンギス・ハーンのように世界征服の野望を抱く暴君ではなかった。

背後にある真実に近づこうと思うなら、誰が日本を破局に導いたかをめぐって不毛な「犯人探し」をするより、戦争に至るまでの数十年間に日本の支配構造の継続性が一度も途切れなかった点に注目すべきだろう。ドイツでナチスの一党独裁への道を開いた国会議事堂放火事件、イタリアでムッソリーニが政権獲得のために行なった「ローマ進軍」のクーデター、ロシアでボリシェビキが冬宮殿に突入した「十月革命（ソビエト革命）」、一九一一年に清朝を打倒した辛亥《しんがい》革命、それに一九四九年に中華人民共和国を成立させた中国革命に匹敵するような出来事を日本は経験してこなかったのだ。それらに一番近いケースがあったとすれば、それは一九三六年二月二六日に起きた「二・二六事件」ということになるだろう。これは陸軍の急進的な青年将校の一団が起こしたクーデター未遂事件で、前述した高橋是清蔵相を含む複数の閣僚を殺害することに成功した。高橋は陸軍の予算削減を主張するという「罪」を犯したために襲撃の対象となったのである。天皇自身が軍の対応に直接介入する形で反乱は鎮圧され、首謀者らは処刑された。

二・二六事件はテロと恫喝による政治手法が行き着くところまで行った結果だった。陸軍の国家主義的な急進主義者たちは政策に意見しようにも制度的に阻まれており、農村が貧困にあえいでいる時期に上層部で腐敗が横行していることに義憤を募らせていた。さらに国家社会主義、天皇崇拝、人種差別主義のごった煮のような危険思想に毒された彼らは、窮余の策として東アジアに特徴的な政治手法に訴える。それは現政府を当惑させるために、公共の場を使って国家主義や排外主義を煽る街宣活動を派手に展開することだった。こうした活動は現在では日本よりも中国や韓国で目にすることが多いが、戦前の日本では政策に反対を表明するために認められた唯一の手段だった。しかも青年将校たちは政界で日常的に展開される駆け引きや「汚い」金のやり取りとは無縁の存在であり、その「純粋さ」ゆえに庶民たちからも大きな支持を獲得したのである。

この現象は中国や韓国ばかりか、明らかに現代におけるイスラム諸国の過激派グループにも通じるものがある。テロと恫喝による戦術だけでなく、より広範な庶民の支持を得ている点も共通している。構成員の宗教的な情熱と「純粋さ」が、世俗化した印象を拭えない支配者層と大きな対照を成している点も同様だ。だが少なくともイスラム過激派の第一世代（あるいは現代の中国や韓国における反日デモの参加者たち）と異なり、一九三〇年代の日本の青年将校たちには合法的に入手した物理的強制力（武器）があり、それを自由に使用できた。つまり彼らは決して部外者ではなく、既存の権力構造の中に組み込まれていたのだ。しかし明治の指導者たちが死に絶えて以来、この権力構造からは形式的ではない、真の対立解消に有効なメカニズムが失われていた。その結果、消耗戦のような残忍な権力闘争が際限なく繰り返されることになった。日本政府は深刻な麻痺状態に陥り、海軍と陸軍はそれぞれ独自に政策や政府の人事にまで拒否権を発動するようになり、対立が絶えなかった。東京の最高司令部はもはや現場の血気にはやる軍人たちを抑制できなくなり、彼らは事実上好き勝手に軍事的判断を下すようになった。しかも彼らは熱意や「ご聖断」に対する畏敬の念が足りないと思えば、上層部の人間の殺害さえいとわないことをすでに行動で示していた。

こうした恐怖と恫喝に満ちた空気の中では、狂信的な若い将校の無謀な計画にわずかに反対の姿勢を示すだけでも命を落とすことになりかねなかった。その結果、中国との地上戦は果てしなく続く泥沼と化した。ところが何度戦闘で「勝利」しようが、どれほどの領土を（一時的に）占領しようが、この相手は屈服することを拒んだのである。挙げ句の果てに、日本政府は合理的な政策判断を行なう能力さえ喪失し、アメリカへの直接攻撃を承認することになる。だが、攻撃作戦の立案者たちでさえ認めていたように、それは間違いなく破局への道につながっていた。

その後の展開の契機となった要因においては、次の三つが突出している。中国大陸における冒険主義と帝国主義的な野心、ソ連に対する恐怖、ナチスに対する称賛の三つである。アメリカ人は、当時の最も重要な出来事は太平洋における日本との戦争だったと考える傾向がある。確かに、アメリカの日本に対する勝利は「第二次世界大戦」とひとくくりに呼ばれる一連の戦争に終止符を打つことになった。だが日本人はアメリカとの戦争を、中国での戦闘に端を発するより広範な戦争の一部と位置づけており、それは結果的に日本に破局をもたらした最終エピソードのようなものだった(10)。

清朝末期には中国の分割をめぐって欧米列強が争い、そこに日本も割り込んでいった。だが第一次世界大戦が勃発すると列強の注意がそれたのを幸い、日本はもはや冒険主義に対する抑制から完全に解き放たれた。一九一五年に、日本は悪名高い「二一カ条の要求」を中国に突きつけた。その内容は事実上、日本の中国における覇権を確実なものとし、同国を日本の保護国にするものだった。アメリカとイギリスから圧力を受けたこともあって一部の要求は撤回されたが、日本の野心がどこまで広がっているのかもはや疑問の余地はなかった。これが結果的に、近代中国の民族主義の誕生に一役買うことになるのである。

「二一カ条の要求」を契機に奔出した民族主義的感情やその部分的撤回にもかかわらず、当時の中華民国政府は中国全体を統一することができず、日本が付け入る隙を与えて様々な悪行を許す結果となった。中国各地に軍閥（軍事組織）が割拠し、支配する領地をめぐって激しく争っていた（支配が徹底していないケースも少なくなかった）。だが軍閥の領袖の多くはならず者集団の棟梁にすぎず、中国に進出した日本人と手を組むことさえいとわなかったのである。

紛争拡大の最大の火付け役となったのは、日本陸軍の一部である「関東軍」だった。前身は日露戦争後に獲得した満州《まんしゅう》などの権益を管理するために一九〇六年に設立された行政機関の陸軍部で、一九二〇年代までには事実上の独立組織となっていた。前述した山縣有朋の計略によって陸軍の行動には何の説明責任も生じず、誰の監視も受けないことになっていた。陸軍は天皇の直轄組織であり、それは実質的に誰の監督下にもないことを意味したからである。

一九三一年九月、奉天《ほうてん》（現在の瀋陽《しんよう》）郊外の柳条湖《りゅうじょうこ》で関東軍の急進派将校らによる謀略によって鉄道爆破事件が起きた。陸軍はこれを中国側の仕業とすることで軍事行動の口実を獲得し、満州全土を占領下に置いた。そしてそこに満州国（「満州人の国」）という傀儡《かいらい》国家を設立し、清朝最後の皇帝であった溥儀《ふぎ》を名ばかりの帝位に就けさせたが、その実態は日本の

(10) 当然のことながら、中国人もまた、より大きな戦争の中で対日戦争を最も重要な戦いと位置づけていた。最終的に日本軍を粉砕したのはアメリカであったが、この戦争はアメリカが受けたのとは比較にならない規模の苦しみと被害を中国にもたらした。

植民地にほかならなかった。国際連盟が日本軍の撤退を求めると、日本は連盟を脱退した。

満州は日本にとって最も重要な植民地となり、様々な手法による経済運営の実験が行なわれた。それらの方法論は戦後、日本本土で完成させられることになる。当時日本が陥っていた経済的苦境は、多くの日本人に新たな植民地の必要性を確信させた。新しい市場と資源の供給源を囲い込むことでしか日本の未来は開けないと彼らは考えたのだ（当時は世界の多くの国々が同じ考えを抱くようになっており、それが特に顕著に表れたのがナチス・ドイツの「生存圏《レーベンスラウム》［国家が自給自足を行なうために支配する必要のある領土］」の思想だった）。自由資本主義経済では自由貿易と国際分業を成立させる比較優位にこそ富の源泉があるとされていた。だが日本も含めて各国に大打撃を与えた世界恐慌によって自由資本主義の信用はすっかり地に落ちてしまった。しかも日本の場合、その二年前の一九二七年に起きた金融恐慌の時からすでに窮状に陥っていたのだ。

満州で展開されたような徹底した統制経済（それはファシズムの手法でもあった）にイデオロギー的に対抗できる方法があるとすれば、日本の支配者層がすでに破綻しているとして見限っていた自由資本主義ではなく、スターリン政権下のソ連が実施していたマルクス主義的社会主義しかなかった。

日本がその後たどった道を正しく分析するには、この国が共産主義とスターリン個人に対して抱いていた嫌悪と恐怖を考慮に入れる必要がある。「満州国」はソ連の中国への野心に対する重要な防波堤になると見なされていたからだ。日本の戦時中の行為を擁護する勢力[11]は、当時の中国における無政府状態はソ連が介入する格好の口実を与えていたと主張するだろう。中国にとって第二次世界大戦の最大の成果は中国共産党を政権の座に就けたことかもしれない。だが、一九三七年以降日本軍が戦ってきた国民党もまたレーニン主義的な革命路線をモデルとしており、一九三〇年代を通じてソ連から助言や支援を受けていたのだ。

盧溝橋《ろこうきょう》からノモンハンへ

ここで、戦争のその後の行方を左右することになった二つの事件について語らねばならない。一九三七年七月、北京郊外の盧溝橋で少数の日本兵の集団と中国国民革命軍が衝突を起こした（過去に締結された条約によって、日本を含む諸外国は北京の公使館員らを守るために少数の自国兵士を駐留させる権利が認められていた）。この衝突は柳条湖事件のような偽装ではなく、偶発によるものだったことはまず間違いない。だがこれが口火となって、蔣介《しょうかい》石《せき》に率いられた中国国民党と日本の間で戦端が開かれることになった。一方、その二年後に起きた別の事件がなければ、戦争の行方は大きく変わっていたかもし

(11) こうした勢力はまだ日本に健在で、安倍《あべ》晋三《しんぞう》現首相もその一人だ。彼の祖父の岸信介《きしのぶすけ》は「満州国」の経済運営で辣腕を振るった人物として知られ、戦時中は商工大臣として物資動員を管轄し、戦後も日本の政治秩序を構築したキーパーソンとして活躍した。

れない。日本の最高司令部にはスターリン支配下のソ連こそが最大の仮想敵国であると考える人間が少なくなく、「北進論」が盛んに唱えられていた。一九三九年、満州国とモンゴル人民共和国の国境付近にあるノモンハン近くで、ソ連赤軍と日本帝国陸軍が武力衝突を起こした（当時、モンゴルはソ連の衛星国だった）。ところがここで日本軍は戦線を拡大して以来、初めての手痛い敗戦を喫したのである。ソ連軍は日本軍を散々打ち負かし、日本側の死傷者は二万五〇〇〇人以上に上ったという説もある。しかし同年後半には独ソ不可侵条約が締結されたために、日ソ両国も停戦に合意し、その二年後には日ソ中立条約が成立した。よく知られているように、その後ヒトラーは不可侵条約を一方的に破棄してソ連侵攻を開始するのだが、日ソ両国は中立条約を遵守し続けた。だが日本が一九四五年八月にポツダム宣言を受諾し、連合国と日本の間の交戦状態が正式に終結すると、スターリンは「戦利品」の分け前にあずかれないことを恐れ、北海道沖の「北方領土」にある二つの大きな島といくつかの小さな島を占領したのである。

だが少し先を急ぎすぎたようだ。盧溝橋とノモンハンに話を戻すと、これら二つの事件は結果的に日本軍の矛先を再び中国本体に向けさせることになった。

それ以降は、様々な問題が重なって戦争に歯止めをかけることが不可能になっていった。たとえば、これまでの労力を無駄にしたくないという「損切り」ができない精神構造もその一つだ。また、個別の戦いで戦術的勝利を収め続けたことが（当面は）長期的な戦略の欠如を見えにくくしていた。その上、どんな筋書きを描こうと日本が戦争の目的を果たす可能性はゼロである（ヒトラー自身がソ連侵攻という戦略的に破綻した作戦に着手してからはなおさらだった）という現実を軍当局が直視できていなかった。加えて、日本の戦略立案者たちにとって誤りを認めるのは想像すら不可能なことであり、目標を断念するのはもっと考えられないことだった。背景には様々な理由があったが、何よりも軍事的撤退の可能性を論じるだけで暗殺の標的となる危険さえあったからだ。そこで代わりにいくつかの勇ましい提案が行なわれた。まず必要不可欠な植民地である満州を守るために中国本体に侵攻する必要があること。そして中国侵略に必要な資源を確保するために、東南アジアにあるイギリスとフランスの植民地を占領しなくてはならないこと。さらに日本が中国と東南アジアへの野心を放棄しなければ禁輸措置で対抗すると脅すアメリカを潜在的な交戦国として叩いておくのが望ましいことなどである。

日本帝国陸軍は中国大陸で次々に戦術的勝利を挙げていった。だが当初の意図はどうあれ、陸軍は長期化する地上戦に否応なく引きずり込まれていった。中国軍の意思を粉砕する決定的な一撃を加えようと手を変え品を変え攻撃を続けたが、「勝利」のたびに「敗者」であるはずの中国兵たちは、都市部や農村の中に紛れ込んで見えなくなってしまう。残虐行為の規模が高まっていった理由の一つはここにもあった。普通の日本兵の目には至る所に敵兵が潜

(12) ベトナム戦争の時代に成年に達したアメリカ人にとって、これがどこかで聞いたゲリラ戦法のように思えたとしたら、それは決して偶然ではない。

んでいるように見え始めていたのだ(12)。

帝国陸軍は最後に中国戦線で「勝利」を手にした。一九四四年の大陸打通作戦(作戦名「一号作戦」)で、同時代の激戦「バルジの戦い」をはるかに上回る規模の攻勢を仕掛けたのである(しかもはるかに重大な結果をもたらした)。日本軍はついに国民党軍に回復不能なほどの大打撃を与えることに成功した。だがその結果生じた権力の空白を埋めたのは日本軍ではなく、毛沢東《もうたくとう》に率いられた中国共産党のゲリラ兵たちだった。

真珠湾攻撃、無条件降伏、そして戦争の遺産

さらなる戦線拡大を避ける最後のチャンスは一九四一年秋に訪れた。時の総理大臣近衛《このえ》文麿《ふみまろ》公爵は、第1章に登場した藤原氏の嫡流で、迫り来るアメリカとの直接対決を回避しようと奔走していた。一九四〇年に日独伊三国同盟が締結されたことにより、アメリカ政府はユーラシアが枢軸陣営の完全な支配下に置かれる悪夢に悩まされるようになった。日本の支配者層はナチスの成功に大きな感銘を受けていた。ドイツ経済を復活させたヒトラーの手腕に目を奪われた政府高官の多くは、東南アジアにあるイギリス、オランダ、フランスの植民地が日本の手に渡れば、中国に展開している日本軍への物資供給源について思い悩む必要はなくなるはずだと期待していた。在欧公館に駐在する外交員たちは、ナチスによるイギリス本土上陸作戦が成功する保証はないと警告してきたが、日本政府は聞こえぬ振りを決め込んだ。

一方、アメリカのルーズベルト政権は、日本がビルマ、仏領インドシナ、オランダ領東インドを支配下に置くことが戦況に与える影響を恐れていた。そのため、日本に対して欧州諸国支配下の植民地に対する野心を放棄し、元から満州南部に所有していた植民地を除き、中国で獲得したすべての領土を返還するよう暗に要求し始めていた。しかも日本の泣き所をついて、必需品の石油の禁輸措置までちらつかせて恫喝してきたのだ。

これに対し、東京では天皇自身と関東軍の元参謀長で陸軍大臣に就任していた東條英機を含め、多くの人々が日本は二者選択を迫られていると感じていた。つまり中国大陸から完全撤退するかアメリカと開戦するかのどちらかを選べというわけだ。近衛首相はこうした要求は日本を開戦に追い込むだけだとアメリカに訴えたが、説得に失敗すると辞表を提出した。天皇は東條に組閣を命じ、その後いくつかの経緯を経て、もはや何をしようと開戦は不可避となったのである。

その後の経緯については、膨大な量の歴史書が明らかにしている。真珠湾攻撃から始まり、シンガポール、マニラの陥落、ミッドウェー海戦や珊瑚海海戦、硫黄島《いおうとう》と沖縄の占領、日本本土の各都市への焼夷弾爆撃を経て、最終的には広島と長崎への原爆投下とソ連の参戦によって恐るべき終幕を迎えるのだ。これらの出来事は、当時の歴史に関心がある者には周知の事実だろう。それは多くの残虐行為や惨状（そして英雄的行為）が延々と繰り返される物語であり、そこで展開された蛮行や悲惨な状況に匹敵する苦しみを体験したのは同時代のヨーロッパだけだった。

第二次世界大戦における日本の経験は、権力を抑制する政治的な監視機能が欠如すると何が起きるかを如実に示した点で貴重な一般的教訓を与えてくれた。だがここではもっと具体的な三つの要点を指摘しておきたい。これらの要点は、一九四五年以降の日本で起きたことを理解する上でも重要な役割を果たすことになる。これについては今後の章で明らかになっていくはずである。

最初に強調すべき要点は、日本が実戦で見せた戦術面での際立った有能さと、再三にわたり日本の能力を一貫して過小評価してきた欧米諸国の傲慢さである。アメリカは日本に真珠湾攻撃を仕掛ける能力などないと高をくくっていたし、イギリスにとっても日本軍がまさか電撃のような速さでマレー半島を南下し、快進撃を続けて北方からシンガポールを陥れるとはまったく想定外だった。ついでに言えば、欧米のどの国も日本が自分たちよりも優れた戦闘機を配備するようになるとは想像だにしていなかったのだ。

一方、日本も似たような理由で敵の実力を見誤っていた。たとえば、中国人は後進的な劣等民族であると思い込み、少し叩けばすぐに戦闘を放棄して降伏してくるだろうと見くびっていた。またアメリカ人のことも退廃的な文化に毒された軟弱な国民で、強烈な一撃を加えればたちどころに戦意を喪失するはずだと考えていた。さらに、外国人には日本のことが理解できるはずがないと過信した結果、アメリカが日本の暗号を解読する可能性を排除するという致命的なミスを犯してしまう。だが日米両国が陥った「誤解」からは双方の相手に対する評価が透けて見えて興味深い。日本人は一貫して敵国軍の動機や決意を読み間違え、欧米側は一貫して日本の能力を読み間違えていたのである。

第二の要点は、日本政府は結局のところ、この戦争を「乾坤一擲の大勝負」とは考えていなかったことだ。日本の指導者たちにとっては、それに引きずり込まれたというのが実感だった。戦後、東京裁判（極東国際軍事裁判）が開かれている最中に出版されたある有名な論文の中で、日本を代表する偉大な政治思想家の丸山眞男は次のように書いている。「世界最高の二大国に対してあれだけの大戦争を試みる以上、定めしそこにはある程度明確な見透しに基づく組織と計画とがあったであろうという一応の予測の下に来た連合国人は実情を知れば知るほど驚き呆れたのも無理はない」（『増補　現代政治の思想と行動』未來社、一九八〇年、八九頁）。丸山によれば、実のところ、戦時中の日本の指導者たちにとって、彼らの生きていた時代そのものが「人間の能力を超えた天災地変のような感を与え」（同一〇八頁）たのだという。つまり、「日本の最高権力の掌握者たちが実は彼等の下僚のロボットであり、その下僚はまた出先の軍部やこれと結んだ右翼浪人やごろつきにひきまわされて、こうした匿名の勢力の作った『既成事実』にあえぎあえぎ追随して行かざるをえなかった」（同一一一頁）のであると。平たく言うと、あの戦争の究極の原因（少なくとも日本に責任がある部分に関して言えば）は権力が一人の簒奪者の手に集中したことではなく、権力が拡散するあまり制御不能になってしまったことにあったというわけだ。

最後に、あの戦争における日本の真の動機は、自国の運命を自ら完全に掌握したいというものだったが、それが実現する希望は最後に打ち砕かれた。その一方で、表向きの目的は結果的に実現されることになった。日本政府が公に主張していた開戦の理由は、植民地主義に終止符を打ち、欧米の帝国主義勢力をアジアから駆逐するためというものだった。一つの例外を除いて、日本はこの目的の遂行に成功した。チャーチル英首相が自ら懸念を表明したように、シンガポールの陥落は大英帝国の事実上の終焉を意味した。一九四五年以降、弱体化したフランスもインドシナに復帰したが、一〇年もたたないうちにベトナムの独立戦争で敗北して撤退を余儀なくされた。もしアメリカが歴史の針を戻そうと試みなければ、インドシナにおける植民地主義の物語はそこで幕を下ろしていたはずである。オランダ領東インドもインドネシアとして独立を宣言し、オランダの復帰を拒絶した。その一方で、中国では毛沢東が一九六四年に日本社会党の訪中団にこんな発言を行なっている。「日本軍国主義は中国に大きな利益をもたらしてくれました。おかげで中国人民は権力を奪取することができたのです」。アメリカが正式に所有していたアジアで唯一の植民地であるフィリピンでさえ、時代の流れには抗しがたく、一九四六年には正式に独立を果たすことになる。

そんな中で日本とその旧植民地の台湾と朝鮮（少なくともその南半分）だけは、アメリカの防衛圏内に無期限に組み込まれ、自国の安全保障をアメリカに依存し、外交政策でもアメリカ政府のお墨付きがなくては何もできなくなっていた。江戸時代の「鎖国」体制から一九四五年の最後の決死の抵抗に至るまでの日本の歴史は、日本人がイデオロギー的にも、軍事的にも、経済的にも外国の支配を受けずに自国を統治できた時代であったが、それは完全に終止符を打たれた。一九四五年以降、日本は占領下に置かれることになった。そして、多くの重要な点で、占領時代はいまだに終わっていないのである。

第4章　奇跡の時代

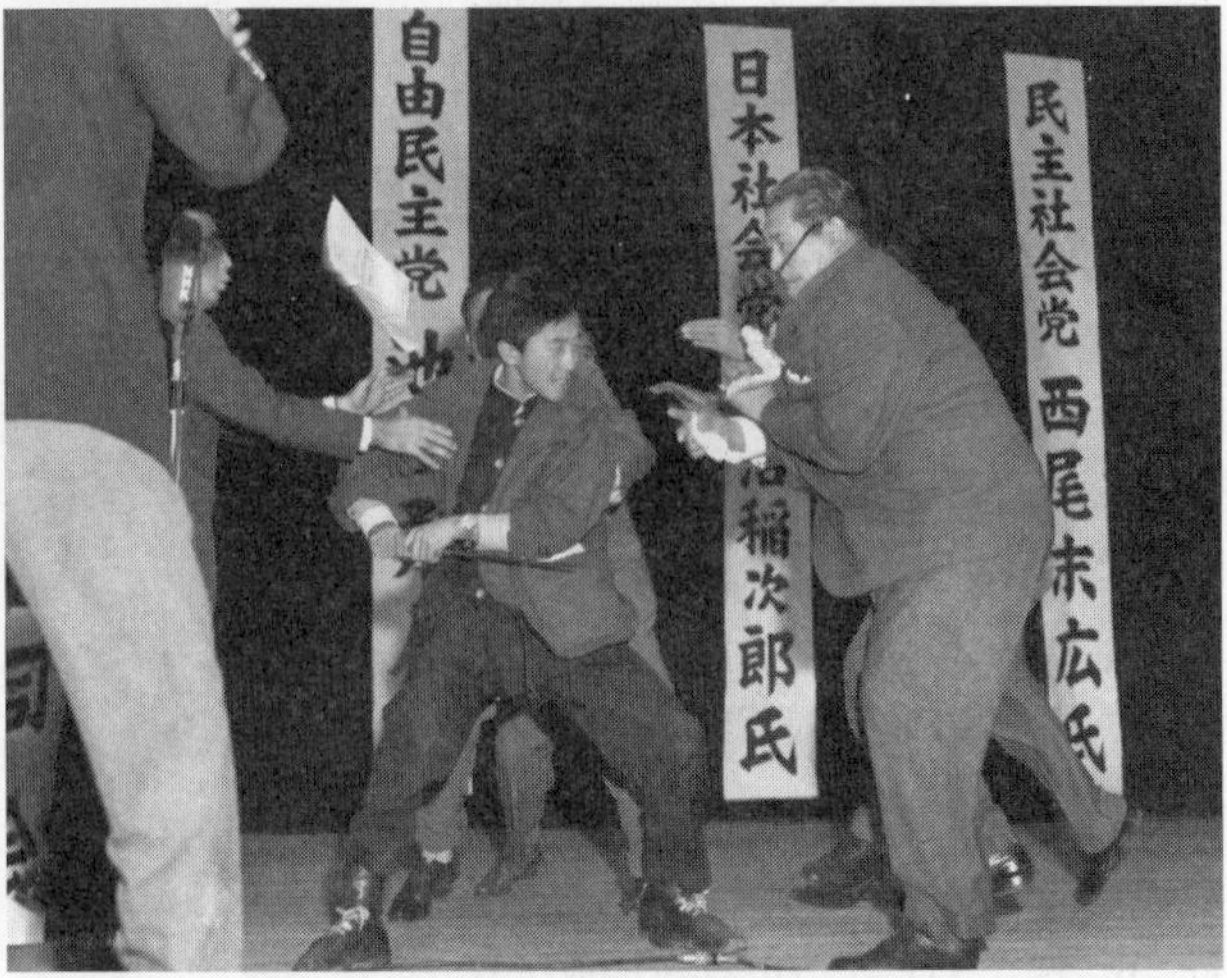

図4　1960年に起きた社会党の浅沼稲次郎委員長の暗殺事件。浅沼は党内の強硬左派として知られていた。（写真提供：毎日新聞社、長尾靖撮影）

戦後日本の復興が「奇跡」と呼ばれた理由は主に三つある。最初の、そして最も明白な理由は成長率そのものだ。一九五五年から一九七一年の間に、日本はその時点で歴史上最高の実質経済成長率を達成した国となった。第二の理由は、爆撃によって荒れ果てた廃墟と化した国土をわずか二〇年強で世界第二の経済・産業大国へと変身させたことにある。それが当時まさに奇跡的に思えたのは、スターリン政権下のソ連のように収奪、飢饉、殺人を伴うことなく、民主的で非強制的に思える方法で行なわれたからだった。日本の変身は国内から貧困を一掃しただけでなく、大半の国民に経済的安定をもたらし、国民皆保険と義務教育、それに自由選挙と言論の自由が保証された、明らかに平和な社会を生み出したのだ。

そして第三の理由としては、日本がどうやってそれを成し遂げたのか、当時の（日本内外の）誰にも十分に理論的な説明ができなかったことがある。日本の体験は同時代の最も有力な経済発展理論のどれにも当てはまらなかった。それはマルクス主義理論、ケインズ経済学、あるいは当時の「第三世界」の指導者たちの間で流行していた、いわゆる「従属理論」（第三世界の発展のためには先進国との従属関係を断ち切る必要があるという学説）に基づく政策のどれによっても説明できなかったのである。たとえばマルクス主義者たちは、プロレタリア階級のために資本蓄積を加速するには「革命国家」を築いて経済的支配権を奪取する必要があると主張した。だが、日本で革命が起きることはなく、政府は経済運営を民間企業の手にほぼ完全に委ねていた。だがこれらの企業は、名目上は株主のものであったが、実際には市場の影響力というより、日本経済全体の復興を目指す「官僚的」な目的意識によって運営されていたのである。ケインズ派は財政収支を赤字にして国債を発行する積極的な景気刺激策などを提案していたが、日本は「奇跡」の高度成長期を通じて財政均衡を守り続け、国内需要の対GDP（国内総生産）比も同程度の発展レベルにある他の諸国より低いままだった。一方、日本にはインドのジャワハルラール・ネルー、アルゼンチンのフワン・ペロン、タンザニアのジュリウス・ニエレレといった「第三世界」のリーダーたちの政策を模範にする選択肢はなかった。これらの国々は国内市場の需要を満たすために産業を育成することで経済的離陸を果たし、それによって先進諸国への従属を断ち切ろうと図った。だが、一九五二年にアメリカの占領が終了した時、日本は資本財の輸入先、製品の輸出市場、あるいは国際通貨としてのドルの入手先として同国とまさに不可分の関係で結ばれていた。つまり、日本はアメリカに完全に「従属」させられていたのである。

だが、たとえ日本経済の成長が当時のどの発展理論でも説明できなかったとしても、英ビクトリア朝時代のような自由放任主義的経済運営に逆行していたわけではなかった。いずれにせよ、自由競争を基調とした自由放任主義《レッセフェール》経済学は、世界大恐慌によって一時的に信用を失墜していた。安定通貨、健全財政、市場原理、自由貿易などをベースとしたその発展理論は、一九八九年に「ワシントン・コンセンサス」として復活することになる。だが第3章で見てきたように、レッセフェール思想が支配的だった一九世紀後半にさえそれを採用しようとしなかった日本が、その威信が永遠に失われてしまったかに見えた当時の時代にそうした手法を実践するはずもなかった。戦後の日本経済では通貨、労働力、為替、技術、設備といった主要な品目の相場は必ずしも官僚によって設定されたわけではないが、市場原理で決定されていなかったことも確かだった。市場原理が完全に機能することを許されたのは、重要性が低いと見なされた経済分野だけだったのだ。企業経営権、労働力、資金調達のための市場は厳しく制約されるか完全に廃止されるかのどちらかだった。さらに、外国企業による直接投資(日本企業の買収や法人や生産設備を一から設立するグリーンフィールド投資)は特別な事情がない限り認められなかったし、国境を越えた資産運用投資(外国企業による日本企業の社債購入やその逆のケース)や財・サービス取引は厳重に監視・管理された。大半の産業は業界団体などの下で組織化《カルテル》されており、構成メンバー自身と官僚組織の双方によって監視されていた。

このように、日本の政策立案者や大手企業の幹部らの行動とそれがもたらした成果については、誰にも理論的な説明ができなかった。これが日本経済に「奇跡」を起こしたような印象を与えたことは否定できない。だが、この結果は諸外国だけでなく、日本人にとっても予想外だったのだ。確かに一九六〇年から六四年まで総理大臣を務めた池田勇人《いけだはやと》は有名な「所得倍増計画」を発表したが、これも少なくとも当初は単なる大風呂敷と思われていた面があった（実際には、日本は池田の想定より二年も早く所得倍増を達成することになる）。アメリカの著名な国際政治学者チャルマーズ・ジョンソンによれば、日本の国民が自国経済の「奇跡的成長」を自覚するようになったのは、一九六二年に英大手経済誌『エコノミスト』に掲載された長文の記事が、後に『驚くべき日本』というタイトルで翻訳出版された時からだった。ジョンソンは一九八二年に著した『通産省と日本の奇跡』をこのエコノミスト誌の記事に対する反応から書き起こしている。この著書は、欧米の研究者が日本で何が起きたのかを体系的に分析しようとした初の試みであった。ジョンソン自身は「奇跡」を可能にしたのは、一九五〇年代半ばに経済的離陸の基盤となった「高度経済成長を支えた諸制度」であったと主張している（詳しくは次章「高度経済成長を支えた諸制度」を参照）。

ジョンソンは「日本の奇跡」を説明する要因として制度を最重要視することにこだわったため、当時の知的風潮の中では特異な立場に立たされた。一九八〇年代前半の学問の世界では、合理的選択、完全な情報、そして効率的市場仮説といった考え方が重視されるアプローチが優勢になっていたからだ。効率的市場仮説では、古典的なレッセフェール経済学と同様、自由市場こそが経済的繁栄への王道であり、すべての経済的・政治的な問題は、人間が合理的な判断を行なう生き物であることを大前提として対処されるべきだと考えられていた。つまり個人は必要な情報がすべて織り込まれているはずの「価格」に応じて、自らの幸福度を最大化するために行動するはずだというのである（哲学用語で言えば「功利主義」の考え方だ）。

言うまでもなく、日本のケースはこうした考え方にそぐわない変則的事例であるため、案の定、ジョンソンが特定した「制度」の重要性を否定するような反論が相次いだ。さらに彼の著書の出版から一〇年後に日本が不況に陥ると、「高度経済成長を支える諸制度」に対する懐疑論者たちからこの仮説の誤りが証明されたという声が沸き起こり、反対にそれらの制度こそが日本の「回復」を遅らせているという主張さえ登場したのである。

一方、「日本の奇跡」を制度的観点から説明する手法を正面から擁護するのは一筋縄ではいかなかった。なぜなら日本には日本的特性の長所を強調する「日本論・日本人論」に代表されるイデオロギー的思惑から、こうした制度の一部を考察の対象外に置こうとする人々がいたからだ。彼らの主張によれば、これらの制度は意図的な政治的作為によって生み出されたものではなく、日本文化から生じたきわめて独特な派生物だということになる。こうした指摘は、特に日本経済の長所が議論される際に行なわれることが多かった。たとえば、終身雇用、企業別組合、「合意重視の日本的経営」などは言葉では言い尽くせない「日本的特性」からごく自然に派生したものだというのである。これに加えて、アメリカの研究者たちの間で制度的観点を重視する「制度的経済学」の影響力が衰退し始めると、日本の経済発展の原因を探る学問的研究は、競争市場モデルを重視する「新古典派」からの反発を受け、別の意味で大きなイデオロギー的論争を呼び起こすようになった。こうして一時的に、日本の高度成長は通常の理解を超越するかのようなオーラを醸し始めた。つまり「奇跡」にほかならないというわけだ。

一方、日本が深刻な経済不況に陥り始めたのと同じ時期に、最初は韓国、それから台湾、マレーシア、中国と近隣諸国が相次いで日本と同じ「高度経済成長を支える諸制度」を導入するようになったために、日本がまとっていた「神秘性のオーラ」は薄れ始めた。欧米人の想像力の中では、「日本の経済的奇跡」はもはや輸出主導型経済と膨大な米ドル黒字からなる「東アジアの成長モデル」に取って代わられていた。そこには日本の場合と同様、そのモデルが内包する矛盾が表面化するまでの限定的な快進撃にすぎないという言外のニュアンスが込められていた。

確かに、日本が一九五五年から一九七一年にかけて実現した経済成長は未曾有の快挙だった。また、日本が示した高度成長を突き詰めていくと、二世代前に左右両陣営から提示された成長理論では説明し切れない部分があることも確かだった。日本が成し遂げたことを見た他の諸国が、その方法を理解して後に続きたいと考えたのも無理はなかった。だが処方箋はどこを探しても見つからなかったのである。

ジョンソン自身は、日本の成功を可能にした「高度経済成長を支える諸制度」は長年の試行錯誤を経てようやく完成されたものであることを強調していた。「日本の奇跡」を生み出すもととなった多くの要素は、終戦直後の数年間に日本が置かれた特殊な（ある意味で独特とさえ言える）状況に由来する。その状況自体は、その時だけ偶然に条件が重なって生み出されたように思える部分もあるが、日本のそれに対する反応の仕方はこの国のその後の方向性をかなり決定づけただけでなく、世界のその他の地域にも大きな影響を及ぼした。中でもそれが果たした最も重要な貢献は、アメリカ一国の覇権を中心に展開される世界の政治・金融秩序を強化し、長期化させたことにあった。つまり戦後の数十年間における日本の体験は、他の諸国（特に中国）が近代化を模索する過程できわめて重要な影響をもたらしたのである。これについては後の章で詳述するが、差し当たっては終戦直後の一〇年間に日本を取り巻く状況がどう変化したかについて考察してみたい。

終戦直後の一〇年間における例外的な状況

敗戦から復興を遂げたこと自体はさほど特別なことではない。これまでも多くの国が同様の快挙を成し遂げ、以前よりもたくましい姿で復活してきている。戦後日本の最も重要な総理大臣である吉田茂《よしだしげる》も「戦争で負けて外交で勝った歴史がある」という有名な言葉で国民を勇気づけた。日本が高度成長を果たしたのと同じ数十年の間に、西ドイツも「経済《ヴィルトシャフト》の奇跡《ヴンダー》」を実現したことを見ても、日本の「奇跡的な復興」は第二次世界大戦の敗戦国の間でさえ、さほど特別な事例ではなかったことがわかる。

だが戦勝四ヵ国によって分割統治されたドイツと異なり、日本は実質的にアメリカ一国の支配下で復興を実現しなくてはならなかった。アメリカが日本の再建にかける決意は当初のうちは固かったが、やがてそれに必要な持久力も知識も持ち合わせていないことが明らかになる。再建計画がさほど進行しないうちから、同国はそれ以外の優先事項に気を取られるようになり、日本もその実現に貢献させようと図った。一方、日本にはほとんど選択の余地はなかった。時間の経過とともに、占領国のアメリカには日本に独自路線を進ませる意図は毛頭ないことが明らかになった。復興や名目上の主権回復を実現するだけでも、その代価としてアメリカの防衛体制に取り込まれ、実際に軍事的支援を行なうことはなくとも、少なくとも外見上はその地政学的・イデオロギー的目標を支持する必要があった。さらに、国内の左派勢力を政権の座へ近づけないことを保証し、その具体的な根拠を示すことも要求された。

日本の支配者層の大半にとって、これは十分に許容範囲内の交換条件だった。特にアメリカが基本的に日本国内の支配構造に介入する意思のないことが明確になると、もはや不満を言う理由は見当たらなかった。もちろん、それは少なくとも名目上は「資本主義」陣営内にとどまる必要があることを意味した。今日に至るまで、アメリカは日本のために普通の独立国なら当然自国の判断で行なうべき活動を肩代わりし続けている。安全保障の確保と外交である。占領が正式に終了した後も日本が真の意味で主権を回復できないでいることは、日本の左右陣営のどちらにとっても不愉快な現実だ。左派はアメリカの軍事的冒険主義に巻き込まれ、その覇権主義に利用されることを恐れている。一方、右派は平和主義を規定する第九条を含む憲法をアメリカ人に押し付けられた結果、日本は「去勢」されてしまったと考えているのだ。どちらの主張にも一抹の真実が含まれているが、サンフランシスコ講和条約の交渉に臨み、正式に占領に終止符を打った吉田茂は、日本のために可能な範囲で最高の条件を勝ち取ったと主張した。おそらくその言葉に嘘はなかったであろう。

占領終了に付帯した「条件」の長期的影響はどうあれ（それはいまだに残っている）、そのおかげで日本の支配者層が戦争の思い出を過去のものにできたことは確かだった。それは、一九三〇年代から四〇年代にかけての経済的惨状や軍部の独走、それに血なまぐさい消耗戦の記憶である。敗戦と占領によって、日本は戦争の引き金となった根本的な政治問題の管理から外された。安全保障はもはや日本政府の管轄ではなく、中国大陸との関係（それは日本の歴史を通じて最も優先度の高い「外交」問題だったのだが）も日本政府の責任ではなくなった。アメリカ政府は戦後に誕生した中華人民共和国との国交を拒否していたため、個人的な意見はどうあれ（アメリカの「不見識」を嘆いていたのは左派だけではなかった）、日本政府の高官らはその方針に唯々諾々と従うしかなかった。日本は朝鮮半島の南北分断に際しても傍観者でいることを余儀なくされた。日本国内には韓国と北朝鮮のどちらにも同調者がいたが、現実問題として日本にできるのは米軍の補給基地として機能することだけだった。

いまだに決着がついていないのは経済分野だけだった。だが一九四〇年代後半の荒廃した国土を見れば、日本の圧倒的な優先事項が復興であることに異議を唱える者がいるとは思えなかった。直接の戦争責任があると見られた軍国主義者たちはすでに威信を失墜し、彼らが乗っ取った官僚組織（特に重要な役割を果たしたのが帝国陸軍と社会の統制と管理を担当した内務省だった）は解体されるか廃止されていた。戦犯として占領軍に処刑された東條を含む少数の人間を除き、戦時中に権力中枢にいた者たちの大半は黒幕やフィクサーとして政界の舞台裏で暗躍するか（犯罪組織と手を組んだ者も少なくなかった）、岸信介《きしのぶすけ》のように日米「同盟」と経済成長の擁護者として再起を図った。岸は戦時中に東條内閣で商工大臣を務めたにもかかわらず、戦後は総理大臣（一九五七年−六〇年）にまで上り詰めた。

これらの人物は、吉田のように戦時中は蚊帳の外に置かれていた穏健派（暗殺を恐れて目立つ行動を控えていた者も少なくなかった）とともに、占領終了後の日本で強力な権力者として台頭するようになる。だがそこまでの道のりは決して平坦ではなかった。GHQ（連合国軍最高司令官総司令部）のダグラス・マッカーサー最高指令官は伝統的な共和党員だったが、当初から米政府に派遣されていた民間人職員には、ルーズベルト政権下でニューディール政策に携わっていた熱心な民主党支持者が少なくなかった。彼らは母国で行なったどんな政策よりも徹底的な民主改革を実現するチャンスがここにあると考えたのだ。彼らの最初の取り組みの一つは、左翼政治家を含む数百人もの政治犯を釈放させることだった。日本に突如として左派勢力が復活したのを見て、一九三〇年代から四〇年代にかけて政治思想上の「転向」を公表していた多数の知識人、教師、そしてかつての労働運動家たちは内心忸怩たる思いだった。おそらくその罪悪感を埋め合わせようとする心理からだと思われるが、彼らの中には社会主義の過激な信奉者になる者が少なくなかった。戦時中に転向することを拒否した日本共産党の党員たちは、刑務所から釈放されると英雄として出迎えられた。一方、各種の贈収賄事件や闇市で不当な利益を上げる者たちの存在は、庶民の間に大きな憤りを呼び起こした。それと当時の悲惨な時代背景を考えれば、国民の革命的情熱が沸騰するのはおそらく必然的だった。一九四六年五月までには大衆運動が高揚してデモが全国を席巻した（食糧配給制度に対する大規模なデモは「食糧メーデー」と呼ばれた）。その二年後、日本は実際に初の社会党政権を誕生させたのである。

すでに冷戦が始まっていたこともあり、アメリカ政府はこの一連の流れに非常な危機感を抱いた。スターリン支配下のソ連は、終戦直前の数カ月間に占領した欧州各地から撤退する意思が毛頭ないことを示唆していた。さらにアメリカ国務省内の事情通は、毛沢東のゲリラ部隊が北京を占領するのは時間の問題だと警告を発していた。これらの専門家たちは後に、ジョセフ・マッカーシーやリチャード・ニクソンといった反共主義者による「赤狩り」の標的となる。中国を共産圏に「奪われた」張本人として経歴に泥を塗られ、その先見の明の代償を払わされることになったのだ。だが一九四〇年代半ばの時点では、彼らはアメリカが執念深い「一枚岩の敵」に直面しているという印象を深めることに貢献した。しかも歴史で勝者の側に立つのは相手かもしれないという不安は拭えなかった。大恐慌による経済的破綻の記憶はまだ薄れておらず、戦争需要による経済への刺激が途絶えたため、資本主義経済は再びどん底に逆戻りし、共産圏だけが強力になる一方なのではないかと多くの人々が危機感を抱くようになっていたのだ。

こうした状況を背景に、日本の保守的なエリート層は、思い通りの結果を得るためにある駆け引きに出た。この方法はその後も何度となく利用され、今日に至るまで有効性を失っていない。当時の彼らにとって圧倒的な優先事項は、占領軍の協力を得て左派勢力による日本支配を阻止し、戦前から続く権力構造を可能な限りそのまま維持することにあった。そこで彼らは、アメリカの不安を煽って巧みに同国の世論を操作したのだ。吉田茂が私的な会話で認めたように「アメリカ人の美しい誤解」に付け込んだわけである。

最新の報道を見ても明らかなように、アメリカ政府に依存するか何かを望んでいるあらゆる国はこうした手練手管に長けている。これらの国々はアメリカの権力者に取り入り、彼らの行動に影響を与えるのが実に巧みだ。だが世界広しと言えど、このスキルで日本の上手を行くのはおそらくイスラエルくらいのものだろう。その理由の一つに、日本人はその技を磨く多くの機会に恵まれていることがある。それというのも、日本で成功する一番の近道は、権力者にうまく取り入って思い通りに動かす能力を身につけることにあるからだ。それは幼稚園に入った時からすでに始まっており、政府や実業界のトップレベルに達しても日常的に行なわれている。権力者の立場から日本人とやり取りをした経験のある外国人なら誰でも、彼らがいかに相手の気を引くのが巧みか実感したことがあるはずだ。場末の悪趣味なキャバレーでの男女のやり取りから、日本料理の高級レストランでの接客、あるいは大口の発注を狙っている日本企業との交渉の席に至るまで、その能力はあらゆる機会に発揮される。日本人は幼少時から「誘惑のテクニック」を身につけて育つ。なぜなら、日本社会で子供が成功することを望む母親は、ほとんど本能的にそのやり方を教え込もうとするからだ。当然ながら、日本語にこれを表す言葉は数知れないが、その多くは英語に存在しない概念であるため、同じ意味の言葉に置き換えられない。たとえば「甘え」とは、自分より力のある人間に無理な要求をする振りをすることで、相手に寛大な気持ちを起こさせる行動を意味する。こうした「誘惑のテクニック」は至る所で目にすることができるが、「日本的な文化」という大雑把なくくりで片づけられてしまうことが多い。確かにその通りなのだが、そう呼ぶだけでは何も理解したことにならない。それは間違いなく江戸時代の権力構造に由来している。当時は支配階級の武士が商人などの被支配階級を「無礼討ち」にできるほどの階級差があったため、そうしたテクニックを習得できるかどうかは死活問題だったのだ。

日本が「誘惑のテクニック」を外交に応用し始めたのは、明治時代初期のことである。当時の日本は独立を維持するためにあらゆる手段に訴える必要があったからだ。だが一九四五年以降、独立を失っただけでなく、共産主義者やその同調者らが数十万人も街頭デモを繰り広げている状況は、日本のエリート層にさらに大きな難題を突きつけた。ところが幸いなことに、アメリカ人は既成の権力者集団としか関係を持たない傾向があったために、状況をよく把握できていなかった。アメリカ人はもっぱら英語を話せて、アメリカの学校で教育を受け、彼らの警戒心を解く行動を心得ている人間としか交流しなかったからだ。マッカーサー自身の虚栄心やうぬぼれもエリート層に有利に働いた。ＧＨＱは宮城《きゅうじょう》（皇居）の堀を隔てた対岸にある帝国ホテルを接収してオフィスとして使っていたが、彼はそこにすっかりこもりっ切りだった。日本でこれほど巨大な権力が一人の人間に集中したのは、江戸時代初期の将軍たち以来のことである。しかし、彼は日本社会の最上層の人々としか会ったことがなかったし、この国で実際に何が起きているか自分の目で確かめようとさえしなかった。しかも、日本人が並外れた手腕を発揮する媚びへつらいやおべっかのテクニックにたぶらかされやすいところがあった。さらに悪いことに、当時、「中国派《チャイナ・ハンズ》」と呼ばれるアメリカ国務省の中国問題専門家たちが「旧世代の日本派《オールド・ジャパン・ハンズ》」たちを東京から遠ざけ、戦時中に米軍から日本語の訓練を受けた聡明な若者たちの集団をGHQから追い出すことにまんまと成功していた。彼らは中国における戦時中の日本軍の行動に憤慨しており、日本のことを知りすぎている人間は日本の実業界や旧軍部のエリート層に対する措置が甘くなるのではないかと警戒したのだ。確かに政治的に左派寄りの中国派は、初めからこれらの層に戦争責任があると決めつけていた。確かに「旧世代の日本派《オールド・ジャパン・ハンズ》」と戦後に再浮上した吉田周辺の穏健派エリート層が戦前からつながっていたという指摘は的を射ていたかもしれない。だが米政府内部の縄張り争いで彼らが勝利したために、結果的にGHQは日本国内で実際に起きていることを独自に確認する手段を失ってしまったのだ。ジョン・ダワーが占領時代の日本の歴史を描いた名著『敗北を抱きしめて』で書いているように、「東京にあった［マッカーサーの］『超政府』では、特定の地域専門家を上から下まで嫌悪していた……日常的な業務でも、日本の問題についてわずかなりとも語る資格をもったほとんどの人は、意図的に排除されていたようである」〔『増補版 敗北を抱きしめて』上巻、三浦陽一他訳、岩波書店、二〇〇四年、二八〇 - 二八一頁〕。ダワーはGHQを「超政府」という言葉で描写しているが、これは（自ら招いた状況によって）日常業務の遂行を日本の既存の権力構造に「丸投げ」するしか選択肢がなかったためである。

公正を期して言うなら、日本の保守派には共産主義者を警戒するだけの十分な理由があった。たとえ左派がソ連政府の直接の指示で動いているというのが誤解だったとしても、ソ連はあえてその印象を正そうとはしなかったからだ。そのために、日本共産党の創立メンバーの一人で一九四〇年代に主な指導者の一人だった野坂参三《のさかさんぞう》を「漸進主義者」として公然と批判したほどである（その後、ソ連崩壊後に公開されたKGB［ソ連国家保安委員会］の内部文書によって、野坂が実際に共産主義政党の国際組織であるコミンテルンのために諜報活動を行なっていた事実が明らかになった）。スターリン支配下のソ連軍は、日ソ中立条約を一方的に破棄する形で日本に宣戦布告していたため、日本がアメリカに降伏していなければ間違いなく北海道に侵攻していたはずである。日本の降伏を早めたという点では、ソ連の宣戦布告にはアメリカの原爆投下と同等の重みがあった。もし降伏がほんの二、三週間遅れただけでも、日本はおそらく南北朝鮮や東西ドイツのように共産圏と非共産圏に分かれた分断国家になっていただろう（その代わりに、ソ連は日本が降伏宣言した後で千島列島南部の島々を占領するだけで満足しなくてはならなかった）。中国北部と朝鮮半島北部に駐屯していた一〇〇万人以上の日本兵がソ連の捕虜となり、劣悪な環境の強制労働所で五年以上にわたって奴隷的な労働を強いられた。その結果、数万人が捕虜のまま命を落としたのだ。

このように、日本でソ連に対する恐怖と憎悪が広がる確固たる基礎はすでに築かれていた。それらは一九四八年にソ連が仕掛けたチェコスロバキアのクーデターやヨーロッパを東西に分断した「鉄のカーテン」の出現によってさらに拡大されることになる。保守派は確かにこうしたソ連の野心に警戒心を募らせていたが、GHQが日本に導入することに成功した民主改革の成果にはそれ以上に動揺していた。この改革は、ある意味でアメリカの憲法そのものよりも進歩的な新憲法の成立によって最高潮に達した。そこには有名な戦争放棄の条文だけでなく、アメリカ憲法にはない男女平等や労働者の権利を保障する内容まで含まれていたのだ。GHQは当初は日本政府に新憲法の草案を準備するように指示していたが、日本側にアメリカの期待に添う内容の文面を提出する意志がないことが明確になると、自分たちの手で憲法の大部分を書き上げたのである。

問題の一部は、最初に明治憲法の書き直しを命じられた日本の法律専門家たちがプロイセン的な法的伝統に染まっていたことにあった。この伝統では法律の目的は国家権力を強化し、その定義を明確にすることにあり、支配者層に市民への説明責任を課すことにはないと考えられていたからだ。それ以外にも、日本の保守派が真の民主主義にまったく信頼を置けなかったことにも問題があった。民主主義は日本人であることと不可分な階層性《ヒエラルキー》を尊ぶ考えを覆すもののように思えたのである。階層性は、彼らの思想空間においてほとんど神聖に近いオーラを放つ存在であり、無政府主義と野蛮に代わる唯一の選択肢だった。

結果的に、誕生した新憲法は称賛に値する内容であったにもかかわらず、今日に至るまである欠陥に悩まされてきた。どう考えても外部から押し付けられたようにしか見えないのだ。押し付けた側の動機は善意に満ちあふれていたかもしれないが、結局のところは「外国臭」

が拭い切れなかったのである。使われている言語表現にも、こなれない翻訳調の箇所が随所に見られる(1)。こうして新憲法は、日本の国家統治の基本原則を定める最高法規というより、日本の由緒ある政治的伝統に則ったどこか曖昧で不完全な正統性の象徴となった。それはまるで、権力を争う勢力の間で都合のいい時だけ担ぎ出される神輿《みこし》のようなものだ。これは日本が「武力行使」を放棄することを明確に定めた有名な第九条に最も顕著に現れている。日本は現在、この規定に露骨に違反する形で世界第五位の軍事予算を維持している。政府高官らは憲法を無視して「自衛隊」という婉曲表現で呼ばれる軍隊の予算を確保する一方で、アメリカが日本にもっと直接的な軍事協力を要請してくるたびに憲法を盾にやんわりと拒否してきた（日本に第九条を押し付けたアメリカは、その舌の根も乾かぬうちに後悔し始めた。アメリカ政府が日本に対し、米軍の軍事行動にもっと積極的な貢献を求めるようになってからすでに六〇年以上が経過する）。

　憲法の他の側面に関しても同様の指摘が可能である。たとえば主権在民の規定がそうだ。憲法には主権は日本国民にあると明記されているにもかかわらず、実際には究極的な主権の所在は天皇にあるという意識は（少なくとも年配者層の間では）今日に至るまで根強く残っている。また、立法権は国会に帰属することが憲法で規定されているにもかかわらず、戦後の大半の期間を通じて、強大な官僚機構はその管轄範囲内で立法、行政、司法の三権を実質的に掌握してきた。官僚は国会の監視を受ける立場にあるが、それは明らかに建前にすぎない。官僚やそれ以外の権力者たちの権力闘争においても憲法を引き合いに出すことは可能だし、実際にそうされてきた（安全保障問題や「一票の格差」の問題など）のだが、それが何らかの問題で最終的な意思決定の拠り所となることはめったにない。

憲法がたどった運命は、ＧＨＱがたどった足跡とそのまま重なる。ＧＨＱのスタッフの当初の動機は善意によるものだったかもしれないが、ごく自然に同盟関係を結べそうな日本人（労働組合の幹部、知識人、女性の権利運動家など）と接触する手段を自ら放棄し、やがて日本が民主化されることより反共の砦となることに関心を持つ勢力に取って代わられてしまった。その結果、ＧＨＱは当初排除しようとしていた日本の保守層と事実上の提携関係を結ぶことになったのである。両者は結果的に利用しあうようになる。

社会党政権が短命に終わると、一九四九年の選挙に勝利した保守層はＧＨＱにけしかけられて「レッドパージ」（赤狩り）に乗り出し、共産党支持者やその同調者と見なした者を二万五〇〇〇人から四万人（総数は資料によって異なる）も官公庁や民間の職場から追放した。

（1）新憲法がアメリカによって完全に押し付けられたものであるという従来の解釈に対しては、近年になってジャーナリストの立花隆《たちばなたかし》が反論を寄せている。二〇〇七年に『月刊現代』（その後休刊）に掲載した記事で、立花は憲法のかなりの部分は大正時代（一九一二年‐二六年）にリベラル派の日本人弁護士やジャーナリストによって書かれた憲法草案を流用したものだと主張したのだ。だがこの主張は保守派の「憲法押し付け論」と矛盾するため、それを裏付ける証拠の大部分はカレル・ヴァン・ウォルフレンの言う「現実《リアリティ》の管理」によって巧妙に国民の目から隠されてきた。この問題の詳細については第11章を参照されたい。

その一方で、戦時中に日本政府の中枢にあった者たちは相次いで刑務所から釈放されていった。また、日本がアメリカの財政に過度の負担をかけていることを懸念したトルーマン政権は、赤字に歯止めをかけさせるためにデトロイト銀行頭取のジョゼフ・ドッジを日本に派遣した。その結果、赤字を出さない均衡予算、緊縮財政、金融機関の貸出制限、単一為替相場の設定などを原則とした「ドッジ・ライン」という経済安定政策が日本に押し付けられた。レッドパージとドッジ・ラインを含む一連の動きは「逆コース」と呼ばれるようになり、日本の左派勢力は今もそれをGHQの当初の民主的理想に対する裏切りと見なしている。

だからと言って、GHQが初期に掲げた目標がすべて失敗に終わったわけではない。新たな諸制度が実際の権力構造を隠蔽するための名目的なカモフラージュにすぎなかったにせよ、国家の一部として組み込まれた以上、設置された当初の目的は消えずにしぶとく残っていたし、時には反体制的な発想につながることさえあったからだ。明治時代に持ち込まれた議会政治や法の支配といった制度は、当初は欧米列強や西洋思想に「かぶれた」国内の活動家たちにおもねるために導入されただけだったかもしれない。だが、日本の伝統的なエリート層は、すでにそれらに潜む反体制的な危険性に気づいていた。議会政治の概念では官僚は国会に対する説明責任があり、その監視対象であるというのが暗黙の前提だが、山縣有朋が官僚組織への介入を防ぐために狡猾で根気強い裏工作を行なったことは、前章で見た通りである。だが今や日本の保守層はさらに憂慮すべき新たな諸制度に直面させられることになった。それらは米軍の力があってこそ初めて設立することが可能になったものばかりだった。吉田自身もGHQの改革派が部分的な成功を収めたことは認めていた。彼によれば、保守層は日本が独立を回復次第、それらの制度をなかったことにするつもりだったが、いざとなるとすべて撤廃するのは不可能なことに気づいたのだという。その代わりに、日本の権力者たちは、労働組合、報道の自由、普通選挙、法律上の男女同権、学生たちを二度と戦場で無駄死にさせない決意を固めている急進的な教師の集団、それに政府の業務をこなす官僚が「天皇の僕《しもべ》」ではなく「公僕」であるという考えなどを様々な手段を弄して妨害した。ところが、それらの制度に本来備わっている思想はあまりにも強固であったため、恣意的な権力の行使に少なくともある程度の歯止めをかける効果を維持し続けたのである。たとえば、大手の一流企業が中核となる従業員に対して経済的安定を保証した後でなければ、過激な労働運動を解体させることは不可能だった。また、日本の高級紙の記者たちは今日に至るまで、ジャーナリストというよりは体制側の発表を書き写す速記者のように行動することを余儀なくされているが、その一方で大手の新聞やテレビ局の枠外で活動する報道機関も少なくない。束縛を嫌うこれらの騒々しいメディアにとっては、自主規制の対象となるようなテーマは数えるほどしか存在しないのである。(2) 日本では選挙で政策が決まるわけではないかもしれないが、どんな政府も長期にわたって国民の怒りを公然と無視し続けるわけにはいかない。法的な男女

(2) 二〇一三年末に安倍首相が国会で強行採決させた特定秘密保護法によって、この状況も変化する可能性がある。

同権はともかく、実質的な男女同権が実現するのはまだ先のことのように思えるが、少なくとも日本社会はかなり前からその方向に進み出している。日本の学生は民主主義と議会政治の基本を学校で学んでいるが、その一方でそれを教える教師たちは数十年にわたって歴史の歪曲や教育方針の「右傾化」に執拗な抵抗を続けており、ある程度の成果を上げてきた。確かに、政策決定の多くはいまだに何の説明責任も果たされないまま行なわれているし、日本の検察は自らを法の僕《しもべ》ではなく、その支配者であるかのように振る舞う傾向があり、どの法律を厳しく執行し、どの違法行為に見て見ぬふりをするかを強大な自由裁量権を行使して決定している。それでも日本の警察は概して礼儀正しく、プロ意識が高くて頼りになるし、日本の市民が何かを読んだり考えたりしただけで逮捕される心配はほとんどない。

それでも結局、GHQは初期のスタッフが取り組んだ日本社会の民主化を実現することはできなかった。ジョン・ダワーはこれについて次のように書いている。「敗戦国ドイツで採用された直接統治の軍事支配と違って、日本の占領は、すでに存在している日本の政府組織をつうじて『間接的に』行われた。そのため、降伏以前の日本の政治体制のなかでも、もっとも非民主的であった制度を支持することにならざるをえなかった。官僚制と天皇制である」〔『増補版　敗北を抱きしめて』上巻、二六二頁〕。

GHQは天皇の取り扱いを誤ったが、それは戦後日本における天皇の地位を明確にしなかったとか、イギリスやスカンジナビア諸国のような立憲君主制を打ち立てることに失敗したといった単純な話ではなかった。戦争が終結する前から、アメリカ政府はすでに天皇は統治期間中に起きたことについては何一つ責任に問われるべきではないという決定を下していた。当時は、天皇が退位を強制されれば日本社会は崩壊するというオリエンタリズム（西洋の東洋に対する歪んだ視点）に基づく見下した見方が支配的だったのだ。

公平を期して言うなら、アメリカの動機は、ローマ帝国がカルタゴを滅ぼした時のように復讐の念に駆られて日本を解体すべきではないという信念に基づいている部分もあった。確かに、日本人の多くは天皇がこの国を一つにしていると心から信じていた。アメリカがこの考えを無批判に受け入れたのは、日本に破壊ではなく「民主化」と「改革」をもたらしたいという、より大きな願望があったからだ。明治の指導者たちは、古代から伝わる政治的正統性の象徴を国家主義を本質とする現代の神話に作り直したのだが、近代の天皇制が誕生した微妙な歴史的背景はＧＨＱには理解されていなかった。だがＧＨＱがその知識を欠いたまま、天皇を廃位させずに「民主化」のプロセスを進めるには、ある種の虚構《フィクション》を構築するしかなかったのである。それは、天皇ヒロヒトが権力とは一切無縁の浮世離れした存在だったというフィクションだ。権力を掌握した悪人が彼の名前で邪悪な行為に走るのを見て、何もできずに気をもんでいたというわけだ。アメリカにとって考えられるもう一つのシナリオは、天皇が日本にとってヒトラーかスターリンのような独裁者だったというものだったが、それは明らかに事実に反していた。実際の天皇は受動的なだけの無能な人間ではなかったが、事態を掌握していたわけでもなかった。彼自身が受けてきたしつけと教育、そして天皇が存在する空間を支配する様々な概念や現実が彼の行動の自由を強力に束縛していたのだ。彼にはま

った く責任がないわけでも究極の悪人というわけでもなかったが、「正義と悪」の二元論でしか物を見ようとしない当時の思考様式にとって、こうした微妙なニュアンスは理解の範疇を超えていた。

GHQが天皇制を存続させるだけでなく、どんな形でも天皇自身の責任を追及しない考えであることが明らかになる前から、敗戦直後の日本国民の間ではある憶測が広まっていた。それは、天皇制はおそらく何らかの形で存続することになるだろうが、昭和天皇自身は退位して、幼い皇太子の明仁《あきひと》(今上天皇)に後継を託し、彼が成人に達するまでは叔父の一人が摂政を務めることになるだろうというものだった。第1章で見たように、在位中の天皇が退位する前例は豊富にあったし、何らかの不祥事が起きた際に名目的な指導者が「責任を取る」形で辞任するのは、日本においてはごく標準的な手続きだったからだ。ところがGHQは昭和天皇に引き続き皇位に留まることを求めた。そればかりか強大な権力を行使して、過去数十年間の歴史で天皇が果たした役割に関するあらゆる議論を検閲で封じ込めたのである。

結果的に、これは日本の国民全体に深刻な「認知的不協和(自分の考えと矛盾する事実と直面した時に起きる不快感)」をもたらした。彼らは幼児期から、天皇は最も神聖な価値を体現する存在であり、天皇のためなら常に命を捨てる覚悟でいるように教え込まれてきた。ところが突然、天皇と戦後の悲惨な状況との間には何の関係もないと告げられたのだ。こうした悲劇を二度と繰り返さないように戦争が起きた経緯を見直す代わりに、GHQは要するに歴史を隠匿しろと指示したのである。もちろん、悲惨な過去を忘れて一からやり直したいと願うのは人間として自然な感情だし、まったく無理のない話である。まさしくそれが起きたのが戦後のドイツであり、ベトナム戦争後のアメリカだった。だがドイツは結局、成人に達した若い世代に強く背中を押されて歴史と向き合った。同様のことは日本では一度も起きていない。その主な理由は、GHQによって過去に実際何が起きたのか議論したり話し合ったりすることを止められていたことにあるのだ。

これがもたらした影響が最初に明らかになったのは、日本の指導者たちの戦争犯罪を裁く極東国際軍事裁判（東京裁判）においてだった。これはドイツで行なわれたニュルンベルク裁判を踏襲したものである。ジョン・ダワーはこの裁判について次のように記している。

「証拠に関するもっともあからさまな操作は、そこから天皇を遮断しようとする検察側の運動だった。この法廷では、そこに天皇が物理的に不在だったこと、天皇について証拠となるようないかなる論及も入念に排除されたことだけでなく、天皇による証言の欠如もまたきわだった特徴だった。天皇を救うためのこの『勝者の証拠』操作に相当するものはニュルンベルクにはなかった」（『増補版　敗北を抱きしめて』下巻、二六四頁）。その結果、裁判そのものがまさに茶番劇と化してしまった時もあった。いわゆる「A級戦犯」と分類された者たちは天皇を守るために一致協力した。彼らが口をすべらしたのはわずか一度で、東條が天皇の意思にそむく行動を起こすことなど考えられなかったと証言した時だけだった。しかも主席検事のジョセフ・キーナンは、当時の宮内省を通じて獄中の東條に発言を撤回してはどうかと持ちかけたのだ。東條がそれに応じたことは言うまでもない。

東京裁判は「勝者による裁き」であったと否定的な見方をする者は（日本人以外にも）少なくない。過去十数年間の悲惨な戦争の本当の原因を解明しようという姿勢はほとんど見られず、単なる見せしめ裁判にすぎなかったというのである。また、GHQは意図的な歴史の歪曲を黙認しただけでなく、実際に直接的な指示を下していた。さらに、そこには明白な二重基準があった。日本陸軍の山下奉文《やましたともゆき》、本間雅晴《ほんままさはる》両司令官は、フィリピンで行なった残虐行為のかどで処刑された。だが日本の各都市で行なわれた無差別焼夷弾爆撃を考案し指揮したアメリカ軍のカーチス・ルメイ将軍は、少なくとも彼らと同程度の戦争犯罪人だった。アメリカはこれまで一度も広島と長崎に原爆を投下したことへの責任を認めていない。重要な海軍基地を擁し、日本の軍事的中枢であった広島の場合、原爆投下には道徳的に疑問が残るし、論理的にも破綻しているかもしれないが、少なくとも戦略的にその正当性を論じることは可能かもしれない。だが長崎の場合、それはまったく不必要な残虐行為にすぎなかった。

その結果、日本人の大半が自らを被害者と感じるようになったのも無理はなかった。彼らは決して自ら戦争を望んだわけではない。もちろん、国民の多くは多かれ少なかれ日本の戦争を熱心に支持したはずだが、そもそも他に選択肢はなかったのである。戦後の数十年間で戦争を語るのに最も多く使われた言葉は「愚か」だった。中国大陸で泥沼のような戦争をして有意義な勝利を得られると考えるのは「愚か」だったし、国力差に大きな開きのあるアメリカに正面から挑んだのも「愚か」だった。だが普通の日本国民はこうした愚かな行為を繰り返さないために、その原因を解明するように促されることは一度もなかった。それどころか、彼らは征服者であるアメリカと日本の右派勢力の双方から、戦争の記憶を隠すように積極的に指導されてきたのだ。右派は古傷が癒える間もないうちから「戦後民主主義」を激しく攻撃し、教師、リベラル派、社会主義者などを暴力や脅迫で抑えつけ始めた。

一方、近隣諸国もこうした動きを注視しており、今日に至るまで日本への警戒心を解いていない。これらの国にとっては、日本はいまだにアジアの民に大きな苦痛を与えることになった原因を直視せず、自己憐憫に浸っているだけのように見える。日本の支配者層が右派による歴史の歪曲を黙認していることも問題視されている。歴史教科書問題、靖国神社の「遊《ゆう》就館《しゅうかん》」のように戦争を美化する博物館の存在、大音響で軍歌を鳴らしながら東京都内の路上を走行する右翼の街宣車など、その証拠は至る所で目にすることができるというのだ。これがアジア諸国の目にどう映っているかを理解するには、ヨーロッパで同じことが起きた時の反応を想像してみるといい。たとえばドイツで公に認められた歴史教科書でホロコースト（ナチスによるユダヤ人の大量虐殺）の記述が省かれていたり、ポーランドへの「侵略」を「進出」と言い換えたりしていることについて二、三年おきに定期的な論争が起きていたらどうだろう。あるいは、ドイツで最も重要な歴史的記念物の近くにある博物館がナチス台頭の歴史を美化する展示を行ない、そこから「水晶の夜《クリスタルナハト》（ドイツで起きた反ユダヤ主義暴動）」や強制収容所に関する逸話が入念に取り除かれていたら？　それとも、ナチス親衛隊の制服を着た右翼団体が拡声器付きの宣伝カーをベルリンやフランクフルトの市街地で乗り回し、周辺のビルが震えるほどの大音量でナチスのスローガンや軍歌を流しているのを、警察は黙って傍観しているだけだったらどうだろうか。

中国共産党には、少なくとも大日本帝国と同等の血塗られた過去がある。だが中国と韓国にとって最大の不満は、具体的には次の四点に関して日本政府が明確な声明を出してこなかったことにある。(一) 実際に起きた歴史的事実はこうである。(二) それらは大部分において日本に責任がある。(三) 日本はこうしたことが二度と繰り返されないことを確実に保証する。(四) 変更不能な制度上の改革が行なわれたので、この保証には信頼を置けるはずである。

ドイツは基本的にこれらの点に関して明確な声明を出すことで近隣諸国を安心させることに成功してきたが、日本政府は一切そうしたことを行なっていない。なぜなら、それをすることは日本の政体の根本的な正統性に疑義を生じさせることになりかねないからである。前章で見てきたように、明治政府は一つの現実を正当化するために二つの相互に矛盾する政治的虚構《フィクション》を構築した。虚構の一つは議会政治、もう一つは天皇による直接支配であり、現実の政治支配は薩長の藩閥体制によって行なわれていた。だが戦後の日本では状況が一変した。ＧＨＱが日本に押し付けた立憲民主主義は単なる虚構をはるかに超えており、国民のかなりの層は日本がそれを実現した国になることを望んでいた。つまり、国民主権の原理が強固に根付いた民主国家である。日本の権力者層は、この構図を利用して日本政府の正統性を国際世論にアピールすることにやぶさかではなかった(ＧＨＱの存在と占領終了時に日本に課された条件によって他に選択肢はなかったのだ)。だがその一方で、彼らは正統性の基盤が憲法と民主主義にあることを決して全面的に認めようとしなかった。彼らは表立って口にこそしなかったが、日本は皇室を中心に置く特殊で神聖な国家であり、自分たちの政治権力の正統性の究極の源は天皇であるという考えにいまだにすがっていたのである。つまり、理論的な正統性の源は戦前の政治体制と同じであるため、戦争の悲劇を二度と繰り返さないと明言することはできなかったし、たとえできたとしてもその言葉は信用に値しなかった。

日本では統治権の正統性が何に由来するかという問題は、敗戦、占領、あるいはアメリカに押し付けられた戦後憲法によっても解決されなかった。この点は、ドイツとは対照的である。国の統治に関する基本的な問題が放置された結果、戦前の日本はこれまで見てきたような血なまぐさい壊滅的な混乱に巻き込まれていった。ある意味では、現在の中東地域でも同じ状況が展開されていると言っていい。ダワーは占領政策によって戦前の二つの非民主的制度が強化されたと指摘したが、戦後日本で統治機構が曲がりなりにも円滑に機能してきたのは、そのもう一方である官僚機構が政策面で実権を掌握していたからにほかならない。

「官僚による統治」というのは、ある意味できわめて矛盾した表現だ。官僚は政治的秩序を円滑に機能させるには不可欠な存在だが、結局のところ、彼ら自身が国を治められるわけではない。彼らは政治家の指導を受ける立場にあるからだ。政策をめぐって繰り広げられる官僚機構に特有の果てしない権力闘争は、一九五二年の独立回復以降も続けられていた。しかしそれが戦後日本で致命的な結果をもたらさなかったのは、かつて物理的強制力を有していた官僚組織が占領時代初期にすべて廃止されるか解体されていたからだ。すでに見てきたように、アメリカは日本の安全保障に責任を持ち、一九四五年以降は外交関係でも拒否権を行使するようになった。つまり、GHQが日本の統治機構を再編成した後も生き残った官僚組織は主に経済問題だけに集中すればよかったのである。官僚はもはや戦争や社会統制にかかわることはなく、もっぱら経済再生の舵取りを担っていればよかった。戦後のこの時期に経済再生がこの国の最重要課題であることに異議を唱える者はほとんどいなかったため、彼らは少なくとも一九七〇年代までは政治家の指示を受けずに機能することができたのだ。だが七〇年代に入ると日本の成長モデルは修正を必要としていたにもかかわらず、それを実施するのに十分な正統性を有する政治的指導層が存在しなかったために、その実現は阻まれてしまう。これに関しては後の章で詳しく取り上げたい。

日本の占領期は当初の左派の時代から「逆コース」を境に右派の時代に移行していったが、これらの時代はまるで相乗効果のように日本の経済官僚の力を増大させていった。GHQ初期の使命感に燃えた左派寄りの改革者たちは、マルクス主義的な主張を受け入れ、戦争の原因は大資本が物理的強制力を支配し、経済的成果を左右する権力の維持にそれを利用したことにあると考えた。GHQの高官たちはこの考えに基づき、帝国陸海軍を解散させ、圧倒的な権力を掌握していた内務省（警察、裁判所、地方自治体などがその支配下にあった）を解体させた。その一方で、彼らは民間に富が集中した経済の「社会主義化」を進めたが、そのうち最も重要な政策が戦前の強大な財閥の解体であった。三菱、三井、住友、安田をはじめとする多数の財閥が保有株式などの委譲を命じられ、同族支配に終止符を打たれた。

だがその結果、GHQはそれが何を意味するのか理解しないまま、官僚の無制限の影響力に歯止めをかける重要な防壁の一つを破壊してしまった。財閥を同族支配するオーナーたちは、戦争に関しては良くても消極的に支持しているにすぎなかった。彼らは当時の日本の政策がビジネス界全般（あるいは少なくとも彼らが保有する事業）に有害であることを理解していたのだ。そのために、一九三〇年代の軍国主義者たちから暗殺や脅迫の標的にされ、戦争経済を運営する官僚たちからも決して信用されていなかったほどだ。一方、戦争のために経済統制や総動員計画などを推進した官僚たち（「革新官僚」）はドイツのナチスとイタリアのファシスト党の「国家社会主義」を支えた「コーポラティズム（個人主義的な社会観とは逆に個人や集団間の有機体的な連帯を重視する思想）」に影響を受けていた。この思想の起源はマルクス主義的な社会主義と同じヘーゲル哲学の知的遺産にまでさかのぼる。その考えに従えば、経済活動の一義的な目的は国家権力の強化にあり、利益の追求に動機づけられた民間資本家の「利己的な考え」には常に疑念の目を向けなくてはならないということになる。

革新官僚たちも日本国内では強大な財閥とかかわらずに任務を遂行することは難しかったが、植民地の満州では可能な限りその影響力を排除しようと図った。前章で見たように、満州は官僚の管理下で計画経済の実地体験を積むある種の試験場として利用されていた。日本の財界で三菱、三井などの旧財閥でなく、新興財閥から派生した大企業の多くは、たとえば日産・日立グループのように満州で設立された官僚主導の企業体として急成長したのである。GHQによって財閥が基本的に経済官僚の指導に従順な官僚組織に変身させられてしまった後、革新官僚の後継者たちは一九四〇年代半ばの荒廃した日本経済に直面させられることになる。だが彼らのうち特に重要な大蔵省と軍需省（戦後商工省に戻され、数年後に通産省と改名された）の官僚は、今や戦時中を上回る権限を手にしていた。財閥や軍部や内務省といった競合組織が廃止された後、ドッジ・ラインによって経済運営の手段がこれらの官僚に全面的に移行されたからだ。ドッジは当時のどんな政権にも政治的に不可能だったことをやり遂げた。日本に緊縮財政、予算均衡、信頼できる単一為替相場の設定といった政策を無理やり押し付けたのである。

「平時」であれば、この種の強引な政策運用は（二〇一〇年代前半に南ヨーロッパ諸国が経験したように）国民に窮乏を強いるだけでなく革命を引き起こす可能性さえ秘めていた。だが当時の日本は平時からは程遠かった。一九五〇年に朝鮮戦争が勃発すると、アメリカは武器以外に兵士たちが必要とする大量の物資を矢継ぎ早に発注し始めた。しかも支払いはドルで行なわれたのである。日本人はこの朝鮮特需を「天佑（天の助け）」と呼んで歓喜した。ドッジ・ラインの諸政策に加えて輸出需要が急増したことは、日本が荒廃した経済を再生させる上でまさに理想的な経済環境を生み出した。大量に流入するドルは、海外からの直接投資に依存せずとも各産業の再始動に必要な資本設備の輸入を可能にした。その結果、経済運営の最終的な決定権が日本人の手を離れることを未然に防ぐことができたのである。

日本がサンフランシスコ講和条約の締結によって正式に独立を回復してから間もなく、朝鮮戦争は終結した。文言には含まれていなかったものの、条約には二つの暗黙の条件が付随していた。一つは日本がアメリカの政策に従い、中華人民共和国と国交を交わさないこと。二つ目は日本国内の左派勢力を権力の座から遠ざけておくことを信頼できる形で保証することだった。これらの条件は、日本人が得意とする「甘え戦術」でアメリカから譲歩を引き出すために巧妙に利用された。歴史的に最大の市場を提供してきた中国大陸との貿易が事実上禁じられた以上、その代わりに日本にアメリカ市場への無制限のアクセスを許してほしいと懇願したのだ。しかも、アメリカの産業からは日本への同等のアクセスは要求しないでほしいと。日本の外交当局は、朝鮮戦争が終結したために日本は新たなドル獲得の手段を必要としており、自国産業はまだあまりにも弱小で脆弱なのでアメリカ企業と競争しても到底太刀打ちできないと訴えた。一方、日本の保守派エリート層はCIAから極秘の資金援助を受けて自由党と日本民主党の統一による「保守合同」を実現させ、自由民主党（自民党）を結成した。だが、フランスの哲学者ヴォルテールが神聖ローマ帝国について語った名言（「それは神聖でもなければ、ローマ的でもなく、ましてや帝国ですらない」）をもじれば、この新たな政党は自由《リベラル》でもなければ、民主的でもなく、ましてや従来型の政党ですらなかった。しかも、今後の選挙で一般投票の過半数を獲得できるともまるで思えなかった。だがその一方で日本経済の官僚支配と、この国がいまだにアメリカの防衛体制の一部として組み込まれている事実に政治的な隠れ蓑を与えるという使命には見事に成功したのである（自民党と日本の政治に関しては最後の二章で詳述する）。

アメリカは喜んで日本の望みをかなえた。それはこの国における左派勢力の台頭を恐れたためだけではなかった。左派の勢いは一九四六年から四八年にかけて最高潮に達し、それ以降は衰え始めていた。だがアメリカの恐怖を煽る巧妙な手口を身につけた日本政府は、社会主義者の危険性を誇張し、貿易問題で協力するか公然とした軍事支援の要請を撤回しなければ結果は保証できないと警告したのだ。(3) 一方、アメリカにもソ連と中国が発信する共産主義の誘惑に対抗し、イデオロギー面での戦いを有利に進めたいという思惑があった。そのために、日本を活気ある民主国家として「資本主義陣営」のモデルケースに仕立て上げる必要があったのだ。戦後日本が用いた経済手法が「資本主義」の定義を限界まで拡大解釈するものであったとしても、アメリカにとってはさしたる問題ではなかった。

一九五〇年代前半に特有の状況は、その後の数十年間にわたる日本の「経済的奇跡」だけでなく、東アジア全体の成長モデルが発展する契機をもたらした。日本が戦争で荒廃した経済を立て直すには、基本的にアメリカ市場への輸出に頼る以外の選択肢はなかった。すでに見てきたように、植民地から解放されたばかりの当時の発展途上国の多くは「輸入代替」によって工業化を達成しようとしていた。つまり、従来は海外からの輸入に依存していた製品を国内産業の育成によって自給化することで、旧宗主国への依存を断ち切ろうとしていたのだ。だがアメリカの「抱擁」から抜け出せない日本にはこの選択肢はなかった。そこでアメリカ依存から脱却する代わりに日本政府が選んだのは、この依存関係を自国のために逆利用することだった。こうして大量のドルを獲得できるような産業や企業の発展を助ける様々な制度や組織が設立され、機能を整えられた。流入した大量のドルは、少なくとも経済的離陸期の最初の数十年間においては、日本を高度成長に導くために経済官僚によって管理され、戦略的に分配されたのである。

高度経済成長を支えた政治的・文化的土台

戦後の数十年間における日本の総合的な経済戦略は、「経験曲線効果」を最大限活用することを中心に展開された。アメリカの統計学者たちは戦時中に、生産量の増加と製造コストの減少の間には統計的に頑強な相関関係があることを発見していた。つまり、生産量が高まるにしたがい、コストが予測可能な形で減少したのだ。経験曲線の概念は、一九六〇年代にボストン・コンサルティング・グループの創設者の一人であるブルース・ヘンダーソンによって広められた。だが日本ではすでにその一〇年前からそれを駆使した経済運営が行なわれていたのである。

この経験則が戦争経済の稼働中に発見されたのは偶然ではない。戦争経済は名目的には民間部門に属する各経済主体を中央政府の目的に沿って利用する。日本の最も重要な経済史学

---

(3) アイゼンハワー大統領がジョン・フォスター・ダレス国務長官を日本に派遣してさらなる軍事費用の貢献を迫った時、当時の吉田首相は社会主義勢力に個人的に連絡を取り、大規模で派手なデモを実施してアメリカの「帝国主義」に反対するなら今が絶好のタイミングだと伝えたという。

者の一人である野口悠紀雄《のぐちゆきお》は、戦後日本経済の制度上の起源は、経済全体を戦時体制下に置くために一九四〇年頃に導入された様々な方策にあると論じている（彼はこれを「一九四〇年体制」と呼んだ）。これらの方策には製造カルテルの組織化や金融システムの合理化などが含まれており、戦争遂行に不可欠と見られる産業には優先的に資金が分配された。GHQが無自覚のうちに経済官僚の活動領域を拡張したことは、このシステムの強固化と制度化につながった。占領終了に伴い経済戦略を策定する立場に置かれた官僚たちにとっては、かつて軍事目的に利用した様々な手段を経済運用に転用し、可能な限り大量のドルを稼ぎ出す目的に利用するのは造作もないことだった。

日本の大手輸出企業は、経験曲線効果を計算に入れて価格を現在の生産コスト以下に抑えられるようになり、海外で市場シェアを伸ばすことに成功した。それは短期的な財務収支にこだわらない忍耐強い経営方針のおかげだった。将来的に増加するはずの生産量がコストを下げ、最終的には現在の損失を穴埋めするはずだという想定がそれを可能にしたのだ。もちろん、生産量を確実に増加させるためには予測可能性が必要で、これは著名な金融アナリストの三國陽夫《みくにあきお》の言う「日本型システムにおけるリスクの社会化」の存在が前提となる。つまり、「戦略的重要性」を認められた大手企業は、個別の事業体に対するリスク（政治的、社会的、経済的、財政的、そして市場関連のあらゆるリスク）を軽減することを目的とした公共政策から直接的な恩恵を受けられたのである。

だが日本の場合、そもそも歴史的に予測可能性を重視する伝統を受け継いでいることも大きな利点となった。日本人は、とりわけ身近な家族や親しい友人以外の人間関係においては型にはまった行動様式を求め、予想外の行動に嫌悪感を示す傾向がある。それは欧米人の目にはほとんど病的に思えるほどだ。この国の人々は言葉に限らず、あらゆるタイプの非言語的なコミュニケーションを通じて自分がどういう社会的立場にあり、どう接してほしいかを意識的に相手に伝えようとする。たとえば、企業間の打ち合わせで名刺の交換が行なわれるのは、お互いに相手の社内における相対的地位を確認するための儀式にほかならない。企業幹部や政府高官の集団内における地位や序列は、彼らが自動車、レストラン、会議室でどこに座るか、職場で席がどの位置にあるかを見たり、お互いの会話で使われている敬語表現を聞いたりするだけで瞬時に判断できる。バーのホステス、主婦、生徒、重役、学者、建設作業員、エンジニア、芸術家などはそれぞれに特徴的な服装をしているため、その社会的地位をひと目で品定めできるようになっている。その結果、日本社会における人間関係は予測可能性に基づいているために、常に儀式的様相を帯びることになるのだ。

日本における社会生活の予測可能性は通常、「日本文化」の一側面と位置づけられている。その分析は正しいのだが、問題は「日本文化」というだけでわかったような気になってしまうことである。この特性も元はといえば、ほぼ間違いなく江戸時代の権力構造に由来している。徳川体制下では、特定の枠組みを超えた行動を取れば命を失う危険さえあったからだ。それは過去からの遺産として受け継がれ、日本社会に深く根付いていて、長年にわたってコメディアンや映画をはじめとする様々な大衆文化に豊富な題材を提供してきた（渥美清《あつみきよし》主演、山田洋次監督の『男はつらいよ』シリーズはその典型例と言っていい)。最近は、いわゆる「失われた二〇年」(これについては後述する)における経済停滞の影響で、予測可能性にも一部に崩壊の兆しが生じ始めているように見える。それでも、一九五〇年代から一九六〇年代にかけての「奇跡的成長」の時代には、この社会的な予測可能性は個々の実業家や企業にすべてのリスクを負わせないための諸制度に強固な土台を提供した。これらの諸制度は、金融界、実業界、市場において社会がリスクを共有し、分散するために設計されたのである。

しかし、この事象は単なる「文化的要素」だけでは説明できない。日本がどこよりも早く高度成長を達成するための基礎は、国内の政治展開によって築かれた部分もあり、予測可能性は今にして思えば外部からの影響や過去から受け継がれた文化的慣習と同様に重要な役割を演じていたのだ。すでに見てきたように、一九五五年には様々な勢力を含む二つの競合する政党がCIAから極秘の資金援助を受けて保守合同を実現させ、実質的な自民党の一党独裁体制が成立していた。同党はその後、二〇〇九年まで総理大臣と内閣のポストを支配し(一九九三年から九四年までの短期的な例外は別として)、議会政治を牛耳り続けたのである。だがその間、自民党は明快なイデオロギーに基づく明確なマニフェストを掲げたヨーロッパの政党のように機能したことは一度もなかった。自民党はその歴史の大半を通じて、よく知られた複数の派閥で構成されてきた。派閥はイデオロギーや政策の違いから生じたわけではなく、強大な権力を持つ一連の政治ボスに率いられ、利益供与を行なったり政治的便宜を図ったりすることで支持を集める集票組織にすぎなかった。ある意味で自民党の主要な特徴には、一九七二年の「マクガバン改革」以前の米民主党とよく似た部分があった（同年、民主党は大統領候補指名方式を大幅に改革し、党幹部などの影響力を排して党員集会と予備選挙の役割を増大させた。この画期的な改革で指導的役割を果たしたジョージ・マクガバン上院議員は、その功績により大統領候補に指名された）。同党の地方組織では、長年シカゴ市長を務めたリチャード・J・デイリーやカンザスシティのトム・ペンダーガスト、それにボストンのジェームズ・マイケル・カーリーのマシーン（政治集票組織）が特に有名だが、自民党の各派閥も中央政府と選挙区の間を取り持つフィクサー集団として機能し、利益供与や官僚から引き出した予算のバラマキを通じて地元の票を獲得してきた。だが二〇世紀半ばの米民主党と違って、自民党の地盤は都市部の労働者や中産階級ではなく地方の農村部にあった。自民党は同党に人脈のある人物に郵便局局長などの重要ポストを与えることで地方の奥深くにまで触手を伸ばしていった。その一方で、同党の政治家たちは農家を低価格の輸入農産品との競争から保護するために海外からの市場アクセスを制限したり、公共事業費を地方にばらまいたりした。そうすることで農村の生活水準を向上させ、政治的功績を誇示しようとしたのである。

戦後日本の政治体制への抵抗運動は、潜在的に地方から発生する可能性が高かったが、この一連のプロセスを通じて農村部は政治的に無力化された。大手輸出企業に優先的に便宜を図る戦後期の経済戦略は、必然的に富や権力を地方から都市、つまり農村部から工場地帯へと移行させる結果となった。周期的に体制を揺るがす地方の騒乱は、古くは江戸時代の農民一揆にまでさかのぼる。また、明治政府は日本の産業化の第一段階に必要な資金を確保するために地方から資本を収奪したが、一八八〇年代に自由民権運動が農村部に浸透した背景には、その方針に対する抵抗運動があった。一九二〇年代から一九三〇年代にかけては、反資本主義的で右派的な運動の多くは農村部を源泉としていた。また農村部は、日本を金本位制に戻すことを目的として実施されたデフレ政策の最大の犠牲者となり、右派は農家の窮乏を扇動に利用した。だが戦後日本の政治体制は、農村部における経済的安定を保証することによって、ようやくこれらすべての問題に決着を付けたのである。一方、地方の選挙区はその条件として、間違いなく自民党候補を当選させ続けることを求められた。

地方から都会へ大量の人口移動が起き始めてからも選挙区の定数は変わらなかったため、農村部と都市部の間には衆院選で三倍、参院選で六倍もの「一票の格差」が生じることになった。[4]こうして日本の農村部は中央政界に政治的安定の基盤をもたらし、その見返りとして米政治学者ケント・カルダーの言う「補償」を受けることになる。それは、保護貿易や公共事業費などの形を取り、小規模な農家や地方の中小企業が戦後日本の経済戦略の中で「計算外の存在」であるという現実に対する「補償」として機能した。この取り決めは農村部における人口減少や活力の減退という避けて通れない結末を先延ばしにしただけだったかもしれない。だが戦後数十年間の移行期に、日本が工業先進国になるまで政治的安定を維持する役割は十分に果たしたといっていい。

こうして自民党の政治家たちは戦後体制の顔役として中心的な役割を果たすようになった。

彼らは官僚たちが政策を決定・実行できるように安定した政治環境を提供する見返りとして、様々な形で利益や便宜の供与を受けた。だが政治家たちには、日本の経済戦略で発生するコストに対する「補償」を分配する以上の役割が期待されていた。アメリカの機嫌を取るために何らかの譲歩が必要になった時、日本の権力構造の他の構成員たちを説得するのは自民党の重鎮たちの仕事だった。だが、彼らにとって最も重要な役割はおそらく予防的なものだ。それは、官僚を形式上だけでなく、実質的に政治的な監督下に置こうとするあらゆる動きを阻止することにあった。自民党は国会で多数派を占めているため、官僚の人事に他党の政治家が実際に介入したり、官僚が自らの行動を政治家に説明したり正当化したりするように意味のある形で義務付けたりすることは不可能だった。だが統制が取れた有能な政治家集団がその気になれば、国会を掌握して官僚機構を政治的監督下に置こうとする内閣を組織することは、制度的には十分可能なはずだった。GHQが残していった立憲政府の公的な装置には、その機能が備わっているからだ。一九五〇年代前半には、このシナリオに沿ってそれを実現

(4) アメリカでも比較的人口が少ない州の有権者が連邦議会上院で不釣り合いな影響力を行使しているが、この状況にはそれと似ている面がある。だが上院は両院制議会の一方にすぎず、また行政権の主体である大統領は議会と別の選挙で選出されるところが日本と違っている。日本の場合、国会と総理大臣を含む内閣の双方は、ごく最近まで実質的に農村部の有権者層が投じる票に支配されてきたと言っても過言ではない。一方、政策への影響力はそこまで及ばず、大体において常設の官僚機構によって立案されてきた。

できそうな政治家たちが左派から登場したが、まさにそうした事態を未然に防ぐために結成されたのが自民党だった。その後数十年が経過し、左派が国政選挙で勝利を収めるリスクが遠ざかるにつれ、自民党は政治体制の現状維持を守る防塞のような存在と化した。だが、体制そのものが機能不全に陥っていることはもはや明白で、事態はますます悪化する一方だった。二〇世紀後半の新たな現実に即して経済モデルを抜本的に改革する必要が生じた時、日本にはそれを断行できる政治的中枢が存在しなかった。薩長の藩閥体制の生き残りが死に絶えて以来、日本には政治的な説明責任の中枢が欠けていたからだ。前述したような「統制が取れた有能な政治家集団」がようやく登場した時、彼らは新たな政治的中枢を形成することを固く決意していた。だが彼らの大半は左派ではなく自民党出身の政治家たちで、新たな政党を結成するために離党した勢力だったのである。

話が四〇年ほど先走りすぎたようだ。最初に自民党が結成された時、それは決して左派勢力の終焉を意味しなかった。「五五年体制」（自民党が結成された一九五五年にできたためにこう呼ばれた）の成立によって、当時野党第一党だった社会党を含め、左派は実質的に選挙制度を通じて政権の座に就く道を閉ざされた。そこで彼らは街頭デモという手段に訴えたのである。労働組合は全国的な連合体に統一され、相次いでストを決行した。組合員たちは他の左派グループとも連携し、その中には女性の権利運動家、左派政党、反核運動家（一九五四年にアメリカの水爆実験で船員が被曝した「第五福竜丸《ふくりゅうまる》事件」で活動を活発化させた）などが含まれていた。自民党が憲法改正に乗り出したり、反体制派を抑え込むために警察官の権限強化を定めた法律を通過させようとしたりすると、彼らは大々的なデモを行なって対抗した。それらはあまりにも圧倒的な規模に達したため、自民党は国会で議席過半数を占めていたにもかかわらず、警察権限強化と憲法改正のどちらも断念せざるをえなかった。

反体制運動がピークに達したのが、一九六〇年の「安保闘争」だった。一〇〇万人を超える人々が東京の街頭に繰り出し、岸首相が新安保条約の強行採決を行なったことに抗議した。一九五二年に締結された旧安保条約は、いわば占領を終結させるための必須条件だったが、わずか八年間で失効することになった。一九六〇年の安保改定によって、どちらか一方から破棄予告がない限り、条約は有効期間が経過した後も自動的に延長されることが定められた。これによって日本は実質的にアメリカの永続的な従属国であることが成文化されたのである。アメリカは引き続き、日本全国に散らばる米軍基地に無制限のアクセスを許可され、基地の維持費用も日本政府が一部を負担する。またアメリカは、日本が武力攻撃を受けた場合は日本の防衛義務を負うが、その反対のケースでは日本に義務は発生しない（アメリカ政府の公式な立場は、米軍基地を受け入れたことで日本はすでに同等の義務を果たしているというものだ）。新安保条約は日本がもはやアメリカの植民地ではないことを明確にしたかもしれない。だが率直に言って、決して対等な「同盟国」と認めたわけではない。そこから読み取れるのは、日本はどちらかというと「保護国」に近い存在で、国内のことは自由裁量にまかされているが、安全保障や外交の問題に関してはいまだに外国（つまりアメリカ）の指示に従うことを義務付けられているのだ。しかも従属関係を維持するためのコストは日本が負担しなくてはならない。

アメリカの覇権体制を象徴する新安保条約の下で、日本は半永久的に「従属的独立」の地位に甘んじることになる。だが一〇〇万人以上に上るデモ参加者たちは、そのことだけに反対しているわけではなかった。彼らは先の大戦に責任のあるはずの者たちが、明らかに非民主的な方法で条約を改定させたことに憤慨していたのだ。何と言っても、岸首相本人が戦犯容疑で収監されていたことは紛れもない事実だったし、満州国の経済運営でも辣腕を振るい、戦時中は東條内閣で商工大臣まで務めている。岸は安保改定を間違いなく実現するために、深夜に本会議を開いて警官隊を国会議場に投入するという強硬手段に訴えた。警察隊は怒号する野党議員団を実力で排除し、文字通り衆議院議長を抱えたまま議長席まで運び込むと、ついに強行採決に踏み切らせたのである。

その結果、一九三〇年代から四〇年代にかけての悲劇に少なくとも部分的な責任がある勢力が、アメリカに日本を売り渡すことで政権復帰を確固たるものにした。安保改定に至るまでの経緯を見た何百万人もの日本国民の目には、少なくともそうとしか見えなかった。[5] 日本で新安保条約に署名する予定だった米アイゼンハワー大統領の訪日は、急遽中止を余儀なくされた。事前に詳細を詰めるために来日していた大統領報道官を乗せた車が安保反対のデモ隊に包囲され、米軍ヘリコプターで脱出するという事件が発生したからだ。

一方、同じ一九六〇年前後には九州の三井三池炭鉱で一〇カ月間にわたる長期ストが起き、労使の激しい対立が頂点に達した。この炭鉱会社は、戦前はその源流を江戸時代にまでさかのぼる三井財閥の一部だった。三井と言えば、日本の財界で最も知られた名前の一つである。つまるところ、このストは職場の支配権をめぐる争いだった。三井は数千人の人員整理を強行し、最も活発な職場活動家を多数指名解雇しようとしただけでなく、地元の作業員らが結成した労組を経営側に友好的な御用組合に置き換えようとしたのだ。

地元労組は「全国の企業経営者にとって深刻な脅威」と見なされ、その結果、三池争議そのものが「総資本対総労働の対決」と呼ばれるようになった。ある時点で、暴力行為に備えてスト現場に動員された警察官の数は、警察全体の一〇%近くに達したという。ストを支持するデモ隊は数万人に達し、企業側は暴力団員を雇ってデモ破りを強行させた。結果的にスト参加者の一人が死亡し、約一七〇〇人が負傷する事態となったのである。

最終的に日本の左派は敗北した。ストは中止に追い込まれ、安保条約は改定された。だが彼らは決して完敗したわけではなかった。確かに三井はストを決行した組合に大打撃を与え、御用組合に置き換えることに成功し、国内の他の企業もそれに追随した。だが、その時以来、日本の大手企業は中核となる男性社員の生活を生涯にわたり経済的に安定させることを保証するようになり、それを実現することが企業の最優先事項となったのである。しかも企業の株価を上げたり、4半期ごとの利益を増やしたりすることよりはるかに重要な目標とされた

(5)　その数十年後、国民の疑念は新たな証拠によって裏付けられることになる。一九五〇年代の日本の選挙政治でＣＩＡがきわめて重要な役割を演じたことが明らかになったのだ。詳細は第10章を参照。

のだ。大手企業は、たとえ財政的な問題を抱えているか、社員自身に問題があっても、実質的に社員を解雇できなくなった。経済的に安定した生活を保証するという左派の要求の核心部分が満たされたために、過激な労働争議は次第に影を潜め、単なる儀式にすぎなくなった。時折実施される半日ストは、生産工程を減速させて重大な結果を招かないように事前に入念に計画され、毎年のメーデーには労働者たちがまるでパレードのように整然と行進し、旗を振りながら市街を埋め尽くした。それらはすべて、日本全国で新たな年中行事となりつつあるイベントに不可欠な要素だった。基幹産業の企業内組合は毎年決まった時期に定期昇給の交渉を行ない、全国の企業がその結果を一つの指標とした。昇給は必ず一般的な経済状況を反映し、日本経済が底上げされれば工場労働者全体にも相応の分け前として一定の昇給が保証される仕組みになっていた。

一方、日本とアメリカの「同盟関係」はもはや揺るぎないものとなった。それでも、アイゼンハワーの訪日はキャンセルされ、岸も安保騒動の責任を取って退陣した。その後任として首相の座に就いた池田勇人ほど、「日本の奇跡的経済成長の父」と呼ばれるのにふさわしい人物はいるまい。池田はおそらく二〇世紀で最も過小評価された経済政策の実践者ではないだろうか。デイヴィッド・リカードとロバート・ピールが「自由貿易」の提唱者として知られ、ジョン・メイナード・ケインズとフランクリン・D・ルーズベルトが「積極的な景気刺激策」の有効性を主張したように、池田もまた「輸出主導の経済成長」を成功させた人物として歴史に名を残したとしても不思議ではない。池田は戦後日本の政府機関の中で最高のエリート集団とされた旧大蔵省の官吏から首相の地位にまで上り詰めた人物だ。彼は日本経済全体の仕組みについて誰よりも深く理解していた。それだけでなく、為替政策と金融政策を連携させて戦後世界のドル中心の金融秩序を巧みに利用し、日本の高度成長に弾みをつけたのである。

池田は戦後の複数の内閣で大蔵大臣と通産大臣を歴任していたので、首相就任以前からすでに政策の構想を練り上げていただけでなく、実行に移していた。総理になると、左派の士気喪失や果てしない政治的混乱に疲弊していた世論を政治的な好機と捉えて巧妙に利用した。官僚機構が用いる様々な手法の有効性に自信を持っていた池田は、一〇年以内に所得を二倍にするという有名な「国民所得倍増計画」を発表し、日本は政治的な争いよりも経済的な争いに目を向けるべきだと暗に訴えた。彼の呼びかけは国民の心に響いた。日本は池田が掲げた「所得倍増」以上の成果を達成し、大企業を中心にサラリーマン文化が広がる中（詳しくは次章を参照）、敗戦で受けた辱めやアメリカに従属させられているという屈辱感は、忘れられないまでも、驚異的な経済的成功を収めたという誇りによって影を潜めつつあった。

アメリカ政府は、一九六〇年に頂点に達した一連の「闘争」が日本に残した傷をやわらげるためにある配慮をした。誕生間もないケネディ政権が、ハーバード大学のエドウィン・ライシャワー教授を駐日大使に任命したのである。端正な顔立ちと穏和な性格で知られるライシャワーは、来日すると一大センセーションを巻き起こした。彼の父親は明治時代後半に大挙して来日したプロテスタント派の教育者たちの一人で、高い理想に燃えていた。その息子として日本で育ったライシャワーは日本語に堪能で、日本人の妻を持ち、安保条約の改定によって広がった反米感情をやわらげるためにあらゆる努力を惜しまなかった（同時に、彼はアメリカ人の日本観を形成することを自分の使命と考え、その面でも多大な成功を収めた）。一方、その間に日本の左派は学問の世界に引きこもり、日本社会党の活動はますます儀式的な様相を強めていった。政権に就く望みのない第一野党として、社会党は大半の有権者の関心とはほとんど無縁の固定化した教義を重視する傾向を強めていった。そして本来の意味での「野党」の出現を阻害することによって事実上、戦後の「五五年体制」を支える支柱の一本と化したのである。一九六〇年一〇月には、学生服を着た一七歳の国粋主義者の若者が、ラジオの生中継の最中に社会党の浅沼稲次郎《あさぬまいねじろう》委員長を短刀で刺殺するという事件が起きた。浅沼は断固とした信念を持つ強硬左派の指導者として知られていた。浅沼の暗殺は社会党にある程度の同情を集めたかもしれない。だが同時に、一九三〇年代の暴力的な世相を彷彿とさせる事件は、過去一〇年間に日本の大部分をほぼ麻痺状態に陥れてきた果てしない闘争への嫌悪感を呼び覚ました。社会党内の穏健派勢力が離党して民社党を結成すると、社会党はもはや保守派が支配する政治体制に対して選挙で深刻な脅威となることは二度となかった。

奇妙なことに、共産党はマルクス主義に関しては社会党ほど厳格ではなく、時に騒々しく主義主張をがなり立てることはあったにせよ、それ以上のことができるほど勢力を増すことは一度もなかった。共産党は主に小売店主や小企業経営者といった都市部の下位中産階級から支持を集めたが、実際にはこの層には公明党支持者の方が多かった。公明党はいわゆる

「新宗教」の中で最大規模の創価学会を支持母体とする政党で、一九六四年に結成された。これらの新宗教の多くは、第1章で言及した伝統仏教の日蓮宗とプロテスタント福音派の伝道方法を融合させ、主に新たに広まりつつある大企業のサラリーマン文化から取り残された都市生活者の間で信者を獲得した。新宗教はこれらの人々に帰属感を与え、創価学会の場合は公明党を通じて少なくともある程度は権力の中枢に声を届かせることを可能にした。公明党はどう見ても自民党の同盟政党として機能しているとしか思われなかった。[6] 自民党が農家に対して（より効果的に）行なっていることを公明党は小売店主や小企業経営者を相手に実施していた。衰える一方の彼らの経済的・社会的地位に対して十分な「補償」を提供することで、潜在的な社会不安要因を取り除こうとしたのである。

マルクス主義を標榜する学者たちは、その後も有名大学で社会科学系の学部や大学院で大きな影響力を行使し続けた。彼らはある意味で、ローマ帝国末期にキリスト教初期の「教父」たちをギリシア哲学で知識武装させた異端の哲学者たちのような存在だった。これらの学者たちの薫陶を受けた青年たちは、多くの場合、大学で過ごした数年間に少なくとも上辺

(6) 公明党に反感を持っている日本のメディアの多くは、公明党は長年、自民党を支持する見返りにあらゆる「宗教法人」の税制優遇措置を維持してもらってきたのだと主張している。とりわけ、創価学会第三代会長として同団体を日本で最も強大な組織の一つに育て、膨大な富を蓄積した池田大作《いけだだいさく》（現名誉会長）に対する財務調査が行なわれないようにしてきたのだという。

だけは急進的な「革命派」の学生集団との交流を経て、やがて強大な官僚組織、銀行、大企業などで大きな権力を手にすることになる。六〇年代に入ると、学生運動は海外の事例やベトナム戦争の激化の影響もあって、より騒々しく大規模になり、最終的には暴力的な様相を帯びていった。アメリカ軍にとって海外で最も重要な物資の調達先が日本であるという事実を隠しておくことは不可能だった。だがその一方で、サイゴンの通りは日本製のバイクや小型車であふれているという現実があり、学生たちはその矛盾に心底当惑していた。さらに、学生たちが帝国主義的で反動的な国家と見なすアメリカと日本が従属関係を結んでいる事実も彼らを憤慨させた。だが学生たちのデモは日本の権力構造を揺さぶるほど深刻な脅威となることは一度もなかった。彼らのデモの整列の仕方を見ても先輩と後輩の序列を尊重しており、有名大学のグループが優先的に配置されていた。つまり学生集団そのものが抗議の対象であるはずの日本社会と同様に階層性を重視していたのだ。こうして運動の勢いは次第に衰えていった。確かに、元学生の中にはドロップアウトしたままジャズ喫茶店を開業したり、有機農業を営んだりする者もいた。だが大半は、厳しい大学の入学試験に受かった瞬間に日本の権力構造内で約束された地位を受け取りに戻っていったのだ。中でも東京大学や京都大学をはじめとする最高のエリート学府の卒業生は、「台頭する超大国日本」を支える主要な組織で指導的立場に立つことになった。結局、学生時代にマルクス主義者の教授陣から何を学んだにせよ、彼らは明らかにマルクスのある教えを深く胸に刻み込んでいた。それは、人類の歴史を動かすのは経済的変化のスピードと性質にほかならないという洞察だった。

こうして日本では、国民の生活にかかわる決定を誰が行なうのかという社会の根幹にかかわる政治的な問題が（永続的とは言えなくとも少なくとも一時的には）解決され、潜在的に最も大きな対立を生む可能性のある問題にも完全に片が付いた。安全保障や金融システムに関しても外部から安定的な環境が確保されたため、日本は一国としては人類史上最も驚異的な高度成長に向かって全速力で邁進するだけでよかった。この国の輝かしい成功は、それを可能にした世界的な枠組み（冷戦構造やブレトン・ウッズ体制）が崩壊するまで持続することになる。やがて日本の成功は内側から泡《バブル》のように弾けることになるのだが、日本は以前と比べるとそれらの問題にうまく対処する準備がまるで整っていなかった。だが、それはまだすべて先の話である。差し当たって、日本は猛烈なスピードで仕事に取り掛かる必要があった。

第5章　高度経済成長を支えた諸制度

図5　自民党総裁に選ばれた瞬間の池田勇人（後列中央）。「日本の奇跡的経済成長の父」と呼ばれるのにふさわしい業績を残した。1960年7月撮影。（写真提供：北海道新聞社）

前章では、一九四五年以降の一五年間に、様々な制度によって高度経済成長を推進させる枠組みが形成された経緯を見てきた。政治的・文化的な状況と海外の諸事情が重なり合った結果、日本経済は当時としては史上最高の成長率を達成した。一九六〇年代後半以降、これらの制度にかかるひずみは増大する一方で、今やその一部はほとんど機能不全に陥ってしまったが、すべて何らかの形で今日まで生き残っている。しかも近隣諸国は「日本の奇跡」を自国で再現しようとする過程でそれらを選択的に模倣してきた。その意味では、それらが機能する仕組みを今一度理解しておくのは無駄なことではあるまい。

これらの制度の一部は戦時中に生まれ、一部はそれよりかなり前の時代に形成され、それ以外のものは戦後になって初めて作り出された。だがすべてに共通しているのは、そのどれもが国家的目標の達成に利用されてきたことだ。第一に、戦後の荒廃から国土を復興させること。第二に、日本を国際収支の制約から自由にするのに十分な量の外貨を蓄積すること。

そして最後に、行動が予測できない外国への依存度を可能な限り減らすために、完全に統合された先進工業国に発展することがあった。前章で指摘したように、戦後の新興経済である日本の成長モデルを支えてきたのは「予測可能性」だった。だが輸入なしでは最大でも全人口が必要とする食糧の三分の一しか調達できず、国内のエネルギー源もきわめて限定されている状況では、予測可能性を保証することは不可能だった。さらに一九六〇年までには、日本のエリート層は当面、この国が基本的にアメリカ主導の世界秩序において保護国として機能せざるをえないという現実を受け入れていた。しかもアメリカの行動には不安にならざるをえないほど不透明な要素が多かった。従って一九六〇年以降の日本の経済・外交政策の最大の目標は、この国にとって避けられない海外依存に伴う予測不可能性という弱点を抑制し、管理することにあったのである。

日本企業

高度成長期の制度の分析は、実際に日本経済の製品やサービスを生み出した「企業」から始めるのが順当だろう。中小企業は個人経営や共同経営の場合があったが、大企業は法的には株式会社の形態を取るのがごく一般的だった。非上場企業も一部に存在した（飲料会社のサントリーが有名だったが、二〇一三年にサントリー食品インターナショナルが上場した）が、大企業の大半は上場していた。つまり日本企業の法的な立場は欧米の企業と変わらなかった。その契約的な枠組みの下では、まず法的強制力のある請求権を有する当事者全員（顧客、従業員、供給業者、債権者、税務当局者）を満足させる必要があり、出資者が所有権を主張できるのは、その後の残余利益と企業の残余資産ということになる。

だがこうした法的な枠組みだけを見ても、日本企業が実際にどう機能したかについてわかることはほとんどない。日本での日常的な会話や大量の日本語教育に関する文献からも明らかなように、この国では企業は契約に基づく存在ではなく、家族、部族、あるいは宗教団体と同種の有機的な組織として扱われている。これらの文献の多くは、日本の企業は江戸時代の「家」から自然に派生したものだと主張している。江戸時代の経済組織が、中国や近代以前のヨーロッパのそれと同様、大部分において家族経営であったことは確かだ。その一方で、江戸時代における農家と商家の世帯は、血縁関係や婚姻関係がない人間も相互に義務や責任が発生する形で定期的に「家」の一員として取り込んでいた点がヨーロッパや中国と違っている。彼らは世帯内ばかりか、社会全体にもその「家族の一員」として受け入れられていたのだ。だが現代日本における「家族としての企業」の概念は、「日本文化」はもとより、江戸時代の組織から自然に派生したというより、イデオロギー的な動機から人為的に作り出された側面がはるかに大きかった。それは、前章で見てきたような終戦直後の激しい労働運動に対する対抗手段だったのである。

だがこうした背景にもかかわらず、「家族としての企業」の概念は日本企業の管理職の物の見方を強く支配し続けた。特にその傾向が顕著になったのは、法律や官僚による監視によって社員の解雇が事実上不可能になり、それが「家族」の概念を強固にして以来のことである。日本の管理職は、企業を組織として強化して存続させることを自らの第一義的な責任と考えた。短期的利益の創出は二次的か、些細な問題でさえあり、個々の管理職の報酬や企業内の序列の決定要因になることなどありえなかった。本当に重要なのは、企業が中核社員たちの現在および将来の経済的安定を保証することにどう貢献しているかだった。そして、それは市場シェア、製品やサービスの質、技術的リーダーシップ、原価管理、そして銀行、政治家、官僚、供給業者、顧客、商社、大学（新卒学生が絶え間なく補充されるように）との良好な関係に大きく左右される問題だった（組織犯罪が含まれるケースさえ一部にあった）。特に高度成長期の初期には、海外で市場シェアを伸ばす力があることを証明し、ドルの獲得に成功した企業は、日本の経済階層において特権的な立場に置かれることになった。

日本企業は何種類かのタイプに分かれる。一つ目は「三菱」、「住友」、「三井」、「安田」といった名前を冠した名門企業で、戦前の財閥が解体された後に「企業系列」や「グループ会社」として再構成された（「系列」は大企業を中心に下請け先の中小企業が垂直的なネットワークを形成している「縦の系列」を指すことが多い）。

二つ目は、前章で見たように第二次世界大戦直前の時代に革新官僚によって設立されるか支援された企業である（日産と日立がこのタイプでは有名だ）。これらの企業は旧財閥とはほとんどつながりを持たず、戦後初期には財閥系銀行ではなく、日本興業銀行（みずほ銀行の前身）から融資を受けようとする傾向があった。

ほかにも戦前に技術的に優れた才能を持つ起業家によって設立された多くの企業（たとえばトヨタや松下〔現パナソニック〕）が、戦後に一流企業に成長した。それ以外の技術系企業は、一般消費者向けに耐久消費財を製造するトヨタや松下といった大企業の系列内で下請企業として定着した。戦後になってから起業して大企業に発展した例もある。中でもソニー、ホンダ、京セラの三社が有名だ。これらの企業は融資だけでなく、最も重要な外貨の割当を確保するために日本の権力者層に実力を証明する必要があった。その点ではそれらが自動的に割り当てられた大手の一流企業と比べて苦労を強いられる面が多かった。

それでも各自の由来がどうあれ、これらの企業はすべて短期的利益を最大化する圧力や買収されるリスクから体系的に保護されていた。その一方で、株主は企業の資産運用に対する発言権を制約され、株式自体はもっぱら配当金を受け取るためか企業間の業務提携を強固にするための儀礼的な役割に利用された。つまり、企業に対して実際に影響力を行使する手段としてはまったく機能しなかったのである。

経営が安定した日本の一流企業は、それぞれ同レベルの融資を期待できたし、労働コストにも大差はなかった。中核社員を解雇することはできなかったが、その代わりに彼らが高額の報酬を求めて他社に転職する心配もなかった。退職するような人間を少なくとも同レベルの企業が同レベルの職種で雇うことは考えられなかったからだ。

業界団体と競争の管理

企業間の競争は管理されていた。新規事業の展開でメーカー同士が激しくしのぎを削るのは珍しいことではなかった（歴史的に最も有名な二つの例に、バイク市場をめぐるホンダとヤマハの「HY戦争」とソニーと松下の「ビデオ戦争」がある）。だが、当時よく耳にした「過当競争」という言葉に象徴されるように、そうした激しい競争は通常、業界団体を通じて広められた非公式な指針によって抑制されていた。業界団体は高度経済成長を支えた重要な制度的インフラの一部で、本質的にはカルテルと変わらない。これらの団体が日本で特に重要だったのは、企業に採算が合わない事業からの撤退を強いるメカニズムが市場で働いていなかったからだ。しかも日本企業はどの事業に参入し、どの事業から撤退すべきかを決定する目安として、投資利益率（ROI）や自己資本利益率（ROE）といった利益追求型の基準を用いていなかった。こうした尺度が欠けているため、日本企業は時折経済的に破壊的な競争を繰り広げることがあった。それは各企業が展開する事業だけでなく日本経済全体に破壊的な作用をもたらした。「面子《メンツ》」の保持、組織としての自己保存、そして社員の雇用確保に対する強烈なこだわりは、日本企業がすでに一定の地位を築いている既存の事業から撤退することはもちろん、市場シェアの縮小を受け入れることをほとんど不可能にした。そんな時に介入したのが業界団体だった。業界団体は競争の敗者にも雇用と市場シェアを確保するために暗黙のルールを定めていた（たとえば、ヤマハは国内市場をめぐる争いでホンダに「敗れた」後も破綻しなかったし、バイク事業から撤退することもなかった）。業界団体は特に価格やサプライチェーンに関する非公式の合意を調整・監視するという重要な役割を担っていたが、これはアメリカの独占禁止法では違法とされる行為である。これらの合意は業界内で経営体力の弱い企業を存続させて雇用レベルを維持しただけでなく、輸入製品の阻止にも役立った。建前上は法的強制力を持たなかったが、従わない企業は耐え難い圧力を受けることになるため、そうした事例は比較的まれだった[1]。

自由市場資本主義の不可欠な要素である「創造的破壊」の可能性を退けたことは、長い目で見れば一部の日本企業にとって命取りとなった。たとえば一九九〇年以降、日本の家電業界はアップルやサムスンといった動きの素早い海外の競合他社との競争に直面し、惨敗することになる。それでも高度成長期には、業界団体は最も激しい競争は国外に向けられるように取り計らった。その結果、日本の労働慣行、融資慣行、労働者の高いスキルなどが決定的な利点となって、海外市場のシェア拡大に成功したのである。

雇用慣行

高度経済成長を支えた第三の制度である日本の雇用慣行は、企業の行動と経済生活の不文律と不可分なほど密接に結びついていた。中でも最も重要なのは、いわゆる「終身雇用」である。それは企業が中核男性社員の経済的安定を保証する制度で、実際には字義通り「終身」にわたって続くわけではなかった。戦後日本には本当の意味での労働市場は存在しなかった。一九八〇年代後半にそれを創造しようとした野心的な起業家、江副浩正《えぞえひろまさ》の試みは戦後史上最大の政治スキャンダルの一つに発展するのだが、これについては第10章で詳述したい。このスキャンダルは、日本の政治的・経済的エリート層が雇用慣行のどのような改変にも不安感を抱くという事実を明らかにした。それというのも、従来の雇用慣行は日本経済にとってきわめて順調に機能してきただけでなく、政治的にも重要な役割を果たしてきたからだ。労働市場の意図的な抑制が家父長主義《パターナリズム》的とも言われる雇用慣行と相まって、終戦直後の階級闘争的な労働運動への回帰を（少なくとも当面は）防いできたのだ。日本のエリートたちは一九四〇年代後半から一九五〇年代にかけて展開された職場の支配権をめぐる争いを決して忘れてはいなかったのである。

「ブルーカラー」の男性労働者は高校卒業後に、「ホワイトカラー」の男性は大学卒業後に就職した。各企業は優秀な男子卒業生の獲得をめぐって熾烈な争いを展開したが、賃金や福利厚生面での競争は行なわれず、同一業界内の同レベルの企業はどこも基本的に同じ雇用条件を提示した。唯一の例外は、家賃補助や社員寮などを含む「住居手当」の存在だった。こ

(1)　実際に合意破りが起きた例を二つ紹介しておこう。一つは一九六五年に、大手鉄鋼メーカーの住友金属工業が日本鉄鋼連盟の定めた減産方針に従わなかった事例である。もう一つは、一九八四年に石油販売業のライオンズ石油が国内の精油所ではなく、シンガポールから安値でガソリンを輸入しようと試みたケースだが、結局、両社とも圧力に屈して方針を撤回した。

れは経営の安定した大企業しか提供できないきわめて高額の福利厚生であるため、それだけでもベンチャー企業や他の中小企業と比べて就職の際に大きな魅力となった。管理職志望の若い男性が日本企業に就職できるチャンスは大学卒業時の一度きりで（技術的な専門知識を要する職種には例外もあり、たとえば大学院で金属工学を学んでから就職活動をするケースもありえた）、それを逃せば二度目はなかった。アメリカのエリート層の子供たちが大学卒業から就職までの数年間を「自分探し」に費やすようなことは日本では一切ありえなかった。

　日本企業は一流企業も含めて男性だけでなく女性も採用したが、彼女たちはほぼ例外なく、伝統的な「女性向けの職種《ピンクカラー》」に追いやられた。これらの女性社員は「ＯＬ《オーエル》（オフィス・レディ）」と呼ばれ、大抵は制服着用が義務付けられており、入社から二、三年で結婚し、妊娠と同時に退職することが期待されていた。

　管理職志望の若い男性は、入社直後から一〇年ほどの間に社内の主要部署（営業、業務、財務、人事など）の大半に順繰りに配属されてあらゆる実務を体験させられた。毎年、三月の年度末には人事異動の内示が出て、三月三一日が近づくと年中行事のような光景を国内各地で目にするようになった。社員が家族を連れて新たな配属先の都市に移転するため、引っ越し会社のトラックが全国の通りを埋め尽くすのである。時折、非凡な才能を示した一部の社員が社内の留学制度を通じ、海外のエリート大学院で経営学などの専門分野を一、二年学んでくることもあった。同期入社組の賃金と役職が少なくとも最初の一〇年間は横並びな中で、それは社内で実力を認められたことを端的に示す数少ない兆候の一つだった。男性社員は三十代後半から四十代前半にかけて昇進し始め、上に行くほど少なくなるポストからあぶれた者は関連企業か下請けに出向を命じられることになる。だがそうなってからも、これらの男性たちは本社の人事部から決して見捨てられることはなかった。彼らは最終的に定年退職までか、時にはそれ以降でさえ、生活を保障されていたのだ。(2)

こうした雇用慣行は公的部門でも広く共有されていた。各省庁から退官した官僚たちが、それまで規制対象だった民間企業に再就職する慣習は「天下り」として定着した。

教育制度

日本の教育制度は、強大な権限を持つ企業や省庁の人事部に指導される「素材」を提供した。日本における教育には四つの目的がある。第一に、先進工業経済において必要とされるレベルの読み書き能力と基本的な計算能力を備えさせること。第二に、高度に官僚化された経済組織において期待される態度や行動を日本の子供たちに身につけさせること。第三に、将来的に日本の政治的・経済的エリート層の構成メンバーになりうる若い男性たちの選別メ

(2) 長年の実務経験を通じてのみ取得可能な高度の専門性を要する一部業界では、社内の業務部門が採用した社員を、退職するまで面倒を見るケースもありうる。たとえば、ある大手商社で石炭を扱う部署には「石炭の終身担当者」ばかりがそろっていても不思議ではなかった。

カニズムとして機能すること（さらに重要性では若干劣るが、彼らの伴侶としてふさわしい若い女性たちを選別すること）。そして最後に、後年になって必要となるはずの社会的な人脈の基礎を築いておくことである。将来、上級管理職になれば、様々な組織の間を取り持つパイプ役として重要な職責を担うことになるからだ。

占領時代に実施された改革と急進化した日教組（日本教職員組合）の努力によっても、戦前から引き継がれた教育制度は表面的にしか変えられなかった。GHQは当時アメリカで普及していた小学校六年、中学校三年、高校三年の「六・三・三制」の教育制度を日本にも無理やり導入した（日本では現在も維持されているが、アメリカはとっくに「五・三・四制」に移行している）。だが教育内容に関しては「国粋主義的」で露骨な排外主義の要素が排除されたのみで、大部分は戦前の制度のままだった。日本の戦前の高校は、学生に徹底的に一般教養を教え込むドイツの「ギムナジウム」を模範にしていた。それに対して、大学は法律や医学のような専門科目を集中的に学ぶ場所とされた。占領時代の改革にもかかわらず、戦後の日本の高校は依然として基本的に幅広い一般教養を身につける場所として機能していた。しかも一九四五年以前より短期間でそれを無理やり詰め込まなくてはならないのだ。

日本の中学校と高校の生徒たちは、全国どこでも共通の教科課程に基づいて教育を受けていた。普通校では国語と数学に重点を置いたが歴史、自然科学、地理、英語などにも十分な時間が割り振られていた（当然ながら職業校はより「実用的」な科目を重視した）。生徒たちは学年を通じてずっと同じ教室で授業を受け、アメリカのように生徒が授業ごとに教室を移動するのではなく、教師が教室ごとに授業に訪れる方式になっていた。

日本の教育はきわめて厳格で、学校は勉強に真剣に取り組む場所とされていた。公立小学校の大半は男女共学だったが、中学校になると男子校と女子校の数もかなり多くなった。教室の掃除や整頓は校務員ではなく、主に生徒たちのすべきこととされた。年少の男子生徒たちは制服として濃紺の半ズボンを着用することが多く、冬になってもそのまま通学した。一方、年長の生徒たちは戦前と同様、ドイツ（プロイセン）の士官学校の制服をモデルとしたものを着用し、プラスチック製の詰襟まで取り入れていた。女子生徒の場合、小学校でも制服が普及していたが、中学校になるとほぼ全校が採用しており、大抵は「セーラー服」の一種だった。

規律正しく統一された外見の重視と制服がもたらす不快感の受容は、より広範な目的を持った教育の一環であり、少なくとも読み書き能力と初歩的な計算能力と同程度に重要と見なされた。それは「我慢」を教えることだった。つまり、不平不満をこぼさずに黙々と忍従し、出された要求に応えること、そして個性を抑制して集団を優先することである。それに、恐ろしいほど難解な日本語の書き言葉を習得するためにも、ある程度の精神の修練は必要だった。(3)一方、日本の学校で教えられた規律正しさは、成人してから日本の組織で円滑に機能するには不可欠な資質でもあった。もちろん、それがなくてはとても高校と大学の入学試験に合格することなど覚束ない。

終日かけて行なわれるこれらの過酷な試験は、高い地位に就き、様々な特権を手にする人生を送りたいと願う日本の男子にとっては避けて通れない関門だった（大学入試を避ける唯一の手段は、特定の大学と提携した附属校や系列校の小学校か中学校に入学することだ。その結果、高額な学費にもかかわらず、トップレベルの私大附属校に入学するために熾烈な競争が展開された）。日本社会の頂点に立つ（つまり主要省庁の政策エリート、大手新聞社の編集幹部、あるいは大手銀行、商社、メーカーの役員になる）には、日本の有名大学の出身者であることが必須条件であり、それ以外の者には事実上扉は閉ざされていた。中でも日本の「最高学府」とされる東京大学には附属校がないため、入学するには入試に合格するしかない。有力な中堅企業でさえ大学出身者でない者を管理職候補として雇うことはめったになかった。大学出身者なら読み書き能力と計算能力が保証され、入試合格に必要な忍耐と努力を何年間も維持できることを証明したことになる。だが理由は必ずしもそれだけではなかった。そこにはもう一つ、大学で培った人間関係が重要な要素として働いていた。上級管理職以上に昇進して以降のキャリアでは、それがきわめて重要な役割を果たすことが期待されているからだ。日本の組織ではある階層以上に昇格すると、職務内容はもっぱら企業（あるいは省庁）の対外関係を調整したり強化したりすることだけに絞られる。だが、たとえ申し分のない能力を備えた社員であっても、有名大学の出身者でないことには何よりも重要な「人脈」作りに支障をきたしかねないのだ。

学部時代に何を学んだかがまったく無意味とは言えないまでも、ほとんど無視していい理由はそこにある。確かに、医学、自然科学、法律などの分野に進もうと考えている学生（あるいは学者を目指している学生）は勉学に励む必要があった。だがそれ以外の学生にとっては成績を気にする必要はほとんどなく、たとえ授業に出席しなかったとしても大学教師が学生に単位を落とさせるようなことはめったになかった。だがよく言われるように、日本の大学が「遊びに行く所」だと考えるのは誤りである。高度成長期の当時も今も、学部時代は野心的な若者がキャリア後半に役立つ人脈を築く重要な時期にほかならない。彼らはこれを主に大学のクラブやサークル活動、それにゼミや研究室での活動を通じて行なったのだ。ゼミの学生のために適切な就職先を紹介するのも、日本の大学教師の重要な役割の一つだった。[4]

日本のトップレベルの企業や組織にとって理想的な志望者とは、見た目が良く、そつのない話し方をする有名大学の卒業生で、野球、サッカー、ラグビーといったチームスポーツの運動部でキャプテンやマネージャーとして活躍した若者である。トップレベルの大学を卒業したことは、入試を突破する際に必要な知性と忍耐力《ガマン》の持ち主であることの証明になる。また、運動部に参加していたことは健康で持久力や体力に問題がないだけでなく、日本のチームスポーツで重視される厳格な上下関係を尊重する姿勢が身についていることを意味した。

（3）日本語の書き言葉を本当に自由自在に読み書きできるようになるまでには、英語、スペイン語、ドイツ語の約六倍から九倍の時間と労力が必要になる。日本語で使われる漢字の読み方は文脈によって異なるため、中国語と比べてさえさらに継続的な努力を要するのだ。

（4）その後、インターネットの到来で就職におけるゼミの重要性は以前より減少した。

さらに、チームメートたちからキャプテンに選出されたことは、他者から尊敬と好意を勝ち取る能力があることを裏付けた。企業側は、志望者が大学で歴史や経済学や物理学の知識をどれだけ吸収したかに関心はなかった。与えられた仕事をするのに必要な知識は入社後に徹底的に叩き込めばいいという考えだったからだ。

金融システム

日本企業が海外市場制覇の長期的プランを策定した際、雇用慣行と社員の学歴は人材確保の点で役立ったが、同様に重要な役割を果たしたのが日本の金融システムだった。第3章で見てきたように、明治期には銀行が財閥系企業への主要な資本提供者として機能するという制度的革新が起きた。戦後日本の金融システムもそれに由来する。だが戦後日本の金融システムが最終的に今の形態に行き着いたのは、一九二七年と一九四〇年前後に起きた二つの重要な出来事が契機となった。一九二七年、日本は多くの面で一九二九年から一九三〇年代後半にかけての世界恐慌の前兆とも言うべき金融恐慌に直面した。日本の債券市場は崩壊し、戦後に再浮上したものの厳しい規制の対象となり、もはや企業にとって重要な資金調達の手段としては機能しなくなっていた。その一方で、経営体力の劣る数十もの銀行が破綻し、かろうじて生き残っている銀行を救済するために当時の大蔵省が介入し、金融システムを実質的に直接の支配下に置いたのである。

一九四〇年頃には、大蔵省はこの支配力を利用して金融システムを戦時体制に導いた（そこから野口悠紀雄の言う「一九四〇年体制」が生まれることになる）。だが政策エリートたちは、戦時経済の運営に当たって並外れて困難な二つの問題に直面した。一つ目は、融資を市場の枠外にある軍事目的の製造事業に誘導すること。二つ目は、それによって生じる国民貯蓄の崩壊に壊滅的なインフレを招くことなく対処することだった（軍需物資は直接的にも間接的にも一般市場に流通し販売されることはなかったため、その製造によって生じた負債の返済に必要なキャッシュ・フローを生み出すことはできなかったのである）。大蔵省による金融システムの支配は、融資の流れを軍需産業に誘導することを比較的容易にした。しかし、壊滅的なインフレを回避するのははるかに厄介な問題だった。大蔵省はそれを避けるために一計を案じた。まず債券を発行してその売却代金を軍需企業への融資に使うことにし、一般世帯に貯蓄を預金受入金融機関に預けることを強く奨励した。その上で、それらの金融機関に債券を購入するように命じたのだ。

戦後になって、銀行の融資対象である「戦略的」産業を戦前の軍需企業から戦後の外貨獲得能力のある輸出企業に転換させるのは、比較的容易なことだった。多くの場合、それらは以前と同じ企業で、単に軍需物資用の生産ラインを耐久消費財の大量生産向けに転換しただけだったからだ。それでも、当時の日本は貯蓄をすべて使い果たした極貧国だったため、そもそも融資する資金を確保すること自体が頭の痛い問題だった。

日本のように、国内の貯蓄額が不十分な中で開発費用を捻出する必要性に迫られた国々の大半は、海外からの直接投資に頼るはずだ。中国も鄧小平《とうしょうへい》が一九七八年に実権を掌握するとその方針を選択した。さらに言えば、アメリカも一九世紀に全米を網羅する鉄道網を構築する際には、英金融業界の中心地「シティー・オブ・ロンドン」で資金を調達している。

だが日本には経済の根幹部分を外国に支配されたくないという強い思いがあった。当初、日本の当局者たちの強固な意志を背後で支えたのは左派寄りのGHQ職員たちだった。占領が終了した後も、日本の当局者たちはこの方針を貫き、排外的な政策を強化したほどだった。だが貧しい国が海外からの直接投資に乗り気でないなら、経済成長を果たすには可能な限り節約を行ない、支出を合理化して貯蓄を殖やしていくしかない。

ここできわめて重要な役割を果たしたのが、池田勇人のような人々の創意工夫だった。彼らは財政金融システムの監督方針を通じて、日本の大手輸出企業が海外市場制覇のために必要な資金を辛抱強く捻出できるようにした。そのために、日本独特の構造的特徴を持つ金融システムを集中的に利用できるような融資調達のメカニズムを構築したのだ。これらの政策の多くは戦時中の資金調達方法を応用したものだった。一般家庭の貯蓄を預金受入れ金融機関に預けることを強く奨励し、それらの機関に政府の発行する金融商品を購入させるという手法もその一つだ。

国民に貯蓄を奨励するためにありとあらゆる手段が講じられた。一般世帯が子供の学費を払い、老後資金を蓄え、その上住宅を購入したければ家計を事細かに管理して定期的に貯金するしかなかった。一般的な企業では給与のほぼ三分の一が年に二度のボーナスとして支給されたが、これによって各家庭の主婦は給与の三分の二で家計をやりくりする方法を強制的に学ばされた。ボーナスシーズンには銀行や郵便局（実質的には大蔵省が資産運用を担当する大銀行と言っていい）から宣伝や広告が殺到して国民にボーナスを貯金するように勧誘した。当時は「マル優」などによって預金に対する利息は実質的に非課税であったが、住宅ローン減税の制度はまだできていなかった。(5)

それでも高度成長期の初期には、国民全体の貯蓄額は日本企業が海外市場に攻勢をかけるために必要な投資額を賄うほどの規模には達していなかった。不足分は金融政策と銀行の監督の組み合わせによって埋め合わされた。

日本の銀行は三つのグループに分かれていた。最初のグループは、いわゆる一三の「都市銀行」で、戦前の財閥系銀行に起源を持っていた。都市銀行はそれぞれ三大都市圏（東京と横浜を含む首都圏、大阪、京都、神戸を含む近畿圏、それに名古屋を中心とした中京圏）のうちの一つに本店を構え、社名に「住友」や「三菱」などと入っているグループ会社が必要とする設備投資の主要な資金源として機能した。これらの銀行はまた、多くの名の知れた大

(5) 占領時代の終了とほぼ同時に、大蔵省は一般世帯がまだ保有している株式資産を事実上強制的に売却させた。従わなければ大損害を被るので、保有者たちに選択肢はなかった。一九八〇年代になるまで、日本では株式市場はカジノ同然の危険な投資先と考えられていた。国民は稼いだ金を株式市場に投じる代わりにせっせと銀行や郵便局に貯金したのである。

企業が生産や商取引といった日常的な事業活動を行なう際に発生する「運転資金」も融資していた。二つ目のグループは、いわゆる「長期信用銀行」で、中でも当時最大で最も権威があったのが日本興業銀行だった。これらの銀行は、特定の企業グループに属していない日本鋼管や日産といった大手輸出企業のために設備資金を調達した。最後に、三つ目のグループが全国に六〇強あった地方銀行で、各都道府県庁所在地におけるトップ金融機関として地元企業に資金を調達した。

十分に発達した銀行制度を持つ国においては、銀行は預金全額を回せるほどの融資機会に恵まれないことがあるし、その反対もまた真である。[6] だが日本の高度成長期においては、都市銀行は恒常的な資金不足に悩まされていた。

だが都市銀行はどうして常に資金不足だったのだろうか？ 世界の銀行業界の常識では、留保資金と融資残高を事細かに管理して構造的な資金不足が発生しないようにするのが銀行の仕事のはずである。ところが日本では、融資が回収されることを計算に入れずに、短期融資が永続的に更改され続ける、「自動継続式《エバーグリーン》」の信用を供与していたのだ。銀行の貸し出し額が預金額を超えるこの状態は、和製英語で「オーバーローン」と呼ばれていた。銀行は発生した超過額を日本銀行からの直接の信用供与によって賄っていたのだ。

通常、中央銀行が銀行制度に新たな信用を注入するのは緊急時に限られているが、それでさえ大きな物議を醸すことは避けられない。後年、二〇〇八年の金融危機直後に米連邦準備制度理事会（FRB）が踏み切った「量的緩和」に世論が沸騰したことを見ても明らかだ。

とりわけ、自国通貨がまだ信用を得ていない国にとって、それがかなりのリスクを伴う行為であることは論を俟《ま》たない。当時の円はまだ、国際市場で交換可能な「ハードカレンシー（国際通貨）」や諸外国の外貨準備の相当量を占める「準備通貨」として認められていなかった。少なくとも高度成長期の初期において、これは日本が置かれた金融環境に対する適正な評価と言える。開発途上国の中央銀行による過度な信用創造は、通常はインフレを招いて自国通貨の価値の崩壊を引き起こし、中央銀行の意図に気づいた地元のエリート層はあわてて国内の金融商品を投げ売りし、海外のハードカレンシーと交換しようとするはずである。

ところが日本では、このやり方は功を奏した。当時の日本のリーダーたちが当てにできることが二つあったからだ。それは、資本規制で国外へのカネの移動が建前上は違法だったこと、そして実情を知る者が右記のような投げ売り行為に走ることは日本の社会的結束からして考えられなかったことの二つである。とはいえ、信用そのものは流動資産が生み出すキャッシュ・フローから発生したものではなかったために、この方策はリスクを伴った。なぜなら、信用はまだ存在しない事業資産の資金を調達するために、無から創造されたからだ。それらの資産は最終的に、資金調達のために創造された信用を裏付けるのに十分な収益を将来

（6）長期信用銀行三行は、預金の受け入れを行なわず、五年物と七年物の金融債（当時）を発行して資金を集めていた。これらの金融債の「市場」（厳密にそう呼べるかどうかは疑問だが）は大蔵省によって設定され、管理されていた。

的に生み出す必要があった。これだけを見ても、日本経済で予測可能性と競争の抑制が重要な理由は明白であろう。それは日本のエリート層が、自分たちが魔法のように無から生み出した信用が確実にその役割を果たせるようにするためだった。資金調達を受けた事業資産には、輸出依存型の日本経済のエンジンを動かし続けるのに十分なドル収益を輸出市場から稼いでもらう必要があった。日本人はこれを「自転車操業」と呼んだ。だが日本の政策エリートたちにはその自転車を転倒させずに高速で動かし続ける自信があった。彼らのその信念こそが、一〇年以内に「所得を倍増する」という池田首相の公約を裏で支えていたのだ。

官僚制

さて、ここに至ってようやく、高度成長期の中心的な調整機関として機能した官僚制の決定的な役割に触れることができる。日本の高度経済成長はそれなしにはありえなかったはずだが、この点を強調すれば、物議を醸すことになりかねない。新自由主義（ネオリベラリズム）はその思想的な根幹部分において、市場を「出し抜く」能力を持つ官僚機構の存在を真っ向から否定している。それが不可能であることは議論の余地がないという立場だ。その考えに従えば、官僚にできるのはせいぜい、全体主義的な政治体制の文脈において、スターリン政権下のソ連に近いタイプの粗雑な産業化を計画し実行する程度だろうということになる。だが、日本の官僚機構が調整機関として果たしてきた中心的役割を軽視したり否定したりしようとする議論は、再三言及されてきた事例に立ち返るしかない。たとえば、ソニーがトランジスタのプロトタイプの輸入に必要な外貨の割り当てを得るまでにどれだけ待たされたかとか、日本の自動車産業の統合を画策していた通産省の試みにホンダが反旗を翻したという逸話などである。こうした話を持ち出す意図は、官僚たちには市場を出し抜くほどの先見の明はないと強調することにある。

だが、これは的外れな指摘だ。奇跡的な経済成長で官僚が果たした中心的役割が絶えず過小評価されてきた理由は、思想的な先入観で説明できる部分が大きいかもしれない。だが日本の官僚制とその働きに関して誤解があることもその一因となっている。実際には、日本の「官僚制」は省庁を越えたところにまで広がっていたのだ。経済省庁でさえ、実際には「あれをしろ」「これをしろ」と直接的な指示を下すことはめったになかった。経済省庁は、大手企業だけでなく、政府組織の枠外にある日本経済団体連合会（経団連）や経済同友会といった民間の「官僚機構」と連携しながら機能していた。しかも、特に住友や三井のような企業グループは、お互いの株式を持ち合い、利益追求型の営利事業というよりははるかに官僚組織に近いやり方で機能していたのだ。これらの組織は「強欲と恐怖」（つまり、利益獲得機会と企業破綻の恐れ）に突き動かされているわけではなかった。何より、日本で一流の大企業が破綻することは事実上なかったし、「過度に」営利を追求する行為は社会的に疑問視されていたからだ。それよりむしろ、これらの企業は自らがその一部である社会・政治的システムから生じた期待に応えようとしていたのである。その点ではどこの官僚組織とも変わらなかった。

総体としての日本の官僚エリートは、個人の単なる集合を超えたある種の「集団意識」あるいは「群知能」のような行動様式を示すようになっていた。彼らは特定の産業に狙いを定めると優れた企業に白羽の矢を立て、海外市場に進出させるために「群れ」を成して支援した。確かに、時には主流派に反する行動に出る企業もあった（有名なところでは前述したソニーとホンダの例がある）。さらに、どの業界を支援するかについても争いが起きることがあった（最大の論争は自動車業界をめぐるものだった）が、通常は不協和音が生じることはめったになかった。標的にすべき業界は明白であるように思えたからだ。通常は日本にとって「必要不可欠」で決定的に重要な意味を持つ「川上」産業（たとえば鉄鋼や工作機械など）、固定費が高価で参入障壁が高い産業（地ならし機や複雑な家電製品など）、あるいはそのどちらの要素も併せ持つ産業（半導体など）が選ばれた。固定費が高価な業界では、長期戦を戦うことを可能にした日本の資金調達方法と雇用慣行が勝負を分けた。日本企業は海外で突出した市場シェアを獲得するまで損失を出し続けることができたからだ。海外の競合企業は着実な利益成長を実現するよう金融市場から圧力を受けており、日本企業と張り合うために損失を受け入れるくらいなら市場を明け渡す方を選んだ。しかも日本企業が地歩を固めた後は、参入障壁の高さが新たな競合の登場を阻んだのである。

よく知られているように、圧倒的な力を見せつけた日本経済は、その集合的な性質から「日本株式会社」と呼ばれるようになった。これは日本が資本主義経済よりも社会主義経済に近いことを示唆しており、事実、世界史上最も成功した社会主義経済と呼ばれたこともあった。企業経営がほとんど市場の力に左右されなかったという意味では、この呼称は一見もっともらしく思われる。確かに、各企業の名目上の「オーナー」たちは経営上の決定に対してほとんど発言権がなく、本章で見てきたように主要な相場（特に金融と労働）に関しては市場の影響を免れていた。しかし、日本経済に社会主義というレッテルを貼ったところで、結局はそれが実際にどう機能しているか理解する役には立たない。それは、日本経済が成功しているからという理由で、きっと標準的な市場資本主義経済に違いないと思い込むようなものだ。レーニン主義的な計画経済の指導者層と違って、日本の経済エリートたちは市場での動きにきわめて敏感に反応した。各企業は機会を求めて研ぎ澄まされた感覚を駆使し、「群知能」の隠喩を用いるなら、食料源を探し求める蜂や蟻のように群れを成して巣を飛び立っていったのである。資金調達の方法から考えても、特に高度成長期の初期には、日本企業に多くのミスを犯すゆとりはなかった。そのため、海外市場に進出する前には、考えられる限りのあらゆる技術的情報や市場データが収集された。日本経済を代表する企業（あるいは複数の企業）が保護された国内市場の「予選」を勝ち抜き、どの業界でなら日本が海外市場を制覇できるか「集合的な決定」が行なわれるまで攻勢が開始されることは決してなかったのだ。

日本が他の主要先進経済と肩を並べるようになると、このシステムの快進撃にも衰えが見え始めた。それが起きた時点で、次にどの産業を標的にすべきかもはや明白ではなくなってしまったからだ（「日本株式会社」が最後に標的とした国外の主要産業がメインフレーム・コンピューターだったことには、重要な意味がある。日本企業は、一九八〇年代前半にIBMに対抗しようとしたが、コンピューター業界の土台を揺るがすような大変動が起きつつあることにまったく気づいていなかったのだ）。さらに、他の国々も日本の戦略を学習するようになっていた。中でも日本の経済的手法を最も丹念に模倣したのがおそらく韓国だった。韓国を代表する大企業で家電メーカーのサムスン電子を擁するサムスングループは本書を執筆している時点で、日本の家電業界トップ一〇社を合わせたよりも多くの利益を上げている。[7]

だがそれはまだしばらく先の話である。高度成長期の間、日本の官僚システムの集合的な「群知能」は、次から次へと様々な業界で支配的地位を確立していった。その中には、繊維、造船、鉄鋼、ラジオ、カラーテレビ、地ならし機、オートバイ、フィルム、工作機械、カメラ、時計、ファックス機、プリンタ、複写機、それに言うまでもなくバイクと自動車も含まれていた。その結果、日本は世界の先進工業国の第一線に躍り出た。一九六八年には、池田首相の公約より二年も早く、国民一人当たり所得が一九六〇年の倍に達し、日本は世界第二の経済大国となったのである。

「現実《リアリティ》の管理」

一方、日本の他の制度や組織も様々な形で高度成長期に貢献した。たとえば、警察は日本の都市部で暴力犯罪のない環境を維持するのに力があった(その際、手に負えない不良たちの手綱を締めて街の治安を悪化させないように、反社会的組織と暗黙の協力関係を結ぶこともあった。その一方で、売春や賭博といった厳密には違法だが根絶することが不可能な商売を続けることを黙認したのだ)。それ以外にも、いわゆる「新宗教」は、当時普及しつつあった大企業のサラリーマン文化から爪弾きにされ、帰属感を求めていた都市部の下級中流層を吸収する役割を果たした。だが、そうした中で最も重要な役割を演じたのが、カレル・ヴァン・ウォルフレンが「リアリティの管理」と名付けた行動様式だった。

「リアリティの管理」は一連の制度や慣習で構成されている。社会規範の枠内で行動する者は誰でもそれらに従うことで、予測可能な行動を取ることが期待されていた。たとえば、最たる例が職場における勤務時間だ。表向きは誰もが八時間勤務であり、残業が必要な場合は企業が社員に超過勤務手当を支給しなくてはならない。確かに午後六時になると空調が止まり、オフィスビルや工場への入口も閉められる。清掃スタッフが夕方の掃除を始め、ごく少人数の夜間警備員が出勤してくる。地下鉄、バス、電車などの本数も少なくなる。それにもかかわらず、職場ではまだ誰も(少なくとも男性社員は)帰宅していない。社内にはまだ明かりが皓々《こうこう》と灯っており、社員たちは午後九時頃まで黙々と仕事に励む。それも

(7) もっとも、同グループが国内市場を独占している造船や鉄鋼といった分野の利益がそのかなりの部分を占めていることも確かである。

ごく普通の日のことで、仕事が多い日には深夜〇時かそれよりもっと遅くなる。午後一〇時を過ぎるとビルの横の小さな扉からは、帰宅する社員たちがぞろぞろと吐き出されてくる。地下鉄は翌朝の通勤ラッシュ時よりも夜の遅い時間の方が混雑することさえある。確かに、日本経済が猛烈な勢いで高度成長を遂げていた頃と比べれば、現在はそういう光景を見掛けることは少なくなった。だが当時は誰もが通常の平日勤務は約一二時間続き、年度末などの繁忙期にはさらに長時間労働になることを「了解」していた。たとえ勤怠管理上は八時間として処理されていたとしても、その「現実」に変わりはなかったのである。

もちろん長時間労働は日本人だけの専売特許ではない。ウォール街やシリコンバレーで一旗上げようと考える者に午後五時で帰宅する者などいないだろう。だがこれらの場所では、長時間労働は公然と認められているし、それにふさわしい手厚い報酬も約束されている。一方、日本では入念に構築された虚構《フィクション》によって「現実の管理《リアリティ》」が行なわれていたのだ。しかも重要なのは、その虚構が企業の勤怠管理や労働省（当時）への報告や同省が発表する白書などによって裏付けられ、強化されていたことだった。つまり、ほぼ全員が表向きは週に四〇時間を超過する労働を行なっていないことにされていたのである。たとえ残業が発生しても、ほとんどの社員は会社に余計な負担をかけない「サービス残業」として受け入れていた。

こうした現象は日本の至る所で目にすることができた。日本の組織内では、明らかに無能な人間であっても解雇されることはない。周囲の誰もがその社員が要注意人物であることを言外に「了解」しており、重要な仕事が割り振られた際には、半ば当然のように誰かが入念にチェックしたり、その仕事を代行したりする。それでも、その社員が仕事の適性を欠いていることが公に示唆されることは決してないのである。日本の貿易交渉担当者は、公的な関税率の低さを盾にして自国市場は誰にでも開放されていると定期的に主張していた。だが各企業側は輸入をしてはならないことを暗黙に「了解」しており、もしそれを「失念」するようなことがあれば、関連する業界団体がすぐに思い出させる仕組みになっていた。事情を知らずに当時の国会審議を聞いていた者は、さも公共政策が国会の議論を経て決定されているかのような印象を受けたかもしれない。だが質問をする側の政治家もそれに回答する政治家のどちらも、実は官僚が書いた文章を読み上げているにすぎなかった。だからと言って、大臣が国会の審議を欠席するのは、企業幹部が取締役会を欠席するのと同じくらいあってはならないことだった。だが、どちらの場合にも共通して言えるのは、何を議論しようとすでに結論は出ていることをそこにいる誰もが知っていたということだ。

　ある意味では、日本で成功できるかどうかは、こうした矛盾を矛盾と思わない能力があるかどうかにかかっていると言っても過言ではない。あるいは、言葉による説明がなくともどんな状況でもいかに振る舞うべきか判断できる能力と言ってもいい。言うまでもなく、これも過去から受け継がれた「日本文化」の特徴の一つである。数世紀前の政治体制においては、権力者の公の立場は「現実《リアリティ》」とは著しく懸け離れていたからだ。その結果当然ながら、そこからは（またしても）こうした状況に対応するための新たな語彙が生まれた。「建前」（誰もが口先だけ同意している「作られた現実」）と「本音」（実際に起きていること）の違いについては既に見てきたとおりだ。口にされない現実にすぐに気づいて対応できない者は「空気が読めない」か「理屈っぽい」と非難されることになる。これらは日本語では決して褒め言葉ではない。

日本の権力者層は、文化的な慣習のおかげで、国民が言われなくても望み通りに行動してくれることを期待できた。だがその一方で、何らかの手段を用いて「暗黙の現実《リアリティ》」を国民に広く理解してもらう必要もあった。その中で最も重要な役割を果たしたのが大手新聞社、テレビ局、そして広告業界だった。

日本で情報とその解釈の仕方がどう支配されていたかは、経済を支配するやり方と比べるとよくわかる。キューバやソ連における状況と異なり、日本では新規事業の立ち上げは禁じられていなかった。新技術を考案した新進起業家が自分の発明を市場に出すことを妨げるものは何もなかったのである。だが現実のシステムは、あらゆる場面で既存の大企業や商社に身を委ねるように圧力をかけてくる。誰の指図も受けたくないと思っても、資金調達ができないとか、潜在的な顧客に面会さえしてもらえないという壁に行く手を阻まれる。ところが、本人が「暗黙のリアリティ」にようやく気づき、大企業の系列傘下で下請けの地位に甘んじることにした途端、市場開拓や資金調達の道がいとも簡単に開かれるのだ。言うまでもなく、その代償は自立を断念することにあった。

ソニーや京セラのような「異端児」の存在は、かえって破られたルールを目に見えやすくしている。これらの企業はまず海外で実績を上げなければ、日本経済の支配者層に受け入れられなかったからだ。だが、ここで重視すべきなのは、それから数十年を経るうちに、そうした例外的な企業が次第に数を減らしていったことだ。IT革命の流れに乗って世界的な名声と莫大な利益を得たアップル、シスコ、マイクロソフト、インテル、グーグル、フェイスブックといった企業が日本で誕生することはついになかったのである（ソフトバンクや楽天といった企業の台頭に関しては第8章で取り上げる）。

同様の力学は、思想や情報の世界においても働いていた。世間が認める虚構を否定するような発言をしたり、文章を書いたりしたという理由で逮捕される者は誰もいなかった。(8) だがその結果、間違いなく社会から無視されたり、主流派から蚊帳の外に置かれたりすることになるのだ。ニュースの流れを支配する「記者クラブ」は、政治家、官公庁、警察といった主要な情報源を取材対象とする記者たちで構成される「カルテル」にほかならない。記者クラブへの入会は大手報道機関の記者にしか許されておらず、「暗黙の了解」に反する形で特定のニュースを報道するようなことがあれば、記者と新聞社の双方ともクラブを出入り禁止になり、スクープ情報にありつけなくなる可能性がある。大手各紙の経済面や政治面の主要記

(8) この状況は、二〇一三年一二月に国会で強行採決された新しい法律によって一変する可能性がある。いわゆる「特定秘密保護法」は、表向きは日本の安全保障に関する機密情報の保護を目的としている。しかし実際には、政府が隠しておきたいどんな情報でも外部に漏らした人間は、ジャーナリストも含めて基本的に好きなように逮捕・投獄できる権限を政府に付与するものとなっている。

事がどれも瓜二つに見えるのはそのためだ。ある日突然、あらゆる報道機関が特定の政治家や財界指導者にハイエナの群れのように一斉に襲い掛かる理由もこのシステムで説明できる。どの社も問題の人物に関する報道が解禁されるまではニュースにすることを自粛しているからだ。ゴーサインを意味する情報は通常、検察庁から関連する記者クラブを通じてリークされ、その結果誰もが待ってましたとばかりに飛びつくわけである。

このシステムでは、原則として何がニュースでどう報道されるべきかを決定しているのは大手新聞社と「公共放送」のNHKであった。一方、テレビの連続ドラマや人気映画は、中間層世帯に対して家庭や職場や学校で守るべき「暗黙の行動規範」を暗に広める役割を果たしてきた。その中では家族崩壊、学校のいじめ、企業内の不正行為、不倫などの性的逸脱行為を娯楽的視点からとはいえ、かなり生々しく描写することさえ許されていたが、最終的には誰かが家族、学校、職場に対する「責任」を果たそうとしなかったことが不幸を招いたという筋書きになっていた。そこでは、主婦が夫や子供たちを顧みなかったこと、男性社員が職務怠慢だったこと、生徒が学業を怠ったことなどがこうした不祥事の原因となったことが明確に示されていた。もちろん、日本以外の国々でも似たような現象はあった。たとえば、一九五〇年代のアメリカのテレビ番組に本当の意味で反体制的な内容を見つけるのは不可能に近かっただろう。だがその一方で、同じ五〇年代にアメリカを席巻した「ビート世代」からは、社会の常識や道徳に反抗する文化が生まれていたのだ。これに類するものは当時の日本にはまったく見当たらなかった。ビート世代の影響は、一九六〇年代以降にボブ・ディランの音楽、映画の『卒業』、テレビのコメディー番組『ローワンとマーティンのラーフ・イン』などを生み出した。これらはいずれも、アメリカ社会における重要な政治制度を真っ向から批判するものばかりだった。もちろん日本にも反体制派はいたし、同時代の政治体制に大きな不満を持つ者もいた。だが不満分子を社会に不要な者として主流から退け、彼らの抗議行動を無害な儀式として矮小化してしまうプロセスは、日本ではアメリカ、イギリス、ドイツなどと比べてずっと効果的に機能してきたといっていい。

日本の大衆文化においては、企業、学校、それに警察といった体制派の公的組織は、本質的に善意に満ちた存在として描かれる傾向があった。そのため、組織が何らかの不正を働いても、必然的に一部の「倫理観の低い人間」の責任に帰せられてしまうのである。ジャニーズ事務所をはじめとする強力な芸能プロダクションは、愛らしい「アイドル」たちをまるで工場のように次々に大量生産していった。これらの少年少女たちは、リズム感のある曲を時にはロパクで歌ったり踊ったりしながら、テレビで二、三年ほど活躍するのが常だった。そして、無害で未成熟な性的魅力を振りまいた後、「さよならコンサート」を開いて「普通の女の子（あるいは男の子）」に戻っていったのである。(9)

主流派メディアはまた、広告界の巨人・電通が圧倒的影響力を誇る日本の寡占的な広告業

(9) 時折、優れた才能を示したアイドルが成人してから芸能界に復帰することがあるが、通常は歌手ではなく俳優として活動を再開することが多い。

界によって、和を乱すような行動を取らないように抑えつけられてきた。電通は単独の広告会社としては世界最大の規模を誇り、高度成長期には日本国内の広告費の五分の一から三分の一を荒稼ぎしていた。終戦直後の時代には、電通を現在のようなマンモス企業に育て上げた四代目社長吉田秀雄《よしだひでお》が、植民地時代の満州で活躍した人々を大量に採用したため、電通本社があった旧電通ビルは「第二満鉄ビル」と呼ばれたほどだった。吉田が採用した人材の多くは、戦時中のプロパガンダ作りにかかわった官僚組織で中心的な役割を担い、中には東京憲兵隊特高課（戦時中の思想警察）の課長を務めた人物までいた。これに感謝した日本政府は、吉田の貢献に報いるために、電通がメディア界を支配するために必要とした政治的保護と優遇措置を与えたのである。

こうして「リアリティの管理」は、最も鈍感な者（あるいは「非日本的」な者と言ってもいいが）を除く国民全員に、どこまでの行為が許容範囲なのか線引きをする手助けをしたのである。もちろん、同様の力学は日本以外の国々でも働いている。ジョージ・オーウェルはかつて次のように指摘した。「いついかなるときにも、正統的教義《オーソドクシー》というものがある。それは、正しい思考の持ち主であれば疑いをはさむことなく受け入れるはずだとされている観念の束である。厳密には、あれこれのことを言ってはならない、と禁じられているわけではないが……それを言うことは『差し障り』があるのだ。世間に広まっているこの正統的教義《オーソドクシー》に挑んだりしようものなら、その人は驚くほど効果的に口を封じられてしまうことを思い知る」（『動物農場《どうぶつのうじょう》——おとぎばなし』「付録1　出版の自由」川端康雄訳、岩波書店、二〇〇九年、一八四頁〕。その一方で、オーウェルの言葉を借用するなら、日本のエリートたちほど効率的に「正統性」の線引きをしたり、露骨な強制に頼ることなく異なる意見を封じたりしてきた権力者層は、おそらく世界でも類を見ないだろう。さらに驚くべきことは、正統性の内容の多くは決して明示されていなかった点だ。それはまさに「空気」の中にしか存在しなかったのである。

第6章　成長の成果と弊害

図6　東寺境内から望んだ京都タワー。（写真提供：フォトライブラリー）

一九八〇年代半ばまでには、「高度経済成長を支える諸制度」はそれらを設計した本人たちの期待をはるかに超える成功を収めていた。一九六六年までには経常赤字を解消し、日本はついに国際収支の制約から解放された。一九六八年には西ドイツを抜き、「資本主義陣営」で世界第二の経済大国に躍り出る。石油輸出国機構（ＯＰＥＣ）の原油価格引き上げによる第一次オイルショックと一九七三年から七五年にかけて景気後退が起きた時には、日本も深刻な打撃を受けたかに見えたが、他の先進諸国よりもはるかに急速な回復を遂げて世界を驚かせた。一九七六年までには、アメリカ、イギリス、フランスの理解を超えるレベルにまでインフレと失業率を低下させ、各国から嫉妬の声が上がったほどだった。さらに日本は、一九七九年のイラン革命に端を発した原油価格上昇による第二次オイルショックも克服し、一九八〇年代に入って間もなく、事実上すべての重要な産業分野で他国より優位か同等の地位を確立した。その時点で、もはや制覇していない重要な分野はコンピューター業界だけとなった。徳川幕府が倒れて以来、日本の権力者層が夢見てきたのは、外国の思惑に気兼ねせずに政治的・経済的な目標を策定できるレベルにまで海外への依存度を減少させることだったが、その願いについに手が届くところまで来たように思えた。日本が海外に頼っていたのは、もはや一次産品と日本政府が政治的な理由から手を付けないことにしていた民間航空機などの製品だけだった。確かに、日本はいまだに決定的に重要なシーレーンの保護をアメリカ軍に依存していたし、明らかに衰退しつつあるとはいえ、依然として大きな脅威であるソ連への抑止力としてもその存在を必要としていた。だが、日本は今やアメリカの対外赤字と財政赤字を支える最大の海外出資国となっていた。いわゆる「レーガン革命」でアメリカが増税を行なわずに急激に軍備増強を進めることが可能だったのは、その費用の大半が日本の資金で賄われていたためである。最終的にソ連が軍拡競争でアメリカに勝つことを断念したのは、この軍備増強のおかげだった。一方、日本は官僚機構内の一つかそれ以上の勢力に物理的強制力を持たせるリスクを冒すことなく、費用を負担するだけで自国の安全保障を確保できたのである。

それが可能だったのは、とどのつまり、高度経済成長を支える諸制度が期待通りの働きをしたからだった。日本の官僚システムの「群知能」は、制覇の対象とすべき産業を特定し、標的に照準を合わせることにかけては、めったにミスを犯さなかった。選び抜かれた日本企業は次々に海外市場で成功を収めた。それは長期的視野に立った資金計画のおかげであると同時に、高度な教育を受け、業界を制覇するためならどんな苦労もいとわないように訓練された社員たちがいたからでもあった。社員たちにはほとんど無制限に思える負荷が課せられる一方で、経済的安定は自動的に確保された。困窮する者は一人としておらず、ルールを守りさえすれば人並みの中流生活を保障されたのである。一方、彼らが狭苦しい居住空間で暮らし、満員電車で長時間通勤を強いられ、ほとんどかまったく長期休暇を取れない生活を送っていたことも確かだった。だがその反面、国民皆保険制度のおかげで誰もが低コストで医療サービスを受けられたし、日本語の書き言葉は世界で最も複雑な文字体系の一つであるにもかかわらず、国民は義務教育によってきわめて高い識字率を達成した。しかも暴力犯罪はほぼ皆無と言ってよかった。

代償

だが、これには様々な代償が伴った。たとえば恐るべき産業公害もその一つだったが、それ自体は対応可能であり、必要な対策が講じられた。一九五〇年代後半には、東京と大阪の大気の状態は世界最悪のレベルに達していた。だがその後二〇年間の汚染対策で状況はすっかり改善している。その一方で、さらに厄介な問題もいくつか浮上していた。

そのうち最も深刻な問題の一つは、芸術や文学の世界だけでなく、もっと広範な意味での日本文化で劣化と荒廃が進んでいることだった。これは産業公害などと比べて目に見えにくく、しかも元の状態に戻すことがはるかに困難なのだが、きわめて人目を引く例が少なくとも一つはあった。それは京都の景観を損なう白い円筒状の異物という具体的な形を取って目の前に現れた。京都は一五世紀後半に一度、応仁の乱によって焦土と化したが、秀吉や徳川幕府の歴代将軍が復興に多大の努力を費やしたためにかつて以上の栄光を取り戻した。その裏には支配の正統性を示したいという政治的な思惑があったかもしれないが、そのおかげで人類文明の最も貴重な遺産の一つが後世に残されることになったのだ。京都は戦前の産業化による荒廃を総じて免れることができた。そしてアメリカのフランクリン・D・ルーズベルト大統領も、京都の建築物と文化遺産がいかに貴重であるかという指摘に耳を傾け、空襲で破壊することを思いとどまったのである。

しかし、アメリカ軍が阻止されていたことを高度成長期の諸制度が代わりにやってのけた。最初にその兆候が現れたのは、一九六四年に派手なだけで醜悪な「京都タワー」が建てられた時だった。京都の街並みは傾斜した屋根が見渡す限り続き、ところどころ優美な五重塔や寺院の門で途切れているだけで、素晴らしく均整の取れた景観を形作っていたのだが、この新たな建造物はそれをすっかり台無しにしてしまったのだ。それをきっかけに、もはや破壊行為に歯止めは利かなくなった。何ブロックにもわたって続く美しい町屋や商家は次々に取り壊され、近代建築の粋を凝らしたとは言い難い醜悪で凡庸なビルや、現代日本の都会ではありふれた光景となった電信柱と絡み合う電線の束に取って代わられた。美的感覚と歴史を重視する人々や大寺院の僧侶などは猛烈な反対の声を上げたが、彼らの抗議は一顧だにされなかった。相続税の無慈悲な現実が、所有者たちに由緒ある家屋を手放すことを強いたのである。市当局はもっぱら建築物の「価格」だけを見て、「価値」を測ろうとしなかった。そのため、庭園や美しい町屋を取り壊して、地味なオフィスビルや特徴のないマンションに建て替えた方が資産価値は高まるという判断が優先されたのである。その一方で、有名な寺院は進行中の破壊の対象から外され、ユネスコから「世界遺産」に登録された複数の場所と限られた周辺地域が何とか特別な保存対象に指定されたことは不幸中の幸いだった。これらの場所に行くと、少なくとも一九六〇年代前半までは京都に残っていた風情がいまだに感じ取れる。だが京都らしさを形作っていた素地は回復不能なまでに破壊されてしまった。京都に対して行なわれた行為は、美しい女性の顔に酸をかけるような暴挙である。現在もかつての「美貌」の面影はかろうじて残っているものの、もはや見るのも忍びない。

ある意味で、京都に起きたことは高度成長期に日本全体に起こったことの縮図でもあった。犠牲となったのは、この国の自然と歴史的・文化的遺産の双方である。かつて信じられないほどの美しさを誇った国土の広大な面積が修復不可能なまでに損なわれてしまったのだ。森林は次々に伐採され、その跡地には杉が大量に植林されて景色はすっかり単調になった。海岸線の半分以上は巨大なコンクリート製のテトラポッドにおおわれ、もはや原形をとどめていない。あらゆる大きさのあらゆる河川は途中で何度もダムや堰堤でせき止められ、河岸もコンクリートで固められている。自然はまるで特撮映画の怪獣が暴れ回ったかのように徹底的に破壊された。実際に、日本のSFアニメの舞台として描かれる不気味で悪夢じみた世界の背景画には、現代日本に特徴的な無秩序で無様に広がる都市景観がそのまま使われることが多い。

歌舞伎、能、水墨画、華道、茶道、造園といった日本の伝統芸能は、すべて現代まで生き残っていたし、村落や近隣住民によって開かれる祭りや民謡、それに職人が作った民芸品（一般民衆の日常生活品）などに表れた歴史的な庶民文化も同様だった。だが高度成長が本格化すると一般国民はテレビ、歌謡曲、野球といった新たな大衆文化に夢中になり、伝統的な民俗芸能は一世紀ほど前に欧米の訪問者たちを感激させた自然なおおらかさをあらかた失ってしまった。

一方、戦後日本が世界の主流になるような文化的貢献を行なったのは、高度成長期が始まるより前の時代であることがほとんどだった。終戦直後の二〇年間に、日本の映画監督たちは世界映画史上でも最高傑作に数えられるような作品を次々に発表していたのだ。その中には、小津安二郎《おづやすじろう》の『東京物語』と『早春』、溝口健二《みぞぐちけんじ》の『西鶴一代女』と『山椒大夫』、黒澤明の『七人の侍』と『天国と地獄』などがあった。また、文学の世界では、三島由紀夫《みしまゆきお》の『仮面の告白』（一九四九年）、太宰治《だざいおさむ》の『人間失格』（一九四八年）、川端康成《かわばたやすなり》の『雪国』（一九四八年）、そして谷崎潤一郎《たにざきじゅんいちろう》の『鍵』（一九五六年）などが発表された。いずれの小説も終戦直後の混乱期に社会から孤立した人物を主人公として登場させ、自己破壊的な性的執着に取り付かれていく様子を描いていた。だが暗くて悲惨と言っていいような内容にもかかわらず、これらの小説がいずれも高い評価を得ていたことは間違いなかった。中でも川端は主に『雪国』が海外で高く評価されたおかげで、一九六八年にノーベル文学賞を受賞している。

だが、大企業のサラリーマンの規範が日本社会の隅々にまで広められていくにつれ、人間のありようを問う鋭い考察は次第に脇へ押しやられていった。その代わりに、芸術というよりは仕事や社会的なプレッシャーを忘れさせてくれ、見ると元気になる（あるいは頭を使わなくてすむ）娯楽が求められるようになったのである。

野球とサラリーマン文化の登場

サラリーマンの毎日は、仕事中心の生活に時間と精神的なエネルギーの大半を使い果たすことで過ぎていった。日本のビジネス文化で許容される狭い規定の範囲内で服装を選び（冬は黒っぽい紺色かグレーのスーツと白いワイシャツにネクタイ、蒸し暑い夏の間の数ヵ月は半袖シャツとスラックスにネクタイ）、満員電車に揺られながら長時間通勤を行ない、どんな業界や企業であろうと同じように仕切りのないオープンなオフィスで働くのだ。社内の席の配置は、そのまま会社の組織図を反映していた。六席から八席のデスクが向かい合う形で縦に並び、地位が上になるほど入り口から離れたグループの上座に席が置かれていた。席順はまるで軍人の肩章のように、地位を如実に物語っていた。

サラリーマンが深夜零時前に帰宅するのはまれだった。残業のない日の夕方は、もっぱら同僚と飲みに出掛けたからだ。彼らは主に同じチーム内の男性たちに精神的な支えと人間的なつながりを求めたのである。たとえ本人にその気がなくても、誰もがそれが本心であるかのように振る舞うことが期待されていた。サラリーマンの大半はある時点で結婚する（既婚者であることは、中間管理職以上に昇進するための暗黙の条件の一つだった）が、彼らが妻と顔を合わせるのは深夜以降か、社内の付き合いがない週末、あるいはある程度昇進した者にとっては顧客や納入業者とのゴルフの約束がない週末くらいしかなかった。高度成長期には「恋愛結婚」は次第に珍しくなくなりつつあった。だが新郎新婦がお互いのことをほとんど知らないまま結婚式当日を迎える、昔ながらの「見合い結婚」も依然として少なくなかった。だが起きている時間と精神的エネルギーのほとんどを職場で費やすサラリーマンにとっては、たとえ最初は愛のある結婚であってもやがて恋愛感情が冷めてしまうのはよくあることだった。こうしてサラリーマンの多くは性的満足を妻からではなく、同僚と行動を共にしている時に求めるようになったのである。高度成長期には夕方になると、東京の新宿や大阪の難波といった繁華街の通りは決まってよろめき歩くサラリーマンの集団で埋め尽くされた。彼らが一斉に目指したのは客との性行為が行なわれる「トルコ（トルコ風呂）」（その後、在日トルコ大使館などの抗議を受けて「ソープランド」と改名された）や、女性店員がテーブルの下でオーラルセックスを主とした性的サービスを提供する怪しげな風俗店だった。日本初の女性議員たちによる活発な反対運動もあって、一九五六年には売春禁止法が成立していた。江戸時代には遊女屋が集まる遊郭があった吉原は「赤線」として生き残っていたが、同法の施行によって見せしめのように廃止された。だがこの例外を除けば、売春禁止法は、オーラルセックスやアナルセックスを禁じるアメリカの法律（一部の州で実際に存在した）と同程度の実効性しか持たないザル法であり、お世辞にも厳格に施行されてきたとは言えなかった。

一方、一九六〇年代から七〇年代にかけてサラリーマン文化が全盛期を迎えた時でさえ、本当の意味で「サラリーマン」（つまり、経営の安定した大企業で「終身雇用」に守られたホワイトカラー社員）と言えるのは日本人男性の三分の一程度にすぎなかった。それでも、サラリーマンの規範は日本社会に広く行き渡り、ブルーカラー労働者層や経営が必ずしも安定していない中小企業に勤めるホワイトカラー層に対しても大きな影響力を及ぼしていた。大企業でブルーカラーの仕事に就く者には、ホワイトカラーの同僚たちと同じ雇用条件や報酬体系が適用された。一方、中小企業の場合も、従業員に大企業の社員と同じような行動と服装規定を強いることでしか外見的な信頼性を確保できなかったのである。

サラリーマン文化を日本社会に広めるに当たっては、アメリカから持ち込まれたあるスポーツが中心的な役割を果たした。野球である。野球が初めて日本に紹介されたのは明治時代のことで、後に東京大学の母体の一つとなる一流校で教えられてから全国に広まった。野球は日本で行なわれた最初の団体競技《チームスポーツ》で（伝統的な日本のスポーツは相撲、柔道、剣道のような個人競技ばかりだった）、普及以来、どの競技よりもはるかに高い人気を誇ってきた。野球は不思議なくらい日本人の気性によく合った。バスケットボールやサッカーのように選手が絶え間なく動き続け、比較的単純な戦略（戦術面では複雑な動きをすることもあるが）でプレーされる団体競技と違って、野球は打者がバッターボックスに立つとプレーが始まり、アウトになれば一旦中止され、それが試合終了まで繰り返される。しかも試合中のどんな場面でも、きわめて複雑な状況分析に基づく意思決定が行なわれているのだ。その結果、試合を行なっているチーム内だけでなく、観客たちもあらゆる決定の成否に関して激しい議論を戦わせ、誰もが納得するような結論には容易に至らない。つまり、野球の試合のリズムは、まさに日本的な組織内で展開される仕事のリズムを反映し、体現していたのだ。そのため、高度成長期に人気が高まると、それはサラリーマン文化の象徴の極致と化したのである。

サラリーマンの規範を普及させたという点では、テレビ、スポーツ新聞などの大衆紙、それに漫画（子供よりも大人の読者層を想定し、かなりどぎつい内容のものも少なくない）も野球と同程度に重要な貢献をしてきた可能性がある。だが野球とメディアの間に明確な線引きができるかどうかは微妙なところだ。なぜなら、日本の野球界とサラリーマンやサラリーマン予備軍のために世の中を説明しているメディアの相当部分は、それ自体が一つの巨大官僚組織とも言うべき大企業の支配下にあるからである。

その巨大官僚組織こそ「読売グループ」という日本最大のメディア帝国だった。前章で見てきたように、広告代理店の電通は、高度成長期に日本人全体を同じ目標に向かって協力させる「リアリティの管理」において決定的に重要な役割を果たした。だが読売グループの重要性は電通さえ上回っていたかもしれない。同グループの傘下には日本で最大の発行部数（世界最大でもある）を誇る読売新聞、大手テレビ局、それにスポーツ紙や高級週刊誌などの紙媒体、不動産会社、交響楽団、遊園地があり、それ以外にも多くの中小企業が含まれていた。だが同グループにとって最も重要な事業こそ、高度成長期に野球界の頂点に君臨した読売巨人軍（ジャイアンツ）だった。海外で似たような存在と言えば、米メジャーリーグ（MLB）のニューヨーク・ヤンキースや英プレミアリーグのマンチェスター・ユナイテッドが考えられるが、これらのチームでさえ、それぞれの国の国民的スポーツで同レベルの覇権を確立してはいなかった。日本でプロ野球シーズンが始まると、テレビはほとんど二四時間巨人戦の中継を続けているかのような様相を呈した。もちろん、実際にはそんなことはないのだが、スポーツ紙は連日膨大な紙面を割いて、巨人戦の結果と順位の上下を報道し続けたのである。

日本の野球のルールは原則的にアメリカと同じであるため、アメリカ人の野球ファンが日本で試合を観戦してもとまどうことはほとんどないはずだ（おそらく最大の違いは、日本の試合には「引き分け」があることだろう）。しかし、企業や政治と同様、本当の違いは見た目ではなく「中身」にあった。

メジャーリーグが生み出した個性的なアメリカ文化のヒーローたち（ベーブ・ルース、ウィリー・メイズ、サンディ・コーファックス、ジョー・ディマジオなど）と違って、高度成長期における日本野球界のスーパースター、長嶋茂雄《ながしましげお》と王貞治《おうさだはる》の二人は典型的なチームプレイヤーだった。彼らは読売巨人軍という一チームに全霊を捧げ、契約更改では決してごねたりせず、常に提示された金額で一発サインした。日本の野球の練習は個人の技術を向上させることより、全般的な努力や忍耐を重視する傾向があり、その結果、才能のある選手に体を酷使させすぎて選手生命を縮めたと監督が非難されることとさえあった。だが、このやり方はそのまま日本企業における人材育成の中核原理を反映していた。それは、目に見える努力とチームワークがあってこそ、障害は克服されるものであるという原理だった。日本企業が海外の競争相手に勝るのは、優れたチームワークと社員の無私無欲の労働倫理、つまり日本人の好きな言葉を借りれば「根性」と「ガッツ」にほかならないというわけだ。

日本の実業界や官公庁でトップレベルの組織に入るには、大学の入試に合格するまで苦痛に満ちた受験勉強を重ねなければならない。それと同じように、日本のプロ野球へ進む道も苦難に満ちていた。小学校から中学や高校のチームを経て、最終的には神戸近くの阪神甲子園球場で行なわれる高校野球の全国大会まで勝ち進まねばならないのだ。この「甲子園大会」には、今でもある種の神聖なオーラが漂っている。他のどんな「アマチュア」のスポーツイベントにも太刀打ちできない国民的関心と情熱をかき立てるのだ。アメリカでこれに最も近い例を挙げるなら、カレッジフットボールの上位校が激突する「ローズボウル」や「シュガーボウル」のようなボウル・ゲームであろうか。だがアメリカでは勝者のチームと最も優秀なプレイヤーたちが称賛を浴びるのに対し、日本では敗者の側により大きな注目が集まることが少なくない。敗れたチームの少年たちは、最後まで全力を振り絞って戦い、チームへの献身と努力を惜しまない。そんな彼らがテレビ画面で涙を流す姿に、毎年何百万人もの国民が胸を打たれ、釘付けになるのである。

日本のプロ野球史に名を残した偉大な選手の大半は甲子園出場の経験があり、中でも最も優れた選手は最終的に読売ジャイアンツに入団することが多かった。だが最後は巨人軍が勝つにせよ、ある程度は強いライバルがいなくては見ている方も張り合いがない。いつも楽勝してばかりというわけにもいかないのである。理想を言えば、巨人軍が苦戦の末に何とか試合に勝ち続け、最終的に優勝をもぎ取る形が一番望ましかった。巨人軍にはあまりにも熱心なファンが多いため、朝の通勤ラッシュ時に都内に何百もある駅に押し寄せるサラリーマンの表情を見るだけで、巨人軍が前夜の試合で勝ったかどうかがわかると言われたほどだった。都内に本社のある大手企業や官公庁の職員で熱狂的な巨人ファンでない者は社会的不適応者ではないかと疑われたり、もっとひどい誤解を受けたりする恐れさえあった。

その最大の例外となったのが、大阪とその周辺地域だった。在阪球団の一つである阪神タイガースは、ジャイアンツさえ上回るほどの熱狂的なファン層を生み出していたのだ。だがそれは常に負ける運命にあるチームへの情熱でもあった。誰でもすぐ思いつくことだが、阪神タイガースはしばしば米MLBのボストン・レッドソックスと、阪神と巨人のライバル関係はレッドソックスとヤンキースのそれと比較されてきた。言うまでもなく、阪神は日本で最古の元型《アーキタイプ》の一つである「高貴なる敗北者」の条件を満たしていた。だが、より端的に言ってしまえば、当時の巨人と阪神の一方的なライバル関係は、関西（大阪、京都、神戸、奈良など）の犠牲の上に成り立っている関東（東京とその周辺地域）の根本的な優位性の象徴となっていたのである。

鎌倉幕府の創設以来、日本の重心は東に向かって否応なく移動し続けていった。それでも、高度成長期が始まるまでは関西も何とか持ちこたえていたのだ。江戸時代から二〇世紀前半にかけては、大阪（大坂）は日本有数の商業都市であり、京都も日本の伝統的な文化や価値観を継承する古都としての地位を保ってきた。だが東京による全国の官僚的支配が決定的勝利を収めた結果、京都も大阪も地方都市の中では目立つ程度の存在にまで格下げされてしまったのである。(1) すでに見てきたように、伝統美を破壊された京都は、外見的にはもはやありふれた府庁所在地以上の何物でもなくなってしまった。その一方で、住友、野村、シャープ、東レといった大阪発の優れた大企業も、東京に拠点を置いて第二の本社機能を持たせるようになっていた（それらは実際に「第二本社」と呼ばれることも少なくなかった）。だが社内で実権を握るのがどちらの「本社」であるかは、時間の経過とともに明白となった。

こうしてジャイアンツは、日本の野球界だけでなくサラリーマンの精神生活そのものの上に君臨し、彼らと夢や苦悩や「勝者」としての一体感を共有するようになった。そして、東京の官僚化された様々な組織が高度成長期の日本の経済的・社会的生活に対する統制を強めていくに従い、それらを象徴する存在となったのである。

(1) 現代の京都が日本で最も革新的な企業をいくつも生み出してきたことは確かだ。その中には、任天堂、京セラ、オムロン、ワコールなどが含まれる。だが大阪発の多くの企業と異なり、京都で生まれた企業は概して京都にとどまることを選択してきた。

周知のように、今日のジャイアンツはもはやかつての圧倒的存在感を失っている。巨人軍と日本の野球界がサラリーマン文化で果たしてきた役割は崩壊したとまでは言わなくても、少なくともかなり深刻なダメージを受けていることは確かだ。それが最初に始まったのは、一九九五年に偉大なピッチャーの野茂英雄《のもひでお》がロサンゼルス・ドジャースに移籍した時のことだった。それ以降、日本のトッププレイヤーたちは相次いでMLBに移っていくようになる。日本の野球界の衰退は、一九九〇年代前半のバブル経済崩壊後に他の日本の組織がたどった運命についても示唆するところが多い。日本の野球少年たちは今や、ヤンキースやレッドソックスでプレーすることを夢見るようになり、イチローや黒田博樹《くろだひろき》やダルビッシュ有が出場するメジャーの試合中継はしばしば巨人戦より高い視聴率を獲得するようになった。日本のビジネスの世界では、必ずしも野茂、イチロー、黒田、ダルビッシュのように海外企業に移籍する事例が増えたわけではない。だが、スポーツファンの若者たちがますますアメリカに目を向けるようになったのと同様、若いITオタクたちが切望するようになったのはソニーの新製品ではなく、iPadやiPhoneだった。その一方で、高度成長期に日本経済を率いた大蔵省や通産省のエリートたちがかつて示した使命感はすっかり失われてしまった。日本経済は往時の勢いを失ったかのように見え、そこから生まれる果実も縮小する一方である。もはや今の官僚たちには、それらをいかに高齢化した国民に薄く広く分配するかという果てしない事務作業をこなしていく以上のゆとりはない。

こんなことになってしまった根本的原因の一つに、高度成長が日本の女性たちの生活にもたらした変化がある。彼女たちは高度成長期の諸制度が形成される過程で何の口出しもできなかったにもかかわらず、それらの登場によって生活を一変させられてしまったのだ。日本社会のほとんどすべての層は、一九五〇年代にそれらの制度の最終形態が固まる過程で、自分たちの考えを述べる機会に恵まれた。その中には、東京大学を卒業して財界や官公庁の上層部に上り詰めたエリートたちだけでなく、ブルーカラー労働者、サラリーマン、農家、中小企業経営者、謎に包まれた右翼のフィクサー、野心的な政治家たちなども含まれていた。唯一声を代弁する者がいなかったのが、日本の女性たちだった。だがこの事実は、女性たちだけでなく、彼女たちの夫や子供たちにとっても計り知れない影響をもたらすことになる。

高度成長期の日本の女性たち

日本の女性は、欧米の女性と違って騎士道精神的な意味で「崇拝の対象」になったことはかつて一度もない。日本人の女性が部屋に入ってきた時に、単に彼女が女性であるという理由で椅子から立ち上がるような日本人男性はいたためしがない。もし誰かが彼女のために椅子を引いてあげたり、ドアを開けてあげたりするようなことがあれば、それは彼女が女性だからではなく、別の理由があったはずである。特別な事情がない限り、女性は男性の判断に従うのが当然とされ、まともな日本の家庭の妻は、夫の三歩後ろを歩くしきたりになっていた。また、女性が公の場で見せる振る舞いや口にする言葉（日本語では動詞や代名詞の使い方が男女で異なるため、どうしてもそうなってしまうのだが）は、すべて男性に対する従順さと自らの社会的地位に関する自覚を示すものでなくてはならなかった。日本の幅広い社会階層のあらゆるレベルにおいて、女性は同じ年齢、同じ家柄、そして同じ階級の男性よりも下位に位置づけられた。この状況には抑圧的な側面もあったかもしれない（事実、そうだった）が、それは日本の女性たちに欧米社会にはないあるメリットをもたらした。それは、彼女たちが「高価なお飾り」のように見られることは決してないということだった。

なぜなら、日本の女性には与えられた役割があり、その範囲内で一定の権力を行使していたからだ。その役割とは家庭内の問題をすべて取り仕切ることだった。もちろん、夫に対しては表面上常に敬意を持って接する必要があった。よく知られた日本のことわざに「女は三界に家なし」というものがある。これは、女性は幼少時には父親に、嫁に行ってからは夫に、老いては息子に従うものだから、世界のどこにも安住の地はないということを意味する。その一方で、多くの家庭では実権を握るのは夫ではなく妻の方だと冗談のように言われることも多かった。女性たちは家計を管理し、子供たちの教育を監督するだけでなく、多くの場合、夫の老いた両親の介護まで引き受けていたからである。

日本の家庭では、夫は妻に給料袋をそのまま渡すのが普通だった。妻はその中から昼食代、服装代、そして何よりも重要な同僚たちとの夜遊び代を小遣いとして夫に手渡した。江戸時代から現代に至るまでの日本の文学作品には、厳しい家計のやりくりをしながら世間体を何とか保とうと四苦八苦する妻の姿を描いたものが少なくない。ところが彼女の帳尻合わせがあまりにも巧みなため、夫はどれだけ逼迫した状況にあるか気づきもしないのである。一九五〇年代のアメリカのテレビドラマには、頭の弱い主婦が買い物三昧を楽しんでいる間に、夫は机の上にうずたかく積まれた所得税申告書や未払いの請求書の山と格闘する場面がよく登場する。だが日本の場合、このアメリカの主婦に相当するのは妻ではなく、自分の給料と小遣いのこと以外には家計のことにはまるで無知な夫の方だった。

　日本の女性たちは伝統的に社会から要求される役割を果たしてきた。その役割は広範囲に及ぶ親戚たちや近隣女性のネットワークに組み込まれていた。ところが高度成長期に入ってサラリーマン文化が興隆すると、彼女たちを取り巻く外的状況は劇的に変化したにもかかわらず、要求される役割にはほとんど変化は見られなかったのである。日本には、アメリカで女性解放運動の火付け役となったベティ・フリーダンのような存在はごく少数だった。女性たちの多くは、高度成長の加速によって生じた新たな状況に適応できずにいた。彼女たちが幼少時から受けてきたしつけは、それに対処するにはあまりにも不十分だったのだ。既婚の女性たちは依然として家計の管理、子供の教育、そして夫の両親の世話や介護をまかされていた。だが昔と違って、人間関係が濃密な農村や古くから存在する都会の共同体に住む女性の数は次第に少なくなっていた。特に夫がサラリーマンの場合、結婚後の早い時期から「団《だん》地《ち》」と呼ばれる安普請の共同住宅で狭苦しい部屋に住んでいる可能性が高かった。戦後になってからは、こうした集合住宅が何千棟も、大都市の周縁に密集した形で建設されるようになったのである。サラリーマン夫婦の大半は、団地生活から逃れて持ち家に住むことを夢見ていた。彼らの多く（特に有名な大企業の社員たち）は最終的には何とか必要資金を貯め込むことに成功したが、それは家計の管理が重視された主な理由の一つだった。当時、住宅ローンはまだ少なく、金利も決して安くなかったからだ。日本の女性たちは奇跡的な経済成長を資金面で支えた銀行預金を増やす過程できわめて重要な役割を果たした。もっとも自分の家を持つためには、それ以外に選択肢はなかったのだ。中には、暴力団組織と広いつながりのある「サラ金」と呼ばれる消費者金融の魔の手にかかって、法外な金利をむしり取られる者もいた。どぎつさを売りにする一部の週刊誌には、魅力的な主婦が借金返済のために売春を強いられたといった類の記事が大量に掲載された。おそらくある程度の誇張は混じっていただろうが、読者の側にもこうした「家計の事情」を他人事と思えない部分があったことは確かである。しかも、サラリーマン世帯がようやく念願の持ち家に住み始めたとしても、それは建材費をなるべく節約した狭い住居で、隣接する住宅との間には数センチ程度の隙間しか空いていなかった。

つまり、本当の意味でのプライバシーは決して得られず、女性たちはしばしば最悪の状況に置かれることになった。わがままで手間がかかる子供たちと一緒に狭い居住空間に閉じ込められ、育児や教育で夫や年長の親戚からの協力は期待できず、しかも老いた義母の介護まで背負い込むことになりかねないのだ。

その意味では、戦後の典型的な若い女性にとって、本当に頼りになるのは同じ境遇にいる他の若い女性たちだけだった。夫はどのみち、家には寝に帰るだけだったし、たまに日曜に休みが取れても、妻に協力したり助言したりする知識もなければ関心もなかったからだ。彼女自身の母親やおばたちは親身になってくれたかもしれないが、遠方に住んでいることが多く、しかも育った環境が違うので彼女の悩みに適切なアドバイスをできないことが多かった。また、近隣に住む女性たちの間にも当然ながら友情が芽生えることはあったが、メディアの報道は陰口や噂話や見栄の張り合いといった否定的な側面ばかりを取り上げる傾向があった（もちろん、読者の気を引きたいという思惑も働いていただろう）。主婦たちは主に夫と子供をめぐって張り合うことが多かった。夫の場合、社内での地位だけでなく、会社そのものの社会的地位も比較対象となった。子供の場合は、学校の成績とりわけ入試に合格したかどうかが最大の関心事だった。

サラリーマンの妻が経る通過儀礼に関しても、様々な伝説が生まれた。たとえば、高度成長期よりも後にマスコミに頻繁に取り上げられるようになった習慣の一つに「公園デビュー」がある。これは、母親が歩き始めの子供を初めて近くの公園に連れて行く時の試練を指している。通常はどの公園にも先にデビューした母親たちが陣取っており、新しい母親は何とかその輪の中に溶け込まなくてはならない。仲間外れにされないように「先輩たち」への言葉遣いにも気を配る必要があるし、子供の服装が変だと思われないか、他の子供たちにいたずらをしないかといちいち神経をすり減らすことだらけだった。

子供の「お弁当」を用意する作業も大きなストレス要因の一つだった。幼稚園や中学、高校では通常、子供たちは昼食用に白飯と数種類の副食（おかず）からなる弁当を持参し、教室で食べる決まりになっている。だが一番年端のいかない子供たちでさえ、弁当の質と見た目が気になるものなのだ。どの弁当が一番見栄えがいいか、どれが一番美味しくて栄養的にもバランスが取れているか、子供たちは時に激しく競い合った。教員でさえ弁当の評価に口を出すことがあった。

学校の教師と母親の関係は緊張に満ちたものにならざるをえなかった。教職は比較的給料もよく、社会的に名誉な職業だったかもしれないが、過酷な長時間労働に耐え、教師に求められる果てしない責任の重圧に耐える覚悟が必要だった。その中には生徒たちに知識を授けるだけでなく、規律に従わせ、相談相手となり、親代わりになることさえ含まれていた。教師たちは、母親が親としての義務を十分に果たしていないと判断すれば、躊躇せずに介入した。弁当の質、子供の服装、それに学校の内外における子供の言葉遣いや振る舞いなどが母親の評価基準の対象となった。

ＰＴＡは、保護者と教職員を結びつける制度的手段として機能した。これは野球と同様、アメリカから持ち込まれた制度だったが、すぐに元の制度とは似て非なる社会統制の手段と化した点でも野球と同じ道をたどることになった。日本のＰＴＡは学校ごとに組織され、原則的には任意加入の団体だが、子供のことが大切な母親であれば参加する以外の選択肢はなかった。ＰＴＡは、他のあらゆる日本的組織の特徴をすべて備えていた。これらの組織には特有の派閥争いがあるのだが、表向きは集団としての調和と協調を常に強調しているため、実態が見えにくくなっているのだ。組織内部では、巧みな戦術を伴う受動的攻撃行動（相手に対する不満を直接表現せずに妨害したり反抗したりすることで間接的に伝える振る舞い）の応酬があり、その手腕はもはや芸術の域に達していた。男性の場合なら、押しつぶされそうな職場のストレスから一時的とはいえ、逃避する手段が用意されていた。たとえ、安物のウイスキーを飲んだくれたり、親身に耳を傾けてくれるホステスにぐちを言ったりするだけであっても、とりあえず憂さ晴らしにはなったのである。ところが、女性たちは育児のプレッシャーや義母の世話やPTAの務めから一瞬たりとも解放されなかった。アルコールに逃げることはできなかったし、少なくともそれは主婦にとって社会的に許される行為ではなかった。それに女性たちは同じ団地か近隣地域に住み、PTAに所属する他の母親たちと同じ店で買い物をしていたため、常に他人の視線にさらされていた。だがPTAに強要される精神的・時間的負担についてどう思おうが、愛する子供たちを人質に取られているも同然の彼女たちにはどうすることもできなかったのだ。

時間の経過とともに、日本では次第に多くの若い女性たちが母親や姉の生活を直接見るか、各メディアの取り上げ方を見たりすることであっさりと別の生き方を選択するようになった。高度成長期の諸制度は、意図せずして「サラリーマンの妻」を何百万人もの女性たちにとって「罠」としか思えない状況に置くように設計されていたのである。しかも皮肉なことに、それらの諸制度の成功は、若い女性たちに「罠」を避ける手段をもたらした。それは結果的に、日本の出生率の崩壊を引き起こしたのだ。

高度成長期の初期には、若い女性にとって結婚以外の選択肢は飲食店などの「水商売」に就くか、当時の風潮に逆らって蔑まれたまま独身を貫くかのどちらかしかなかった。サラリーマンと同じ社会層の出身の若い女性にとって、「正しい人生」の歩み方とは、高校または短大を卒業し、企業内で下級職の女性向け《ピンクカラー》の仕事に必要な若干のスキルを身につけることから始まった。また、卒業の時点で親と一緒に実家で生活している必要があったが、これは一流企業が一人暮らしの女性を採用したがらなかったからだ。晴れて入社すると、制服を着用して「OL」になり、お茶汲み、書類作成、そして「職場の花」にふさわしいその他の一連の雑用をまかされた。男性の同僚たちと違い、OLは通常の平日は定時通りに退社したが、おそらく夕方や週末には主婦にとって重要な嗜みとされる茶道、華道、それに着物の着付けなどの稽古に通っていたはずである。

どんな過程を経てOLになったにせよ、これらの若い女性たちが目指すゴールは一つしかなかった（少なくとも、世間的にはそうあるべきだと考えられていた）。それは夫にふさわしい男性との出会いである。理想としては、同じ企業の他部署に勤める若い男性が結婚相手として望ましかったし、企業側も社内結婚を奨励していた。すでに同じ企業文化に染まっている女性なら、夫の仕事がどれだけの時間と労力を要するか心得ており、納得してくれるはずだという計算が働いていたからだ。だが、社内に適当な候補がいない場合、女性にとっては昔ながらの伝統的なお見合いや、学校の友人の紹介を通じて知り合った相手でも何ら差し支えなかった。もちろん、男性が一流企業の正社員か官公庁の職員であることは必須条件だった。男性にとり、結婚市場で何よりも圧倒的に重要な資格は、経済的安定を提供できることだったからだ。一方、女性の側に求められる条件としては外見的な美しさ、家庭環境（身近な親戚に不祥事を起こした者がいないことなど）、しつけ・作法と教養（良い学校を出ており、茶道などの「主婦の嗜み」を身につけていること）、それに悪い評判が皆無であることなどが挙げられた。

女性の「結婚適齢期」は、二五歳までであるとされていた。高度成長期には、若い女性はよくクリスマスケーキに喩えられたものである。[2] 一二月二五日までに売らなくてはならないクリスマスケーキと、二五歳までに結婚相手を見つけなくてはならない女性たちのどちらにとっても、二六という数字が鬼門だという点が共通していたからだ。企業側は、夫を見つけることに失敗した女性を実際に解雇するようなことはなかったが、事実上「婚期を逃した年配の女性社員」のために設けたとしか思えない地味な事務職に追いやった（その一方で、学校や市役所といった公共部門に活路を見出そうとした女性たちも一部にいたことは確かである）。

（2）クリスマスは、日本の宗教上の祝日ではなく、法的に定められた休日でさえない。それは欧米から持ち込まれた現世的な慣習の寄せ集めで、娯楽産業や小売業によって都合よく修正され、積極的に宣伝されてきた。毎年一二月二五日が近づくと国内の至る所で見掛けるようになる「クリスマスケーキ」は、フランスのビュッシュ・ド・ノエル（ノエルはフランス語で「クリスマス」を意味する）かイギリスのクリスマスプディング（プラムプディングとも呼ばれる）に由来する可能性があるが、欧米には「クリスマスケーキ」という呼称は存在せず、それ自体は日本独自のものである。

若い女性にとってもう一つの選択肢は「水商売」に入ることだった。江戸時代には遊里で遊ぶことを意味する「浮世《うきよ》」という言葉があったが、水商売もそうした享楽的な世界を指す俗語である。昔ながらの「芸者」もいまだに存在していたが、すでに一種の歴史的遺産のような扱いを受けていた。彼女たちをひいきにする裕福な男性たちは、流行に敏感な若い美女と際どい言葉のやり取りを楽しむよりは、日本の古典芸術（舞踏や音曲など）に関心があるような人々だった。歌麿が浮世絵に描いた江戸の華麗な遊女の本当の後継者たちは、銀座や赤坂にある超高級クラブにいた。それは洗練されたホステスたちが、日本の実業界、金融界、政界のエリートたちをもてなす場所である。彼女たちに求められる役割は、日本では何よりも大切な「人脈」作りの潤滑油として機能することだった。セックスを期待させる雰囲気は常に漂っていたが、露骨な形で表現されることはめったになかった。

だが、こうした崇高な場所で働くことができるのは、水商売の世界で頂点に達することができた者たちだけだった。戦前や江戸時代と違って、家族が娘を水商売の世界に売り飛ばすようなことはもはやなくなっていた。それでも、家が貧しかったり一人親家庭で育ったりするか、あるいは学校の成績が悪かったり、男性問題を起こしたりしていた若い女性にとって、その世界は抗しがたい魅力を有していたのだ。彼女が美しくて知的で（そして冷酷で）あるほど、日本のエリート層が出入りする超高級クラブで働ける可能性は高まった。それらの店では、会社役員や政治家のグループがホステスたちと会話を楽しんだり飲んだりして二時間過ごすだけで伝票の額は数十万円規模に達した。それよりはるかに数が多いのが、一般的なサラリーマンを顧客層とするもっと平凡なクラブで、一晩遊んでも数十万円まではいかず数万円程度ですんだ。もっとも、この代金も会社持ちになることに変わりはなかった（同じ会社に勤める同レベルの社員の給与は横並びだが、成績優秀な社員に潤沢な接待費を与えて報いるのは企業の常套手段だった）。これらのクラブで数年働いても頂点を極められなかった（つまり「ママ」になれなかった）女性は、店を辞めて自分でバーを開業することもあった。(3)そういう場合、前に勤めた店の顧客から資金を調達することもあったし、その金を使って開業時に一人か二人は女の子を置くこともできたかもしれない。この種の「スナック」は通勤に使われる駅の周辺に固まっているケースが多い。これらの店では自腹で飲むしかないので、値段も都心のクラブよりははるかに手頃に設定されている。

一方、クラブで採用されるほど美人でも目端が利くわけでも人脈があるわけでもない若い女性たちは、水商売の最下層とも言える「ピンクキャバレー」や前述した「トルコ風呂（現ソープランド）」に身を落とした。前者は体をまさぐり合ったり、テーブルの下で客にオーラルセックスを提供したりするような場所である。こうした店は大体において暴力団《ヤクザ》の支配

(3) これらのバーは、軽食を意味する英語を転用して「スナック」と呼ばれるようになった。きっかけは一九五〇年代にバーの閉店時間を早める法律ができたことにある。この法律には、酒だけでなく食事も出す店は除外するという抜け道があったため、バーは食事のメニューだけ用意して一斉に「スナック」と改名したのである。だが実際に「スナック」が客に提供されることはめったになく、名前を除いて実態は以前とまったく変わらなかった。

下にあり、そこで働く若い女性たちがいかに悲惨な毎日を送っているかは想像に難くない。

六年間のＯＬ生活を経た後、夫がほとんどいつかない団地のアパートか、狭苦しい一軒家に手間のかかる子供たちと一緒に閉じ込められて暮らすのは、あまり魅力的な生活に思えないかもしれない。だが、それは飲んだくれたサラリーマンにテーブルの下で性的サービスを提供するよりははるかにましだった。それでも、高度成長期が始まってしばらくたつとほかにも様々な選択肢が開けてきた。

大学の入学試験は常に性別とは無関係に採点されてきたので、女性にも四年制大学に入るチャンスはあったし、実際に入学者数も年を追うごとに増えていった。確かに、日本企業は普通大学を卒業した女性にかえって魅力を感じないケースが多く、彼女たちは露骨に差別された。前述したように、こうした企業にとってはいずれにせよ、学生が大学で何を学んだかはほとんどどうでもいい問題だったのだ。それでも、一部の野心的な若い女性たちはより高い教養を身につけようと努力した。部分的には国際的な圧力もあって、一部企業は女性の新入社員を総合職（幹部候補生）に受け入れ始めた。また、日本に進出した外資系企業も女性が労働資源として十分に活用されていないことに注目し、彼女たちを大量に採用し始めたのである。日本人の男性は外資系への就職を避ける傾向が強かった。入社しても経済的安定が保証されないばかりか、社会的な評価もほとんど得られないと考えられていたからだ。[4]その一方で、外資系企業は女性たちに日本企業では得られないチャンスをもたらした。外資系の人事部長たちが、日本では他の条件が同じなら、女性の方が男性の候補よりも全般的に優秀だと話しているというのはよく知られた話である。

だが管理職志向が強い「キャリアウーマン」の時代が到来したことは、日本の出生率に何ら良い影響をもたらさなかった。一部の日本企業と外資系企業の多くは、従来、男性に限定されていた職種に女性を任命することには前向きだったが、その一方で女性を特別扱いするつもりは毛頭なかったからだ。一九五〇年代の労使闘争の和解策として生じた終身雇用制度によって、男性の中核社員は経済的安定を保証される代わりに、基本的に企業に命じられるままに時間と労力を提供しなくてはならなくなっていた。子供たちや老いた両親の世話、それに家庭の切り盛りはその方程式には含まれておらず、完全に配慮の対象外だった。企業が男性社員に結婚して家族を儲けることを期待したのは、まさに彼をこうした負担から解放するためだったのだ。その結果、家庭における男性は生活費を稼いでくるだけの存在と化した。社員が「パパ」の務めとして年に一度、三日間の家族旅行を計画したり、たまの日曜の午後に息子とキャッチボールをしたりするのは悪いことではないが、厳密には義務とされていたわけではなかった。こうした休日の行動が日本語で「家族サービス」と呼ばれたことからも、その実態は明らかだ。英語の「サービス」という言葉は、日本語に転用される過程で何かを無償で提供する行為を示唆するようになっていたのである。[5]

(4) 高度成長期における唯一の例外は日本アイ・ビー・エムで、日本の大手企業と同等の社会的評価を得ていた。

「キャリアウーマン」の道を選ぶ女性がますます増える一方で、それ以上の数の女性は相変わらず、ＯＬになることを選択した。ところが彼女たちは会社の期待を裏切り、従来のＯＬのように結婚しようとはしなくなった。彼女たちの給料は決して高くなかった（男性の六割程度）が、実家に住み続けることで生活費をはるかに低く抑えることができた。だが高度成長期の初期には、これは決して快適な状況とは言えなかったはずである。両親の家は社会人になった子供が同居できるほど広くなかったし、婚期を逃した女性は世間から「ふしだらな女」か、干からびた「オールドミス」と見なされたからだ。

だが、こうした状況にも変化が現れ始めた。日本が裕福になるにつれて、住宅の規模も以前よりも少しだけ大きくなった。そのおかげで、若い女性たちにかつて思いも寄らなかったライフスタイルを手にするチャンスが開けたのだ。彼女たちは、未婚でいる限り、高い服を買ったり、海外に旅行したり、素敵なレストランで友人たちと食事したりするだけの可処分所得を得られることに気づいた。その結果、時代の流行に敏感な未婚の若い女性たち（その若さはやがて次第に失われていくのだが）は、日本で最も重要なトレンドセッターになったのである。彼女たちの関心はファッション、芸術、グルメにまで及び、ニューヨークやロンドンにおける当時のヤッピー（都会で知的職業に就いている若いエリート層）、洗練されたゲイの男性たち、それにメトロセクシュアルと呼ばれた美意識が強いストレートの男性たちなどとよく似た役割を果たすようになった。

これは決して、女性解放運動やフェミニズムの到来を意味するものではなかった。日本の政治、金融、ビジネス、メディア、学問、それに大衆文化《ローブロウ》と高尚な芸術《ハイブロウ》の両者を含むあらゆる分野は、依然として圧倒的に男性主体の領域であり続けた。その一方で、日本の女性にもようやく、浮世の世界や水商売で遊女、太夫、ホステスを務めるか、良家の「お嬢様」や「良妻賢母」に徹するか以外の「第三の道」が開けてきたのである。たとえば、金曜の夜に東京都内の何万軒もの飲食店のうち二、三軒を覗いてみるだけでわかることがある。一方には、居酒屋と呼ばれる大衆酒場でカウンターに座り、昔ながらの和食を平らげながらビールや日本酒や焼酎をがぶ飲みしている連中がいる。これらの店の顧客はほぼ例外なく男性に限られ、曲がったネクタイを直そうともせず、酔っ払っているか、限りなくそれに近い状態で男同士の絆作りに励んでいる。その雰囲気はアメリカの大学の学生寮に似ていなくもないが、店内でスピーカーから大音量で流されているのはカントリー・ミュージックではなく、その日本版の演歌である。周囲で目にする女性と言えばおそらく若干年のいったウェイトレスくらいで、男たちのセクハラめいたコメントにも平気で下品な受け答えを返している。一方、通りの向こう側にオープンしたばかりのおしゃれなイタリアンかフレンチのレストランでは、客層は最新ファッションで美しく着飾った女性たちのグループと相場が決まっていた。彼女

(5) たとえば、レストランのウェイトレスが顧客の注文していない小皿料理を出して「サービスです」と言うことがある。それはその料理の代金が勘定書に含まれないことを意味する。前章で述べたように、会社が公に認めておらず、手当が支給されるわけでもない超過勤務は「サービス残業」と呼ばれていた。

たちは冷えた白ワインをすすりながら、目の前に置かれたグルメ料理に舌鼓を打っている。背景に聞こえる音楽はバロックの弦楽合奏曲かモダン・ジャズだが、音量はあくまで控え目だ。周囲には完璧なヘアスタイルと愁いを含んだ眼差しをしたウェイターたちくらいしか男性の姿はなく、彼らは料理の内容についてこの上なく上品に説明をしてくれるが、決して礼儀正しい態度を崩すことはない。

これらの女性たちは「パラサイト・シングル」と呼ばれるようになり、とりわけ出生率激減の弊害がようやく理解され始めたこともあって、日本の保守層に強い危機感をもたらした。メディアは、ホステスが男性の相手をするのとまったく同じように、ダンディーな若い男性が女性の相手をする「ホスト・クラブ」の存在を盛んに取り上げた。やがて給料だけでは足りなくなった女性たちが、ディスコでたくましい黒人のアメリカ兵を相手に売春をしているなどという生々しい噂が広まり始めた。性に飢えた男たちが韓国やフィリピンへの「買春ツアー」に大挙して繰り出した時には大した反応を示さなかったくせに、女性たちの集団が後腐れのないセックスを求めてタイやバリ島に出掛け始めると、マスコミは大騒ぎし始めたのである。だが、若い女性たちがこの怒号の中から読み取ったのは、それがいかに恥ずべき行為かということではなく、今や女性にも婚外で性的欲求を満たす道が開かれたという潜在的なメッセージにほかならなかった。しかも、海外で遊んでくるだけなら彼女たちが評価を気にする唯一の層、つまり自分たちと同じ若い女性たちから非難される気遣いはまったくなかったのである。

松田聖子《まつだせいこ》

これらの女性たちにとって最大のヒロインを一人だけ挙げるとしたら、それはおそらくポップ歌手の松田聖子だった。彼女は一九八〇年代前半に日本の芸能界を席巻し、爆発的人気を獲得したスターである。当時はちょうど、日本全国で多くの女性たちが「受動的攻撃行動」による反乱を起こし始めていた時期と重なっていた。彼女たちの多くは、もはや結婚してサラリーマンの妻になり、子供を産むだけのライフスタイルに魅力を感じなくなっていたのだ（詳細は第9章を参照）。「聖子ちゃん」は日本が生み出したアイドルの中では、おそらくアメリカのジュディ・ガーランド、バーブラ・ストライサンド、あるいはマドンナのようなカリスマ的歌手に一番近い存在だっただろう。だが、これらのアメリカのスターたちが新たに発生したゲイのサブカルチャー内で多くのファンを獲得したのとは異なり、松田聖子の最も熱狂的なファン層には、親と一緒に実家で暮らし、昼は企業で働きながら自由な時間を女友達と一緒に過ごす未婚の女性たちが少なくなかった。かつての控え目なアイドルたちと違って(6)、松田聖子は三度の結婚や一連の安っぽいボーイフレンドたちとの交際を世間に誇示するかのように振る舞った。時に女子高生に似せたファッションを身にまとい、日本の若いアイドルがよく歌わされる感傷的で甘ったるい歌を披露したが、表情や仕草があまりにも不自然なため、それがすべて演技であることは見え透いていた。その結果、松田聖子は、かわい子ぶる女性を意味する「ぶりっ子」の女王としてアイドル界に君臨することになったのだ。一家の父親であれ、恋人候補であれ、あるいは偉そうに「日本人論」をぶつ国粋主義的な知識人であれ、女性のことに無知な男性たちは、ぶりっ子のわざとらしい愛らしさにころっとだまされてしまったようである。だが、少なくとも日本の大半の女性たちにとって、それが演技であることは一目瞭然だった。

社会の「期待」通りに行動しない女性が増えていることを嘆く人々は、何が彼女たちにそうさせているか理解していないことが多かった。高度成長期の諸制度は、多くの女性たちを「罠」としか思えない状況に追い込んでいたが、若い世代の女性たちは経済状況の変化によってその罠の正体に気づいてしまったのだ。もちろん、結婚して子供を作り、家庭を持つことに憧れる若い女性も依然として少なくなかった。だがその一方で、「罠」に捕らわれない方法でしか結婚したくないと考える女性の数もますます増える一方だったのだ。その方法とは、老いた両親の世話をする責任を負わない「次男」と結婚することだったが、その場合も近い将来立派な家を買えるだけの経済力があることが必須条件とされた。だが日本の企業と官僚機構は、報酬体系や雇用慣行を最新の社会状況に合わせて修正するためになかなか腰を上げようとしなかった。それらは一九五五年の人口構成や経済状況には適合していたかもしれないが、一九七五年までにはかなり古びてきて、一九九五年になると完全に時代遅れになっていた。権力者たちは状況の変化に対応するために、一九五〇年代に国民との間で交わされた社会契約を見直すよりも、単に表面的な修正だけでお茶を濁そうとした。たとえば、

「終身雇用制」に守られた正社員の採用枠を減らしたり、賃金コストを大幅に圧縮できる契約社員を雇って従来は若手の正社員に担当させていた仕事をやらせたりするようになったのだ。これらの契約社員の多くは未婚の若い女性か、職場に復帰した年配の既婚女性だった。その結果、結婚と家族に仕掛けられた「罠」にはまることなく、そのどちらも実現させてくれるような若い男性の数は見る見るうちに減少していったのである。たとえ結婚にこぎつけても、ますます多くの夫婦は子供を作らない生き方を選択し、共働きを続けるようになった。こうした夫婦はDINKS《ディンクス》（「収入は二人分、子供なし」の英語の略語）と呼ばれたが、元々アメリカ生まれのこの言葉は、まさに日本の男女双方が見出した新たなライフスタイルを如実に表していた。それはサラリーマンと主婦のどちらにとっても、団地生活の罠から抜け出す選択肢の一つにほかならなかった。

日本の合計特殊出生率は、一九四〇年代後半には四以上の水準を維持していたが、一九七五年までには人口置換水準以下の二未満にまで低下し、二〇〇五年にはついに過去最低の一・二六にまで下落した。その原因は日本の諸制度が経済環境の劇的変化への対応に失敗した

(6) 松田聖子と一九七〇年代最大の女性アイドルである山口百恵《やまぐちももえ》という対照的な二人の比較からは、女性に期待される役割がどう変化したかについて多くのことが学べるだろう。美しくて控え目で完璧なまでに誠実な百恵は、七年ほどトップアイドルとして活躍した後、今では「名脇役」として知られる俳優の三浦友和《みうらともかず》と結婚するとあっさり「引退」した。その後はメディアから遠ざかっている。百恵のファン層はサラリーマン志望の青年たちが大半を占めていた。

ことにあり、出生率の崩壊はそれに由来する最も深刻な問題の一つであった。経済環境が変化したのは、部分的には高度成長期の諸制度が正常に機能することを可能にしていた国際経済の枠組みが破損したことに端を発する。だがそれが日本の外部で起きたために、国内では誰も従来の日本的な手法が危険にさらされることを予測できなかったのである。リスクが明白になった時には、日本のエリート層はもはや対応する術を知らず、無力感を味わっていた。その時点で彼らにできるのは、高度成長期の諸制度が最も効率的に機能した時の状況を再現するために最善を尽くすことだけだった。

高度成長期の諸制度と国際経済の枠組み

日本の経済成長モデルは、一定の付加価値の段階にある産業分野に標的を定めて体系的に制覇していくという戦略に基づいていた。まず一九五〇年代前半に繊維産業からスタートし、さらに多くの資本や技術力を要する産業へと標的を移し変えていったのだ。ミクロ経済のレベルで言うと、日本企業の海外市場での成功は、その国で直接の競合企業が雇用を喪失するだけでなく、多くの場合、産業分野そのものが消滅することを意味した。結果的に、これは政治的な影響を及ぼさざるをえなかった。もちろん、打撃を受けた競合企業がオランダのようなヨーロッパの小国の家電メーカーにすぎなければ、世界的な見地から見て大した影響は生じないかもしれない。だが日本企業の攻勢に敗れたのがアメリカ国内の企業だった場合、重大な影響は免れなかった。対米関係は戦後日本の政治秩序の根幹を成していただけでなく、第二次世界大戦後に登場した国際経済システムはアメリカ市場の開放性を中心に展開していたからである。日本企業によって次々に異なる産業の覇権を奪われた結果、アメリカが自由貿易を放棄すれば、国際的な経済秩序そのものが崩壊することになりかねない。そうなれば、戦後期に発展した日本の秩序も同じ道をたどることになるのだ。

その一方で、田中角栄やジェームズ・ベーカーといった日米双方の抜け目のない政治家たちがアメリカ国内の保護主義的な圧力を抑えて、当面は日本企業に従来通りの活動を続けさせることに成功した。その結果、一九七〇年代に一連の表面的な通商協定や「市場開放措置」の合意を実現した政治家たちが、テレビで様々な貿易摩擦の問題を解決したと胸を張ったが、実際には根本的に変わったことは何一つなかったのである。だが日本の貿易黒字によって国際収支の不均衡が拡大したことは、固定相場制のブレトン・ウッズ体制にとって直ちにきわめて大きな脅威となった。この脅威は単なる政治的駆け引きや実体のない通商協定で克服できるほどたやすい問題ではなかったからだ。

日本の経常収支黒字は主に米ドル建ての外貨準備の形を取って日本の銀行システムに流れ込んでいた。だが日本は稼いだ米ドルを金に交換しようとしなかった。ブレトン・ウッズ体制の下ではそうする権利を有していたにもかかわらず、米ドルとして蓄積するままにまかせたのである。そして外貨準備による自国通貨量の増減を相殺するために様々な形で金融操作を行ない、経済学の常識からすれば起きて当然の国内のインフレとそれに付随する輸出価格の上昇を未然に防いだのだった（日本が用いたのは、金融界の専門用語で「不胎化介入」と呼ばれる手段である）。一方、皮肉なことに、アメリカ国内ではインフレが起きていた。リンドン・ジョンソン大統領は「偉大な社会」を築くと宣言して様々な社会改革を打ち出したが、その一方でベトナム戦争の出費がかさみ、「大砲もバターも」と欲張ったあげくに、インフレと貿易赤字を招く結果となった。これは膨大な予算支出によってアメリカ経済の需要サイドに供給サイドが追いつかなくなったためで、大学初年度の経済学の授業を真面目に聞いていればどんな学生にでも予想できたことだった。

円・ドル相場を三六〇円に、そして金とドルの交換比率を金一オンス＝三五ドルに固定したブレトン・ウッズ体制の下では、こうした不均衡は二つの方法のうちどちらかによって解決されることになっていた。最初の方法は、日本銀行が蓄積したドルをアメリカに渡して金と交換する権利を行使することだった。これによってアメリカは金保有量が消失するのを避けるために輸入削減を余儀なくされる。もう一つの方法は、日米間の交渉によって両国間の貿易不均衡が是正できるようになるレベルまで円・ドル相場を再調整することだった。

だが結局、そのどちらも実施されることはなかった。ドルを貯め込んでいたのは日本だけではなかったし、それらの国々の一部（特にフランス）はアメリカ政府の必死の説得にもかかわらず、ドルを金と交換する権利を行使した。だが日本は一度もそれを行なわなかったため、結果的に拡大する一方のアメリカの貿易赤字を資本流入で自動的に支える形となったのである。アメリカは日本を含む黒字国（とりわけ西ドイツ）を説得して各通貨の対ドル相場を再調整させようと試みた。西ドイツはこれにしぶしぶ同意した（その代償として国内の北大西洋条約機構［ＮＡＴＯ］駐留軍に対する管理権限を回復するという譲歩を引き出した）が、日本政府は首を縦に振らなかった。

だが、日本はなぜこれを聞き入れようとしなかったのだろうか。国際経済の枠組みを強化する必要があることは明白であり、日本は諸外国と同等の恩恵を受けていたにもかかわらず、なぜ説得に同意して一連の措置に踏み切らなかったのだろう。その答えは三つある。第一に、日本政府の観点からすると、日米安全保障体制による「同盟関係」の強化を通じて、日本はすでに占領終了と引き換えに行なった約束を忠実に果たしてきたということがある。その時点では左派勢力は一度も権力の座に近づくことを許されていなかった。日本はまた、中華民国（台湾）の蔣介石政権こそが全中国の唯一の合法政府であるというアメリカの立場に無理があることを承知の上で、その方針を忠実に支持していたし、何万人もの学生たちが街頭で反戦デモに繰り出していたにもかかわらず、アメリカの対ベトナム政策に疑義を差し挟もうとしなかった。日本列島は依然として東アジアにおける米軍のプレゼンスの要として機能し続けたのである。それに、そもそも日本が豊かになることを望んだのはアメリカの方ではなかったか。アメリカ政府が中国やソ連とイデオロギー上の戦いを展開する上で、日本は開発途上国のエリート層に見せつける格好の「成功例」になったはずだ。戦後の「取り決め」を忠実に果たしてきた日本が、なぜ今になってここまで効果的に機能してきた方程式を変更しなくてはならないのか。まったく納得できないというわけである。

第二に、日本政府にとっては、アメリカが本当に経済的苦境に立たされているというのは信じがたいことだった。日本のエリートたちの頭の中では、この国はいまだに荒廃した弱小国にすぎず、彼らはアメリカが全国の都市を瓦礫の山に変えた強大な敵国だった記憶をいまだに引きずっていた。つまり自分たちのしていることが、アメリカ人の生活や政治に重大な影響を与えているとはどうしても思えなかったのだ。

そして最後に、たとえ誰かが変化が必要なことを認めたとしても、戦後日本の政治秩序においては、従来のやり方を一から見直すことを強制する権限を持つ者は誰一人としていなかったのである。事実、大蔵省は円高が日本にもたらすはずの恩恵について書かないように、わざわざ経済メディアに厳重に釘を刺していたほどだった。

一方、危機が頂点に達する頃までには、リチャード・ニクソンがアメリカの大統領に就任していた。彼が接戦を制することができたのは、一つには選挙結果を左右する二つの重要な激戦州で、ある公約を掲げたためだった。ノースカロライナとサウスカロライナの両州で、大量の有権者を雇用する産業を日本からの繊維輸入品から保護すると約束したのだ[7]。ニクソンは、当時の佐藤栄作首相から名目的な沖縄返還の代償として繊維の対米輸出抑制の「密約」を引き出したと確信していた。そのため、両州への公約を果たせたと考えていたのだが、沖縄が建前としては返還された（沖縄で何が起きたかについては最後の章で詳述する）にもかかわらず、日本からの繊維の対米輸出は止まる気配がなかった。それというのも、日本の首相は実際にこうした密約を履行する権限を持っていなかったからなのだが、大統領としてこの事実に気づかされるのはニクソンが最初でも最後でもなかった。「裏切られた」と思い込んだニクソンは、ブレトン・ウッズ体制から脱退する姿勢を見せることで反撃に転じた。アメリカは海外中央銀行に対してドルを対価に金を売却する義務を負っているにもかかわらず、一方的に金・ドル交換の窓口を閉鎖したのである。こうして、国益に反する行為を要求された場合、大国は執行メカニズムを持たない条約に束縛されないことがまたしても証明される結果となった。ニクソンはアメリカ政府が公正と考えるレベルに円・ドル相場が再調整されるまで、金・ドル交換の窓口を再開することを拒んだ。その上、日本を直接の標的として一〇％の輸入課徴金を賦課したのである。さらにそれだけでは不十分とばかりに、今度はワシントンと北京の間で秘密交渉が行なわれているという報道が浮上した。その結果、アメリカ政府は最終的に中華民国（台湾）との外交関係を破棄し、中華人民共和国を全中国の唯一の合法政府と認めることになるのだが、その間、日本政府はまったく蚊帳の外に置かれていた。

これらの出来事は日本の政治指導者たちにとって、ミッドウェー海戦で連合艦隊が惨敗し、もはや敗戦が不可避であることを悟った時以来のショックとなった。日本のメディアは、ニ

(7)　一九六八年までには、「オールドサウス」と呼ばれる歴史の古い南部諸州は、もはやかつてのように圧倒的に民主党を支持しているわけではなかったが、まだ後年のように共和党が保守層の支持を固めていたわけでもなかった。

クソンの電撃的な訪中宣言から北京訪問に至る外交政策の転換とブレトン・ウッズ体制の終結を告げる経済政策を合わせて「ニクソン・ショック」と呼んだ。ショックの影響が覚めやらぬ中、日本では一連の出来事が田中角栄のような新しいタイプの政治家に権力を掌握するきっかけを与えた。アメリカ政府の要求を満たすためには、苛立ちを隠そうとしない利益団体をなだめて折り合いを付ける必要があったが、これらの政治家たちは、そのために必要な譲歩を官僚たちから引き出す能力に秀でていた。

その一方で、輸出の成功によるドル建て貿易黒字の蓄積に依存した経済モデルを根本から立て直そうと考える者は、官僚からも政治家からも現れなかった。日本も参加した一九七一年一二月の「スミソニアン会議」では、為替レートが改定され、金とドルの交換比率が金一オンス＝三八ドルに再調整された（一部には、またしてもアメリカが「金を売却しようとしない」新たなレートが設定されたにすぎないと皮肉る者もいた）。日本政府の当局者たちは新たな円・ドルレートの交渉で外交手腕を発揮し、アメリカ政府が望んでいたほどではないが、日本が受け入れるつもりでいたレベルよりは円高の固定相場でまとめることに成功した。だが、ブレトン・ウッズ体制崩壊後に合意された「スミソニアン体制」は、一九七三年の第一次オイルショックとウォーターゲート事件の煽りを受けて、二年も持たずに崩壊した。ニクソンはもはや固定相場制を守ったり変動幅を規制したりするだけの政治力を失っており、世界はついにふらつきながらも、変動相場制という金融的枠組みにおける未知の海域に漕ぎ出したのである。こうして金との交換は断ち切られ、誰が設計したのでも計画したのでもない枠組みがスタートした。

世界は日本を見限った。何しろこの国は必要なエネルギーをほぼ全面的に輸入に依存していたのだ。ところが、一九三〇年代以来最悪の世界同時不況にもかかわらず、日本は輸出増を通じて他のどの国よりも急速に景気回復を果たしたのである。一九七六年までに、日本経済は再び軌道に乗っていた。

だが、今回は、政治的に難しい交渉を経ずして貿易不均衡の調整を不可能にしていた固定為替相場はもはや存在しなかった。ミルトン・フリードマンのような経済学者たちは、変動相場制は深刻な貿易不均衡を消滅させるだろうと予測していた。通貨は貿易収支と資金需要次第で上昇も下降もするようになるはずだからだ。それでも日本の貿易黒字は、変動相場制の導入で減るどころか、拡大する一方だった。ジミー・カーター大統領が就任して間もなく、新政権は日本政府が「自国の利益を優先した恣意的な為替介入《ダーティ・フロート》」を行なっていると非難したが、これは日本銀行が為替相場を事前に決められた水準に保つために秘密裏に介入したことを指していた。日本は国際的な圧力に屈し、ダーティ・フロートを断念したが、その結果、円は戦後最高値を更新した。一九七一年には一ドル三六〇円だったのが、一九七八年七月までには一七七円にまで上昇したのである。

円高はドル安の裏返しでもあった。米ドルへの信頼はもはや崩壊しかかっているように見えた。その購買力は一〇年未満で三分の一にまで激減していた。その結果、カーターはマネーサプライを重視するポール・ボルカーを連邦準備制度理事会（FRB）議長に任命せざるをえなくなった。カーターに政治的な借りのないボルカーは、アメリカの国内需要を崩壊させるレベルにまで公定歩合を引き上げ、景気後退を引き起こしたが、最終的には投資家たちのドルへの信任を回復させたのである。

彼らの多くは日本の機関投資家たちだった。日本は一九七八年夏に秘密裏に実施された四カ国による共同米ドル防衛策にも参加していた(8)。日本にとって最大の輸出市場が一九七九年のイラン革命(第二次オイルショック)と「ボルカー不況」による二重の打撃を受けた結果、日本経済も減速し、その年は貿易赤字を二4半期連続で記録した(それ以降、日本は二〇〇九年まで貿易赤字に陥ることはなかった)。

だが、主にボルカーの公定歩合引き上げに熱狂的な反応を示した日本の機関投資家たちのおかげで、ドルへの信頼は回復した。一九八〇年に大蔵省が外為法を改正し、対外取引を原則自由化したことも米ドルに有利に働いた(これによって日本の金融機関は、従来のように海外で投資を行なう際に許認可を受ける必要がなくなった)。ちょうどその頃、アメリカではロナルド・レーガンが減税を公約して大統領に選出された。彼はまるで減税が税収増につながるかのように主張していた。本人は実際にそれを信じてさえいたのかもしれないが、いわゆる「レーガン革命」は、平時としてはアメリカ史上最大の財政赤字を生み出すきっかけとなった。だがその過程で、レーガンと彼の側近たちは、意図せずしてあることを証明することになる。それは「ケインズは正しかった」ということだった。資金調達が可能であることが大前提だが、瀕死の経済を復活させる最速かつ最も確実な方法は、膨大な財政赤字を生み出すことだったのである。

一九七八年には、アメリカに財政赤字をさらに拡大させる余裕があるかどうかは不透明だった。だがポール・ボルカーによる公定歩合引き上げと日本が示したドル保有意欲のおかげで、もはやその懸念は取り除かれた。財政赤字を拡大させたレーガン政権の一連の経済政策は、まさにケインズなら予測したはずの効果を生み出した。一九八二年までには、アメリカ経済は再び活況を呈し始めていたのだ。

日本の輸出産業にとって、これは最後の黄金時代の幕開けだった。米財務省が二桁台の金利を付けて発行したため、米国債への世界的な需要も急増していた。米ドルは、円はもちろん他の通貨に対しても一気に上昇した。アメリカ経済が息を吹き返し、米国民が消費を再開すると、日本製品が次々に買われるようになった。ソニーのウォークマン、パナソニックのVTR、シャープのテレビ、トヨタの自動車、富士フィルムのフィルム、ニコンのカメラ、新日鐵の鋼材、ホンダのオートバイ、ヤマハのピアノ、コマツの油圧ショベル、リコーの複写機、セイコーの腕時計、カシオの計算機、富士通のコンピューター、日立の半導体など、そのリストは延々と続いた。今にして思えば、これらの日々は、当時の多くの人々が考えたほどにはアメリカの産業にとって悲惨な時代ではなかった。ドル高と高金利によって非情なまでの淘汰にさらされた企業が次々に消滅していった結果、技術オタクしか名前を聞いたこ

(8) 他の三国は西ドイツ、スイス、サウジアラビアだった。

とのないような新興企業に資本が流入するようになった。マイクロソフト、アップルコンピューター、シスコ、インテル、サン・マイクロシステムズなどである。

もっとも、当時はまだ、アメリカ企業が三〇年後に誰もが使わなくてはならないオペレーティングシステム（OS）やプロトコルを生み出し、IT産業で圧倒的優位に立っているだろうなどと予測すれば頭がおかしいと思われたに違いない。何しろ、当時の日本人は、アメリカ企業には給料をもらいすぎか、怠け者か、粗悪品ばかり作る社員しかいないとすっかり思い込むようになっていたからだ。今や世界で最も消費者に愛される家電製品を作る企業の本社がまさかカリフォルニア州クパチーノにある（アップルのこと）などとは、当時は夢か悪夢の中の出来事としか思えなかったはずである。それどころか、アメリカ政府は当時、日本との競争でアメリカの産業が次々に壊滅状態に陥っている状況を何とかしろと圧倒的な政治的圧力（その大半は共和党からのものだった）をかけられていたのである。

レーガン政権の一期目においては、政府の市場介入は良い結果を生まないという教条的な市場原理主義の信奉者が圧倒的に優勢だった。そのうち一人は「米ドルの適正な価値は市場に決めさせるべきだ」と主張したほどである。だが政権二期目になると、もっと実利主義に基づく柔軟な考えの持ち主が経済政策の実権を握るようになった。彼らは愛国的な理由と政治的理由の双方から、何とか事態を打開する必要があると考えていた（アメリカの産業基盤が崩壊することを懸念していただけでなく、保護主義的な民主党政治家たちに強力な政治的争点を与えることを恐れていたということもある）。貿易不均衡の原因は為替相場（強いドル）にあると確信していた彼らは、日本に強い圧力をかけて一連の協調介入に参加するよう合意させた。目的はもちろん、超ドル高にブレーキをかけることにあった。

だが一九七一年と異なり、この時は日本政府側も好反応を示した。当時の日本を率いていた中曽根《なかそね》康弘《やすひろ》は、戦後日本が生んだ最も卓越した総理大臣の一人である。その彼が、このまま貿易不均衡を放置して、これ以上日米関係を悪化させるわけにはいかないと考えていたのだ。そして、一四年前に大蔵省が円高誘導の話を率先して頓挫させたのとは異なり、官僚組織内の主だった者も日本の経済モデルをそろそろ根本から立て直す必要があるという中曽根の考えに同意するようになっていた。それにこのままでは日本の驚異的な成功が、かえってこの国の最も重要な外交関係にひびを入れることになりかねなかった。日本は今や事実上あらゆる重要な産業分野で優位を占めるか、今まさに占めようとしており、今後は世界各国に拠点を置く多国籍企業の「司令塔」としての機能を強化しようとしているようにさえ思えた。だが、そのためには日本は変わらなくてはならなかった。日本はアメリカと協力して為替相場を再調整する必要があった。さらに重要なのは、輸出以外に日本経済の原動力となるような分野を探す努力をすることだった。

だが、それはやがて不可能であることが判明するのだ。

（以下下巻）

付録A：明治の指導者たち

板垣退助《いたがきたいすけ》（一八三七年 - 一九一九年）土佐（現在の高知県）出身。幕藩体制を瓦解させた戊辰戦争において重要な軍事的役割を果たす。後に明治政府と袂を分かち、下野後に自由民権運動の指導者となる。日本最初の近代政党の創設者で、代議制民主主義を日本に根付かせようとした。

伊藤博文《いとうひろぶみ》（一八四一年 - 一九〇九年）長州（現在の山口県）出身。総理大臣を四度務める。初代韓国統監（朝鮮の民族主義者によって暗殺される）。近代日本の建国の父という意味で、日本では明治の指導者グループにおける「ジョージ・ワシントン」的な存在と見なされている。

井上馨《いのうえかおる》（一八三六年 - 一九一五年）長州出身。初代外務大臣。日本政府の財政立て直しに中心的な役割を果たし、武士への俸禄支給を廃止し（秩禄処分）、近代的な税制として地租を導入した（地租改正）。

岩倉具視《いわくらともみ》（一八二五年‐一八八三年）公家出身。明治政府による最初の欧米への使節団（岩倉使節団）を率いる。近代的な皇室と議会制度を整備した。

岩崎弥太郎《いわさきやたろう》（一八三五年‐一八八五年）土佐出身。一代で三菱財閥を創始した日本で最初の偉大な実業家。

大久保利通《おおくぼとしみち》（一八三〇年‐一八七八年）薩摩（現在の鹿児島県）出身。明治維新の立役者。大蔵卿（のちに内務卿）として初期の殖産興業政策を指導。西郷隆盛の反乱（西南戦争）鎮圧に当たったことが原因で暗殺される。

大隈重信《おおくましげのぶ》（一八三八年‐一九二二年）肥前（現在の佐賀県）出身。明治初期の外務大臣。大蔵省を民部省と合併させて一大官庁とした。総理大臣を二度務める。東京専門学校（現在の早稲田大学）の創立者。

大山巌《おおやまいわお》（一八四二年‐一九一六年）薩摩出身。日本陸軍の創設に当たる。日清戦争および日露戦争における日本軍勝利の立役者。

桂太郎《かつらたろう》（一八四八年-一九一三年）長州出身。日清戦争で将軍として重要な陸軍師団の指揮を執った。台湾総督。総理大臣を三度務める。

木戸《きど》**孝允**《たかよし》（一八三三年-一八七七年）長州出身。薩長同盟を結び、明治新政府を発足させるなど、大久保利通、西郷隆盛とともに明治維新で中心的役割を果たした「維新の三傑」の一人。廃藩置県を主導した。

黒田《くろだ》**清隆**《きよたか》（一八四〇年-一九〇〇年）薩摩出身。第二代内閣総理大臣。西郷隆盛の反乱鎮圧に活躍して官軍の勝利に貢献した。北海道の開拓を監督。

西園寺《さいおんじ》**公望**《きんもち》（一八四九年-一九四〇年）公家出身。明治天皇の少年時代の学友。総理大臣を二度務める。一九一九年のパリ講和会議の首席全権委員。晩年は、軍部に反対する立憲主義者として知られた。

西郷隆盛《さいごうたかもり》（一八二七年-一八七七年）薩摩出身。明治維新およびその後の旧幕・佐幕勢力掃討（戊辰戦争）における主要な軍事指導者。かつての同志と袂を分かち、一八七七年、明治政府に対する最後にして最も大規模な反乱を指揮した（西南戦争。映画『ラストサムライ』は、この出来事に大まかに基づいている）。

渋沢栄一《しぶさわえいいち》（一八四〇年‐一九三一年）武蔵国血洗島（現在の埼玉県深谷市）出身。日本の銀行制度の父として知られる。

東郷平八郎《とうごうへいはちろう》（一八四八年‐一九三四年）薩摩出身。一九〇五年の日本海海戦でロシアのバルチック艦隊を沈め、日本を輝かしい勝利に導いた功績により、「東洋のネルソン」と呼ばれた。

乃木希典《のぎまれすけ》（一八四九年‐一九一二年）長州出身。日露戦争を指揮した重要な将軍の一人。東郷平八郎提督と共に、日本の勝利の最大の功労者と見なされている。昭和天皇の幼少期における教育係。

福沢諭吉《ふくざわゆきち》（一八三四年‐一九〇一年）中津（現在の大分県）出身。この時代における最も重要な知識人。最初の遣米使節団の随員。慶應義塾（現在の慶應義塾大学）を創設し、日本に西洋思想を広めることに大きく貢献した。

松方正義《まつかたまさよし》（一八三五年－一九二四年）薩摩出身。一八八〇年代に大蔵卿および大蔵大臣を務め、国家財政の立て直しを目指して安定した貨幣・金融制度の確立に着手した（松方財政）。後に総理大臣を務める。日本の資本主義化に大きく貢献した。

森有礼《もりありのり》（一八四七年－一八八九年）薩摩出身。イギリスに留学し、後に駐英公使を務める。日本の近代教育制度の父とされる。西洋の制度の導入に関しては急進的な考えの持ち主で、国粋主義者に暗殺された。

山縣有朋《やまがたありとも》（一八三八年－一九二二年）長州出身。日本陸軍および全国規模の男子徴兵制の生みの親と見なされている。軍部を政治的な監督から遮断しようと画策した。総理大臣を二度務める。一九三〇年代のファシスト的軍国主義の先駆者と考えられている。

付録B：戦後日本の有力な政治家・官僚たち

浅沼稲次郎《あさぬまいねじろう》（一八九八年－一九六〇年）筋金入りの左派政治家で、日本社会党が選挙で最も強かった一九五〇年代に党を率いたが、一九六〇年、ラジオの生中継中に民族主義者の右翼少年に小刀で暗殺された。

芦田均《あしだひとし》（一八八七年－一九五九年）一九四八年、一九九四年以前としては社会党を含む最後の連立内閣の総理大臣に就任。大手化学メーカーによる贈収賄の容疑（いわゆる昭和電工事件）を受け、辞任を余儀なくされた。この事件は日本の政界を定期的に大きく揺るがすスキャンダルに一つのひな型を提供し、それは野心的な政治家の手綱を締める手段として利用されるようになった。

麻生太郎《あそうたろう》（一九四〇年－）二〇〇八年から九年にかけて総理大臣を務めたが一年未満で退陣。

第二次安倍晋三内閣では副総理と財務大臣を務める。歯に衣着せぬ右派的な発言で知られているが、大衆文化に造詣が深く、飲食にこだわるグルメでもある。麻生家が経営していた石炭採掘事業（旧麻生商店）は、戦時中に強制徴用された朝鮮人と戦争捕虜に強制労働をさせていたと告発されている。母親は吉田茂の三女で、鈴木善幸は岳父である。

安倍晋三《あべしんぞう》（一九五四年－）二〇〇六年から〇七年にかけて総理大臣を務めたが一年で辞任し、二〇一二年一二月に政権に返り咲いた。国粋主義的・右派的思想の持ち主として長く知られてきた。祖父である岸信介の名誉を回復させ、一九三〇年代の歴史を日本に有利な視点で再解釈しようと試みている。

安倍晋太郎《あべしんたろう》（一九二四年－九一年）自民党の官僚・保守派勢力の指導者で、史上最長の任期にわたって日本の外相を務めた。総理大臣になることをほぼ確実視されていたが、田中角栄の集票組織を受け継いだ勢力によってその野望を阻まれた。アメリカ政府と緊密な関係を維持したことで知られている。岸信介の義理の息子で、現首相・安倍晋三の父親。

飯島勲《いいじまいさお》（一九四六年－）長年にわたって小泉純一郎の秘書を務め、小泉政権の政治的成功に大きく貢献したとしばしば評価されている。第二次安倍内閣において内閣官房参与に就任し、安倍に当面は右派的な主張をトーンダウンして経済改革の提唱者の立場を強調するように助言した。ある種の異端児と見なされる傾向があり、ジョージ・W・ブッシュ元米大統領を補佐したカール・ローブと比較されることもある。

池田大作《いけだだいさく》（一九二八年-）創価学会を「新興宗教」の中でも最大かつ最も強大な勢力に成長させた功績で広く知られている。膨大な資産と権力を有し、本来は創価学会の政治部門であった組織を改組して公明党を設立した。同党は現代の日本の政治で「第三極の老舗」の立場を維持し、一九六四年以降は創価学会から正式に分離されたが、一般国民の目には両者は不可分の関係に見えている。表面的には中道路線（特に外交と安全保障問題で）を打ち出しているが、大体において保守派勢力を支える立場に立つことが多く、重要な局面で自民党と数度にわたって連立政権を築いてきた。

池田勇人《いけだはやと》（一八九九年-一九六五年）大蔵官僚出身で、日本の経済的奇跡の立役者として知られている。一九六〇年に岸が日米安全保障条約の改定を強行採決したために暴動が発生し、その責任を取って辞任した後に首相に就任した。池田と聞いてすぐ連想するのが有名な「所得倍増計画」だが、一九五〇年代の社会的混乱の時代から経済成長に軸足を置いた時代へと国民を導いたことでも知られている。

石破茂《いしばしげる》（一九五七年-）二〇一二年の自民党総裁選（つまり総理大臣を決定する選挙）で安

倍に僅差で敗れた後、党幹事長に就任。その発言が注目を集めることも多く、二〇一三年後半に国会で強行採決された特定秘密保護法案に反対を唱えるデモを「テロと本質的に変わらない」と主張して物議を醸した。タカ派的見解を声高に唱える論客としても知られている。

石橋湛山《いしばしたんざん》（一八八四年－一九七三年）一九五六年から五七年にかけて約二カ月間総理大臣を務めた後に脳梗塞で倒れ、総裁選で破っていた岸に後事を託さざるをえなかった。政界入り前は著名なジャーナリストとして知られ、日本の一流経済誌である『週刊東洋経済』の主幹（社長兼編集長）を務めていた。大蔵大臣としてケインズに先立ってケインズ的財政政策の必要性を説いた高橋是清のようなリベラル派と、戦後の穏健派勢力との間の重要な接点でもあった。後者は左派寄りではなかったにもかかわらず、アメリカ政府べったりの外交政策から距離を置いていた。

石原慎太郎《いしはらしんたろう》（一九三二年－）青年作家として華々しいデビューを飾った後、一九九九年から二〇一二年まで東京都知事を務めた。右派的な見解と排外主義に満ちた歯に衣着せぬ発言で知られている。大阪市長の橋下徹と共同代表を務めた「日本維新の会」は、短期間ではあったが、日本の現代史上で自民党より右寄りの政党が政権に挑戦した初めての例となった。

猪瀬直樹《いのせなおき》（一九四六年－）著名なジャーナリスト兼著述家。石原慎太郎東京都知事の下で当初は副知事を務めていたが、石原の辞任後に行なわれた二〇一二年の都知事選で地滑り的勝利を収め、自ら知事に就任した。国際オリンピック委員会から二〇二〇年夏季五輪の東京誘致を勝ち取った功績を広く認められていたが、二〇一三年後半に巨額の政治献金の報告義務を怠っていたという報道が浮上して辞任に追い込まれた。猪瀬の辞任で行なわれることになった都知事選は、安倍政権発足後に初めて、同政権の信任を真に問うことになる選挙と見なされた。

宇野宗佑《うのそうすけ》（一九二二年‐一九九八年）リクルート事件で竹下登の政権が崩壊した後、一九八九年に短期間だけ総理大臣を務めたが、愛人から粗末な扱いを非難されたことが明るみに出て辞任に追い込まれた。日本の近現代史で政治家が性的スキャンダルによって政治生命を絶たれるのは前代未聞のことだった。

枝野幸男《えだのゆきお》（一九六四年‐）二〇一一年の震災当時に内閣官房長官を務め、政府の震災対策の顔となった。その後、野田内閣で経済産業大臣を務めた。

大平正芳《おおひらまさよし》（一九一〇年‐一九八〇年）田中角栄退陣後に初めて田中の支援を受けて総理大臣に就任した政治家。自民党内の二つの主要な派閥間の取引の一部として一九七八年に福田赳夫から政権を引き継いだ。大平の高い交渉力には定評があった。池田勇人と田中の両政権で外務大臣を務め、韓国と中国の両国との国交正常化交渉で重要な役割を演じた。在職中に死亡したが、それは大蔵省の強い要請により、消費税の導入に取り組んだストレスによるものだったという説もある。

岡田克也《おかだかつや》（一九五三年－）民主党の中心人物の一人。一九九三年に小沢一郎と共に自民党から集団離党した議員の一人で、最終的には一九九八年に民主党に落ち着いた。二〇〇九年に小沢一郎の代表辞任後に行なわれた代表選で鳩山由紀夫に敗れ、鳩山政権で外務大臣を務めたが、普天間海兵隊基地の移転問題では何の解決策にも達することができなかった。その後、野田佳彦の政権で副総理を務めた。

小沢一郎《おざわいちろう》（一九四二年－）田中角栄の最も重要な弟子と言っても過言ではない。海部俊樹の政権で自民党幹事長に上り詰め、湾岸戦争で日本政府が膨大な額の資金援助を行なうように仕向けた。日本が「普通の国」になることを阻む最大の障害は政党間の競争の欠如であることを確信していた小沢は、一九九三年に旧田中派の大半を引き連れて自民党を離党し、一九五五年以降初めて自民党の長期政権に一旦終止符を打った。だが政権交代を果たした野党の新政府を長期化させることに失敗し、その後の一五年間を真の二大政党制の制度的基盤を確立することに費やすことになる。二〇〇九年には民主党による政権奪取を実現。総理大臣に就任することが期待されていた中で、日本で野心的な政治家を抑え込むための常套手段によって挫折に追い込まれた。財務上の不正行為に関する疑惑を捏造するという手口である。小沢は日本の体制派エリートの大半から嫌われるか憎まれてさえおり、日米関係の基本となる前提や考え方を再交渉することを提案したためにアメリカ政府からも不信感を持たれていた。日本の官僚機構、大手メディア、ワシントンの対日政策エリート層が結んだ暗黙の協力関係によって、二〇一〇年には彼の影響下にあった鳩山由紀夫が首相辞任を余儀なくされた。その結果、小沢も民主党内で主導権を失い、権力から遠ざけられた。

小渕恵三《おぶちけいぞう》（一九三七年 - 二〇〇〇年）一九九八年の参院選で自民党が大敗した責任を取って橋本龍太郎が退陣し、その後を受け継ぐ形で総理大臣に就任した。明らかに重責に圧倒されていた小渕は、ストレスから脳梗塞で倒れ、二〇〇〇年四月に辞任すると、その数週間後に死亡した。

海江田万里《かいえだばんり》（一九四九年 - ）小沢一郎の盟友で、菅政権で経済産業大臣を務めた。菅の退陣後、小沢の支援を受けて民主党代表選に出馬したが野田佳彦に敗れ、勝った野田は自動的に総理に就任した。二〇一二年の総選挙で大敗した責任を取って野田が辞任した後、代表に選出された。

海部俊樹《かいふとしき》（一九三一年 - ）日本の戦後政治史で最大級のスキャンダルの煽りを受けて一九八

九年に竹下登が退陣し、宇野宗佑の政権が短命に終わった後に総理大臣に就任した。政敵の少なさが選ばれた最大の理由だったほどで、当座しのぎの首相と見なされていたが予想外に国民の人気が高く、意外に独立心があるところも見せた。一九九一年に党の長老たちに引きずりおろされると小沢一郎と手を組み、一九九三年に一九五五年以降初の非自民政権を誕生させた。

片山哲《かたやまてつ》（一八八七年‐一九七八年）左派勢力への支持が最高潮に達していた時代に、一九四七年から四八年にかけて社会党の総理大臣を務めた。労働者の権利を守る主要な制度の一部を実現に導いた。

加藤紘一《かとうこういち》（一九三九年‐二〇一六年）一九九〇年代の著名な自民党政治家。一九九一年に内閣官房長官に就任。宮澤喜一の直接の後継者で小泉純一郎の重要な政治的盟友。

金丸信《かねまるしん》（一九一四年‐一九六年）「キングメーカー」「政界のドン」「闇将軍」などと呼ばれた日本政界の実力者で、一九八〇年代後半に日本で最も大きな政治的影響力を有する黒幕となった。田中角栄の弟子の一人で、竹下登ときわめて近い関係にあり、最後は一九九〇年代前半の佐川急便スキャンダルで失脚するという典型的な末路をたどった。

閣僚入りした。

いところがある。小泉純一郎の郵政民営化に反対して目の敵にされ、小泉から落選させようと狙い撃ちされたにもかかわらず、再選を果たした。その後、自民党を離党し、鳩山政権で閣僚入りした。

亀井静香《かめいしずか》（一九三六年－）人気の高い「昔気質」の政治家だが、何を言い出すか予測できないところがある。小泉純一郎の郵政民営化に反対して目の敵にされ、小泉から落選させようと狙い撃ちされたにもかかわらず、再選を果たした。その後、自民党を離党し、鳩山政権で閣僚入りした。

菅直人《かんなおと》（一九四六年－）民主党を設立した政治家の一人で、二〇一一年に東日本大震災が発生した時の総理大臣。菅の政治的ルーツは学生運動にある。橋本龍太郎の連立政権で厚生大臣を務めた際に、初めて全国的な名声を得た。HIVに感染した可能性があると判明していた血液製剤が日本の血友病患者に使用されていた証拠を発見し、暴露したのである。

岸信介《きしのぶすけ》（一八九六年－一九八七年）戦後初期の数十年間における日本で最も重要な政治的指導者と言っても過言ではない。戦前は「満州国」の経済運営で辣腕を振るい、戦時中は東條内閣の商工大臣を務めた。終戦後に占領軍によって逮捕・収監されたが、不起訴のまま釈放された。一九五五年にはCIAからの極秘の資金援助の仲介役として自民党の成立に重要な役割を果たした。一九五六年の党総裁選では中道派の石橋湛山に敗れたが、石橋が病に倒れるとその後を継いで総理大臣に就任した。一九六〇年には国会で新安保条約批准案を強行採決し、それが安保闘争の激化を引き起こしたために辞任を余儀なくされた。それでも、一九八〇年代に至るまで政界の強力な黒幕として君臨し続けた。佐藤栄作の実兄で安倍晋太郎の義理の父。安倍晋三の祖父でもある。

小泉純一郎《こいずみじゅんいちろう》（一九四二年-）二〇〇一年に自民党が導入した総裁選の予備選で予想外の勝利を収め、総理大臣に就任した型破りの政治家。一九七〇年代以降、田中角栄か彼が構築した集票組織を受け継いだ勢力から政治的支援を受けなかった総理は小泉が初めてだった。戦後最も高い人気を誇った総理の一人で、一九八七年以降三年以上政権を維持した初めての例となり、二〇〇六年に退陣した。改革派のポーズを取ってはいたが、外交政策に関する考えは保守的でタカ派とさえ言える。ジョージ・W・ブッシュ米大統領と緊密な関係を結び、郵政「民営化」法案を国会で強引に通過させた。保守的な課題を達成させるために安倍晋三を後継者に選んだが、第二次安倍内閣が原子力支持の立場を打ち出すと後に安倍を公然と非難するようになった。

小泉進次郎《こいずみしんじろう》（一九八一年-）ハンサムでカリスマ的な小泉純一郎の二男。衆議院議員を務めており、自民党で将来を有望視される最も重要な若手政治家の一人である。

河野洋平《こうのようへい》（一九三七年-）森喜朗の政権で外務大臣、宮澤喜一の政権で内閣官房長官、社会党の村山富市の連立政権で副総理、そして二〇〇三年から〇九年まで衆議院議長を務めた著名な自民党政治家。最近、再びニュースに名前が登場するようになった理由は、一九九三年に発表された「河野談話」に再度注目が集まっているためである。河野はその中で、一九四〇年代に日本帝国陸軍が日本兵の性的欲求を満たすために韓国その他の国々から女性を強制連行したことを認めたのだ。

古賀誠《こがまこと》（一九四〇年-）森喜朗政権で自民党幹事長を務めた著名な政治家。全米ライフル協会と比較されるほど大きな政治的影響力を持つ日本遺族会の会長を務めた。古賀はある意味で安倍に対しても批判的な発言を行なっており、靖国神社問題を解決するためには、一九七八年に行なわれた「A級戦犯」の合祀を取り消すべきだと主張している。彼はまた、少なくとも「国権の発動たる戦争」を永久に放棄することを定めた憲法第九条第一項は破棄すべきではないとも主張している。

児玉誉士夫《こだまよしお》（一九一一年-一九八四年）戦後初期における最も重要な政財界の黒幕、あるいはフィクサーの一人。戦前は極右の扇動家として活動し、リベラル派や穏健派の政治家たちの暗殺計画に関与した。中国大陸に渡って巨万の富を築き、戦後は占領軍に戦犯容疑で逮捕されたが、不起訴に終わった。釈放後には極右勢力、暴力団、結成されたばかりの自民党の間で重要なパイプ役を務め、岸信介とも緊密な関係を結んでいた。米ロッキード社も彼を通じて日本に関する情報を得ていた。一九七六年から七七年にかけて、田中角栄の失脚につながったロッキード事件が明るみに出たことで、児玉の存在にも焦点が当てられるようになった。このスキャンダルで、田中は衆議院議員の職を除き、あらゆる政府公職に就く望みを絶たれることになる。

後藤田正晴《ごとうだまさはる》（一九一四年－二〇〇五年）田中角栄の重要な側近で、田中政権では警察庁長官を務めた。この時の経験から日本の官僚組織に戦術的にどう対処すればいいかを本能的に会得したという。大平正芳、中曽根康弘、宮澤喜一の各政権で閣僚入りし、中曽根政権では内閣官房長官を務めただけでなく、同政権の成功に多大な貢献をしたと評価されている。

斎藤次郎《さいとうじろう》（一九三六年－）大蔵省で最高の地位である事務次官にまで上り詰めた官僚。斎藤の前任者たちは必ずしも世間的な知名度は高くなかったが、斎藤が次官に就任した一九九三年は、バブル経済が崩壊し、小沢一郎が一九五五年以来初めて自民党の長期政権に一旦終止符を打った直後のことだった。そのため、彼は国民に対して官僚組織のスポークスマンを務めざるをえなかったのである。その後、政治的に大きな注目を集める日本郵政の社長に就任した。

榊原英資《さかきばらえいすけ》（一九四一年－）かつて大蔵省国際金融局長を務め、為替市場を動かすほど発言に影響力があったことから、マスコミに「ミスター円」と呼ばれるようになった。一九九五年には「テキーラ危機（メキシコ通貨危機）」の後で円高が政治的に危険水域に突入していたために、米財務省と交渉して協調介入に踏み切った。しばしば物議を醸す見解を公言する知的異端児として知られ、最近は「アベノミクス」に批判的な持論を展開して再度注目を集めた。榊原は、二％のインフレ目標を達成することは困難だと主張している。

佐藤栄作《さとうえいさく》（一九〇一年-一九七五年）日本の歴代総理大臣の中で最も在任期間が長い（一九六四年-七二年）。岸信介の実弟。沖縄の施政権を名目的に日本に返還する交渉に臨んだが、アメリカがその交換条件と考えていた繊維の対米輸出抑制が実現されなかったため、当時のニクソン政権を激怒させた。それでも一九七四年には功績を称えられ、ノーベル平和賞を受賞した。

菅義偉《すがよしひで》（一九四八年-）安倍晋三の主な盟友の一人で、第一次安倍内閣で総務大臣を務め、二〇一二年に安倍が政権に復帰すると内閣官房長官に就任した。

鈴木《すずき》**善幸**《ぜんこう》（一九一一年-二〇〇四年）一九八〇年に急死した大平正芳の後を継ぐ形で総理大臣に就任。記者会見や外国政府首脳との会談では官僚が用意した回答を読み上げることに終始し、その主体性のなさによってほとんど笑いものにされていた。このままでは国家として体面が保てなくなると考えた日本のキングメーカー二人（田中角栄と岸信介）は鈴木の退陣を画策し、中曽根康弘をその後任に据えることにした。

鈴木宗男《すずきむねお》（一九四八年-）日本の最北端にある北海道で、田中角栄と小沢一郎によく似た強力な集票組織の地方版を築き、小渕恵三の政権では内閣官房副長官に抜擢された。二〇〇二年には建設会社からの収賄疑惑で逮捕されたが、鈴木が犯した本当の「犯罪」は、ロシアとの領土問題（第11章を参照）を解決しようとして、日本の官僚機構を迂回しようとしたことだったのではないかとする見方も少なくない。鈴木の選挙区の有権者の多くは、第二次世界大戦末期にロシアに占領された南クリル諸島（いわゆる北方領土）から立ち退きを強いられた人々の親族である。

竹下登《たけしたのぼる》（一九二四年-二〇〇〇年）田中角栄の主だった弟子の一人だが、一九八三年に田中に対するクーデターを先導した。大蔵大臣（一九八二年-八六年）として一九八五年のプラザ合意の実現に寄与し、その後、総理大臣（一九八七年-八九年）に就任した。リクルート事件で退陣を余儀なくされた後も、一九九〇年代を通じて舞台裏で大きな影響力を行使し続けた。

竹中平蔵《たけなかへいぞう》（一九五一年-）小泉純一郎の政権で閣僚入りした著名な新自由主義エコノミスト。新自由主義路線に沿って日本経済の民営化と構造改革の推進を提唱した。アメリカ政府に受けがいい小泉政権の新自由主義的なポーズのメッキがはがれずにすんだのは、竹中の率直な発言に負うところが大きかった。竹中は、一九八〇年代後半のバブル経済のツケともいうべき銀行の不良債権問題を最終的な解決に導いたのは自分の功績だと主張したが、これに関しては異論を唱える向きもある。

田中角栄《たなかかくえい》（一九一八年－一九九三年）戦後日本で最も重要な存在となった政治家といえる。史上空前の規模の金と利益供与をばらまくことで、日本の選挙政治を一変させた。その衝撃によって選挙制度は再編を強いられ、その余波は今も続いている。一九七二年から七四年まで総理大臣を務めたが、ロッキード事件の発覚後に衆議院議員の職を除き、あらゆる政府公職を退かざるをえなくなった。それでも政界の「闇将軍」として次の一〇年間も舞台裏で君臨したが、それも一九八三年に最も重要な弟子である金丸信、竹下登、小沢一郎の三人が彼に反旗を翻すまでのことだった。それから間もなく、田中は脳梗塞で倒れることになる。

田中眞紀子《たなかまきこ》（一九四四年－）田中角栄の長女で、その歯に衣着せぬ発言は何かと物議を醸すことが多い。父親の集票組織の大半を引き継いだが、どんな相手も味方につけてしまう比類なき交渉能力は受け継いでいなかった。小泉純一郎の政権で閣僚入りするように請われ、外務大臣に就任した。だが北方領土問題でロシアと取引をしようとした鈴木宗男のスキャンダルに巻き込まれると、小泉を公然と批判した後に更迭された。その後、自民党を離党して民主党に入党すると、野田佳彦の政権で文部科学大臣に就任した。

土井《どい》たか子（一九二八年－二〇一四年）女性として日本で初めて主要政党の党首に就任し、社会党を率いた。一時は有権者（特に女性層）から多くの支持を集め、社会党を教義的な左派寄りの政策から脱皮させることに尽力した。一九九一年には党首を辞任し、短命に終わった細川護熙との連立政権で衆議院議長を務めた。その後、党名を変更した社会民主党の党首に復帰したが、九四年の自民党との連立政権を党の理想に対する裏切りと見た有権者の反発を招き、同党は見る影もなく凋落した。

中曽根《なかそね》弘文《ひろふみ》（一九四五年－）中曽根康弘の長男で、現在の自民党で最も有力な政治家の一人。かつて文部大臣（一九九九年－二〇〇〇年）と外務大臣（二〇〇八年－〇九年）を務めた。

中曽根《なかそね》康弘《やすひろ》（一九一八年－）一九八二年から八七年まで総理大臣を務めた。ロナルド・レーガン米大統領と親密な関係を築き、日本国有鉄道（国鉄）を民営化するなど、政治的に最も成功した日本の総理大臣の一人と言っていい。それにもかかわらず、メディアは田中角栄との緊密な関係を揶揄した「田中曽根政権」という呼称を定着させた。中曽根は日本の政界である種の長老政治家として存在感を示し続けたが、その一方で日本を致命的な原子力依存に引き込んだ「原子力村」との深い関係が指摘されている。

西尾末広《にしおすえひろ》（一八九一年－一九八一年）片山哲と芦田均の政権で閣僚を務めた社会党政治家。戦後日本で起きた最初の大規模なスキャンダルに巻き込まれ、逮捕されたが後に無罪となった。政界に復帰すると、一九六〇年に日本社会党の穏健派勢力を率いて離党し、民主社会党（民社党）を結成した。民社党解散後、大半の議員は最終的に民主党に参加した。

野坂参三《のさかさんぞう》（一八九二年－一九九三年）日本共産党の結成にかかわった一人。戦後初期の数十年間において同党の最も重要な指導者の一人だった。岸信介の政権を崩壊させた一九六〇年の暴動や、一九五〇年代に日本全国で多発した一連のストの実施計画でも重要な役割を果たした。野坂はソ連と中国の共産党のどちらにも人脈を持っていた。最晩年には公開されたKGBの内部文書から野坂が一時期コミンテルンのスパイを務め、同僚の密告にかかわった結果、その同僚はスターリンの秘密警察に粛清されたことが明らかになった。このため、共産党は彼を除名処分にした。

野田佳彦《のだよしひこ》（一九五七年－）三人の総理大臣を生んだ民主党政権の末尾を飾った。二〇一一年九月に菅直人が辞任した後に総理に就任。消費税増税を強引に国会で通過させ、尖閣諸島問題で中国への対処の仕方を誤った。その結果、二〇一二年に民主党が総選挙で敗北し、保守政権が復活するお膳立てをしたという評価が広く定着している。

野中広務《のなかひろむ》（一九二五年－）一九九〇年代にいくつかの主要ポストに就き、総理候補と目された自民党の著名な政治家。最近、ニュースで話題になったのは、田中角栄と周恩来《しゅうおんらい》が尖閣問題の棚上げに具体的に合意していたことを田中本人から聞いたと野中が発言したためである。政府の公式の立場は、そうした会話の記録は存在せず、従って「領土問題は存在しない」というものであるため、それを真っ向から否定する形となった。

橋下徹《はしもととおる》（一九六九年－）大阪市長として高い人気を誇り（毀誉褒貶も激しいが）、石原慎太郎と共に「日本維新の会」の共同代表を務めた。同党は右派的な見解と地方分権を中心とする主張を展開し、二〇一二年の総選挙で躍進したが、その後内部崩壊に至った。橋下は、慰安婦問題に関する発言で海外メディアから槍玉に上げられたこともある。

橋本龍太郎《はしもとりゅうたろう》（一九三七年－二〇〇六年）竹下登の弟子。小沢一郎が田中派の勢力の大半を率いて自民党を離党した後、その残党を率いた。主要な閣僚職を一通り経験した後、一九九六年から九八年まで総理大臣を務めた。アメリカでは、通産大臣当時の一九九四年に、日米通商問題をめぐってミッキー・カンター米通商代表部代表と丁々発止のやり取りをした人物として知られている。

羽田孜《はたつとむ》（一九三五年－二〇一七年）小沢一郎の主要な盟友の一人で、一九五五年以降初めての非自民政権の成立に貢献し、九四年には自らも短期間総理大臣を務めた。

鳩山一郎《はとやまいちろう》（一八八三年-一九五九年）戦前の保守派エリート層の中心人物の一人だったが、軍国主義者たちに脇に追いやられ、一九四六年には総理大臣に就任する直前になって占領軍から公職を追放された。一九五一年には政界に復帰し、一九五四年に吉田茂の退陣を画策して総理大臣に就任した（一九五四年-五五年）。地位にとどまるために当時の民主党との保守合同を実現し、新たに自由民主党（自民党）を結成した。鳩山由紀夫の祖父。

鳩山由紀夫《はとやまゆきお》（一九四七年-）鳩山一郎の孫。二〇〇九年から一〇年にかけて、日本の議会政治で主導権を握った民主党の共同設立者であり、主要な指導者の一人。民主党初の総理大臣に就任した。

福田赳夫《ふくだたけお》（一九〇五年-九五年）大蔵官僚出身で一九七六年から七八年まで総理大臣を務めた。佐藤栄作が退陣し、田中角栄が台頭する中で自民党の「官僚派」を率いた。ライバルの田中との争いはメディアから「角福戦争」と呼ばれ、二〇世紀半ばの日本政治史における最大の政治闘争の一つと見なされている。

福田康夫《ふくだやすお》（一九三六年-）福田赳夫の長男。森喜朗と小泉純一郎の政権で内閣官房長官を務め、二〇〇七年から〇八年にかけて一年間首相を務めたが、政権運営では多難を強いられた。

細川護熙《ほそかわもりひろ》（一九三八年-）一九五五年以降初めて誕生した非自民の総理大臣。一九九三年から九四年にかけての八カ月間で辞任。戦後最大の政治スキャンダルの一つが発生した直後、設立した新党が選挙で支持を集めたが、その後同じスキャンダルで退陣を余儀なくされた。安倍晋三の政権の信任を問うために表舞台に舞い戻り、二〇一四年の東京都知事選に立候補した。日本で最古の貴族の血筋を引く。

前原誠司《まえはらせいじ》（一九六二年-）一九九二年に細川護熙が創立した政党から総選挙に出馬して衆議院議員となる。その後民主党の著名な政治家として短期間党代表を務め、民主党が政権の座に就いていた二〇〇九年から一二年にかけて多くの閣僚職を経験し、菅直人の政権では外務大臣を務めた。消費税増税に反対の立場を表明しており、菅の後任の座を争う党代表戦で野田佳彦に敗れた。

舛添要一《ますぞえよういち》（一九四八年-）政界入りする前は福祉や「高齢化社会」の問題に関して高い見識を持つニュース解説者として活躍した人気の高い政治家で、参議院当選後に第一次安倍晋三政権で厚生労働大臣を務め、総理候補として頻繁に名前が上がった。二〇〇九年の自民党敗北後には、離党して新党を結成したが、その後自民党と民主党の双方からアプローチを受けた。二〇一四年の東京都知事選で自民党推薦の無所属候補として出馬し、細川護煕元首相を破って当選を果たした。

三木武夫《みきたけお》（一九〇七年－一九八八年）一九七四年に田中角栄の辞任後に総理大臣に就任。その主な理由に、金脈問題で腐敗しているという噂のない数少ない政治家の一人だったことがあった（彼の妻の実家は資産家だった）。だが日本の政治を「クリーン」にしようとした三木の試みは、自民党の強力な派閥領袖たちの反発を招き、間もなく彼らの支持を失うと、福田赳夫に取って代わられた。

宮澤喜一《みやざわきいち》（一九一九年－二〇〇七年）大蔵官僚の出身で、知的な国際派と知られる古いタイプの「官僚派」政治家。その一方で田中角栄の集票組織を受け継いだ勢力の政治的支援を受け、一九九一年に総理大臣に就任した（その後、訪日中のジョージ・H・W・ブッシュ米大統領が東京で公式晩餐会に出席した際、隣席の宮澤の膝の上に嘔吐したことでアメリカでも一躍有名になった）。小沢一郎が最初に自民党に反旗を翻した際に辞任に追い込まれた。宮澤はおそらく総理としてより、蔵相として大きな足跡を残した。一九八〇年代後半、そして一九九〇年代後半に再びこの地位に就任し、一九七〇年代前半におけるブレトン・ウッズ体制の解体から二〇〇三年に引退するまで、日本政府が関連したあらゆる国際金融交渉に参加するか自ら主導役を務めた。

宮本顕治《みやもとけんじ》（一九〇八年－二〇〇七年）一九四〇年代後半に短期間、そして再度一九五八年から七七年にかけて日本共産党を指導した。暴力革命路線を転換して一般社会に受け入れられやすい党運営を目指し、それぞれ別の時期に中国やソ連を批判し、都市部の労働者階級や小規模店舗経営者の声を代弁する立場を強化した功績などを認められている。

村山富市《むらやまとみいち》（一九二四年－）一九四八年以降に誕生した日本社会党唯一の総理大臣。一九九四年、一九五五年以来初の非自民政権を倒すために自民党と連立を組んだ見返りとして総理に就任した。有権者は大量に離反することで社会党を罰した。一八ヵ月間の任期中に上げたほぼ唯一の成果は、一九三〇年代の日本の行為を認め、公式に謝罪したことだった。

森喜朗《もりよしろう》（一九三七年－）二〇〇〇年に急病で倒れた小渕恵三の後を引き継ぐ「暫定政権」を率いるために総理大臣に就任。道化者的なイメージが定着したこともあって、一年ほどで辞任した。二〇二〇年の東京五輪招致活動に携わり、後に東京五輪組織委員会の会長に就任した。

山﨑拓《やまさきたく》（一九三六年－）小泉純一郎、加藤紘一らと緊密な盟友関係を結び、小泉政権では自民党幹事長に抜擢された。一九九九年に総裁選に出馬して敗れたものの善戦し、それ以降、有力な首相候補と目されるようになったが、その野望はついに果たせなかった。

吉田茂《よしだしげる》（一八七八年－一九六七年）終戦直後の日本における最も重要な政治指導者。政界入りする前は外交官としてキャリアを築き、一九三〇年代には駐英日本大使としてロンドンに駐在したこともあった。戦後は占領軍によって短期間収監されたが、一九四六年に釈放されると総理大臣に就任した。その後、初の社会党政権である片山哲の内閣とそれに続く芦田均の連立政権が相次いで崩壊すると、一九四八年に再び総理に返り咲いた。サンフランシスコ講和条約を締結して占領に終止符を打ち、一九五四年末に鳩山一郎政権を誕生させた勢力に追い落とされるまで首相の座に座り続けた。一九五五年に日本民主党と自由党の保守合同によって自民党が結成されると、吉田は一九六〇年代前半に至るまで陰の実力者として影響力を行使し続けた。麻生太郎の祖父でもある。

渡邉美智雄《わたなべみちお》（一九二三年－一九九五年）二〇世紀後半の重要な自民党の政治家で野心家だったが失言癖があった。一九七八年から一九九三年にかけて数多くの閣僚職に就き、長年にわたって総理大臣候補の筆頭と見なされてきた。欧米では、アメリカのアフリカ系アメリカ人に対する人種差別的発言や、日韓併合は円満に行なわれたので植民地支配に当たらないと発言したことなどで注目を集めた。

索　引

＊「n」は脚注内の記述、「f」は図中の語句やその説明書きを示す。
＊現代の国名や一般語は立項していない。

■数字・略語など

■あ

■え

■お

■す

■せ

■そ

■た

■み

■む

■め

■わ

注記と主な参考図書

当初、本書は一冊で手軽に日本のことがわかる入門書として書かれる予定だった。その後、オックスフォード大学出版局の理解を得て、より野心的な試みに形を変えることになったわけだが、巻末に詳細な参考文献目録がないのはそのためである。いずれにせよ、本書で扱っている広範なテーマをすべてカバーする参考文献目録を作れば、それだけで一冊の本になってしまうだろう。

その代わりに私は、本書で参考文献を必要とすると思われる文章の一部を書き出して、それに対応する文献を列挙することにした。それから各章で扱われている特定のテーマに関して、私の考えをまとめるのに役立った英語の文献を紹介してある。これらのテーマについてもっと深く知りたいと思う読者なら、きっと関心を持ってくれるはずの書籍ばかりだ。

最初に読者諸兄に紹介しておきたいのは、私の日本に関する考え方に最も大きな影響を与えた何冊かの書物である。以下の六冊の本は、江戸時代末期から日本がたどった悲劇的な歴史的経緯に関して、私自身が包括的かつ大局的な理解を深めるのに中心的な役割を果たした。

1　**カレル・ヴァン・ウォルフレン『日本／権力構造の謎』**（早川書房、全2巻、1994年)。原著タイトル : *The Enigma of Japanese Power* (Knopf, 1990)。20世紀後半における日本の権力構造に関して英語で書かれた卓越した著作。

2　**E・H・ノーマン『日本における近代国家の成立』**（岩波書店、1993年）に含まれる同タイトルの論文。ノーマンの論文の大半は1930年代に書かれ、その後、アメリカの冷戦時代の学会の第一世代から批判を受けた。彼らは、徳川幕藩体制下の様々な要素が明治維新の成立につながったというマルクス主義的な香りのする分析に異論を唱えたのだ。（こうした視点が特に顕著な研究書に、アルバート・M・クレイグの *Choshu in the Meiji Restoration* [Harvard, 1961] がある。）それでも、ノーマンの一連の論文は現在も、欧米と日本における明治維新研究の要石となっている。英語の原著（*Origins of the Japanese Modern State: Selected Writings of E. H. Norman*, ed. John Dower [Pantheon, 1975]）に100ページほどの序文を寄せたジョン・ダワーは、その中で戦後初期の数十年間においてアメリカの日本研究が政治化されてい

ったプロセスに関して優れた分析を行なっている。

3　**イアン・ブルマ『近代日本の誕生』**（ランダムハウス講談社、2006年）。原著タイトル：*Inventing Japan: 1853-1964* (Modern Library, 2003)。小品であるがまさに名人芸とも言えるこの著作で、ブルマは「日本」が本質的に現代になってから「発明」されたものであること、そしてそれがどういう経緯で「発明」されたかを明らかにしている。

4　**丸山眞男『増補　現代政治の思想と行動』**（未來社、1980年）。英語版タイトル：*Thought and Behavior in Modern Japanese Politics,* ed. Ivan Morris (Oxford, 1963)。現代日本の卓越した政治思想家によるこの論文集は、20世紀の日本政治史を理解する上で必読の書である。

5　**ジョン・ダワー『敗北を抱きしめて――第二次大戦後の日本人』**（全2巻、岩波書店、2004年）。原著タイトル：*Embracing Defeat* (W.W. Norton, 1999)。この歴史叙述のお手本とも言える傑作の中で、ダワーは戦後日本を支配してきた現実の起源に迫っている。もはや簡単には抜け出せなそうなほど複雑にもつれ合ったアメリカとの関係である。

6　**チャルマーズ・ジョンソン『通産省と日本の奇跡』**（ティビーエス・ブリタニカ、1982年）。原著タイトル：*MITI and the Japanese Miracle* (Stanford, 1982)。この画期的な著作は、日本の輸出依存型成長モデルの制度的起源に関する最も重大かつ包括的な分析として、現在に至るまで輝きを失っていない。

アイヴァン・モリスの『光源氏の世界』（筑摩書房、1969年）と『高貴なる敗北――日本史の悲劇の英雄たち』（中央公論社、1981年）は、私にとって日本の中世史に関する最大の愛読書となって久しい。マリウス・ジャンセンの *The Making of Modern Japan* (Belknap/Harvard, 2000) の第1章から10章までは、江戸時代の日本の歴史を知りたい者にとって私の知る限り最高の入門書となっている（『日本における近代化の問題』岩波書店、1986年）。タイモン・スクリーチの *Sex and the Floating World: Erotic Images in Japan 1700-1820*, 2nd edition (Reaktion Books, 2009) は、時代を超えて見る者を引き付ける浮世絵が描かれた動機について、ある意味で衝撃的な背景（とそれらの作品が持つ性的側面）があることを明らかにした。エドワード・G・サイデンステッカーは、『東京 下町・山の手』（講談社、2013年）で、徳川幕府時代の「江戸」が現代の「東京」に変貌を遂げる過程を描いているが、それは同時に日本全体の変貌を描くことにも通じる。アンドルー・ゴードンの『日本の200年――徳川時代から現代まで』（全2巻、み

すず書房、2006年）は、私の考える理想的な教科書に最も近い通史だ。エズラ・ヴォーゲルの『日本の新中間階級――サラリーマンとその家族』（誠信書房、1968年）は、戦後初期の数十年間におけるサラリーマン文化に関して英語で書かれた著作としては、現在も第一級の研究書である。ケント・カルダーは『自民党長期政権の研究――危機と補助金』（文藝春秋、1989年）において、「日本の経済的奇跡」の実現に必要な政治的安定が補助金によって「買われた」過程を明らかにした。また、ジョン・C・キャンベルの『予算ぶんどり――日本型予算政治の研究』（サイマル出版会、1984年）は、戦後初期の数十年間において日本の政治の仕組みが実際にどう機能したのかを描き、アレックス・カーの『犬と鬼――知られざる日本の肖像』（講談社、2002年）は、日本の高度成長が美的・文化的な犠牲の上に成り立っていた事実を辛辣な筆致で伝えている。エドウィン・O・ライシャワーの『ライシャワー自伝』（文藝春秋、1987年）は、興味深い読み物であると同時に、日米関係構築の重要な当事者によるきわめて示唆に富んだ自伝である。ガバン・マコーマックは『属国――米国の抱擁とアジアでの孤立』（凱風社、2008年）において、日米関係の病的な側面を端的に描写し、私も拙著『日本経済の本当の話』（全2巻、毎日新聞社、1996年）で、日本がアメリカに依存しているように、少なくとも金融面では逆もまた真であることを明らかにしようと試みた。ジェイコブ・シュレジンジャーは *Shadow Shoguns: The Rise and Fall of Japan's Postwar Political Machine* (Simon and Schuster, 1997) で、20世紀後半に田中角栄が日本の政治にもたらした影響について書いている。リチャード・カッツの『腐りゆく日本というシステム』（東洋経済新報社、1999年）は、「奇跡」と呼ばれるほど驚異的な成果を挙げた経済の仕組みがその後どうなったかを説得力のある筆致で描いている。一方、三國陽夫と私は共著『円デフレ――日本が陥った政策の罠』（東洋経済新報社、2002年）で、財政、政治、国際収支などの要素が絡み合った状況が、日本のマクロ経済的な問題の容易な解決を阻んでいる実態を分析した。リチャード・クーが書いた『デフレとバランスシート不況の経済学』（徳間書店、2003年）と *The Holy Grail of Macroeconomics: Lessons from Japan's Great Recession* (John Wiley & Sons, 2009) は、バブル経済崩壊後に日本に何が起きたかだけでなく、そこから世界全体がどういう教訓を学ぶべきかを示唆する内容となっている。また、ウルリケ・シェーデの *Choose and Focus: Japanese Business Strategies for the 21st Century* (Cornell, 2008) は、私が過去数十年間で読んだ中で、日本の企業戦略が経てきた変化について書かれた最良の著作である。

本書の草稿が完成に近づくにつれ、イギリスの左派系言論誌『ニュー・レフト・レビュー』が全ページを割いて（2013年9月・10月号）、ペリー・アンダーソンの論文 "American Foreign Policy and its Thinkers" の特集を組んだ。この論考と、ロバート・ブレナーの *The Economics of Global Turbulence* (Verso, 2006)、それにブレナー自身が2008年の出来事を踏まえて最新分析をまとめた長文の論説 "What is Good for Goldman Sachs is Good for America: The Origins of the Present Crisis" (Center for Social and Comparative History, UCLA) が併せて提示する国際情勢の壮大な全体像は、近代日本がたどった悲劇的な歴史的経緯を分析する際に理想に近い枠組みを提供している。

序　文

スティーブン・ラトナー "The Lessons of Japan's Economy," *The New York Times,* Oct. 13, 2013.

ラフカディオ・ハーン *Gleanings in Buddha Fields* (Cosmo Classics, 2004).

カート・シンガー *Mirror Sword and Jewel* (Routledge, 1997).

イアン・ブルマ 『日本のサブカルチャー――大衆文化のヒーロー像』（ティビーエス・ブリタニカ、1986年）

ドナルド・リチー *The Inland Sea,* 2nd Edition (Stonebridge Press, 2002). 日本が外国人に与える影響に関して書かれた数多くの著作の中でもおそらく最高の本。もはや故人となったが、リチーの著作はどれでも読むに値する。彼を最も有名にしたのは、日本映画に関する一連の画期的な研究だったが、20世紀後半における一般的な日本人の生活に関しても、おそらく外国人の中で最も優れた観察眼を有していた。

ユーチューブ http://www.youtube.com/watch?v=qpZbu7J7UL4&feature=c4-overview-vl&list=PLDbSvEZka6GHk_nwovY6rmXawLcota_AD

ニュルンベルク裁判 丸山眞男『増補　現代政治の思想と行動』（未來社、1980年）

政治的目標 カレル・ヴァン・ウォルフレン『日本／権力構造の謎』（早川書房、全2巻）

第1章

地球上の陸地表面は Alexander Murphy, "The Sovereign State System as

Political-Territorial Ideal: Historical and Contemporary Considerations," in Thomas J. Biersteker and Cynthia Weber, eds., *State Sovereignty as a Social Construct* (Cambridge, 1996).

ベルサイユ宮殿やムガル帝国　平安時代の文化や文学に関しては、アイヴァン・モリス『光源氏の世界』（筑摩書房、1969年）を大いに参考にした。同書では、他にも興味深い分析を読むことができる。

日本で最古の文化的な元型《アーキタイプ》／アイヴァン・モリス『高貴なる敗北──日本史の悲劇の英雄たち』（中央公論社、1981年）

弁慶　イアン・ブルマ『日本のサブカルチャー』には義経と弁慶の伝説が語られている。また、この著作そのものが日本における文化的元型《アーキタイプ》に関する素晴らしい入門書になっている。

資本主義社会に完全に移行していたかどうかをめぐって二つの学派が

Germain A. Hoston, *Marxism and the Crisis of Development in Prewar Japan* (Princeton, 1986).

《その他の参考図書》

ジョージ・サンソム『日本文化史』（創元社、全3巻、1951年）

Marius B. Jansen, ed., *Warrior Rule in Japan* (Cambridge, 1995).

第2章

間断のない変化　マリウス・ジャンセン *The Making of Modern Japan* (Belknap/Harvard, 2000) を参考にした。

樹木の本数　ジャレド・ダイアモンド『文明崩壊』（草思社、2012年）の第9章より。

タイモン・スクリーチ　*Sex and the Floating World: Erotic Images in Japan 1700-1820*, 2nd edition (Reaktion Books, 2009).

若いサムライたちは　Gary P. Leupp, *Male Colors: The Construction of Homosexuality in Tokugawa Japan* (University of California Press, 1995).

運命共同体の一部　E・H・ノーマン『日本における近代国家の成立』（岩波書店、1993年）に含まれる同タイトルの論文。

坂本龍馬　マリアス・ジャンセン『坂本龍馬と明治維新』（時事通信社、2009年）

《その他の推薦図書》

Herman Ooms, *Tokugawa Ideology: Early Constructs, 1570-1680* (Princeton, 1985).
丸山眞男『日本政治思想史研究』（東京大学出版会、改訂版 1983 年）
ロバート・ベラー『徳川時代の宗教』（岩波書店、1996 年）
Thomas C. Smith, *The Agrarian Origins of Modern Japan* (Stanford, 1959).
Gregory M. Pflugfelder, *Cartographies of Desire: Male-Male Sexuality in Japanese Discourse, 1600-1950* (University of California, 1999).
Leslie Downer, *Geisha: The Remarkable Truth behind the Fiction* (Headline, 2001).
Liza Dalby, *Geisha* (University of California, 1983).
ドナルド・キーン『日本文学史 近世篇』（中央公論社、全 2 巻、1976-77 年).
Timothy Clark, C. Andrew Gerstle, Aki Ishigami, Akiko Yano, eds., *Shunga: Sex and Pleasure in Japanese Art* (British Museum, 2013).

第 3 章

「文明開化の進歩を謀るものと其進歩を妨げんとするものの戦」 ジャンセン *The Making of Modern Japan* (Belknap/Harvard 2000), p. 434 より。

官民一致の勝利　客の目をごまかす　どちらもイアン・ブルマ『近代日本の誕生』（ランダムハウス講談社、2006 年）より。

E・H・ノーマンは、山縣を　E・H・ノーマン『日本における近代国家の成立』（岩波書店、1993 年）より。

カレル・ヴァン・ウォルフレン　『日本／権力構造の謎』（早川書房、全 2 巻）より。

丸山眞男　『増補　現代政治の思想と行動』（未來社、1980 年）より。

《その他の推薦図書》

Roger W. Bowen, *Rebellion and Democracy in Meiji Japan* (University of California, 1980).
W. J. Macpherson, *The Economic Development of Japan 1868-1941* (Cambridge, 1987).
Mikiso Hane, *Peasants, Rebels, and Outcasts: The Underside of Modern Japan* (Pantheon, 1982).
Arthur Herman, *The Idea of Decline in Western History* (The Free Press, 1997). 明治時代に紹介されて人種に関する考え方については第 2 章の "Arthur de Gobineau and Racial Wreckage" を参照。

タカシ・フジタニ『天皇のページェント――近代日本の歴史民族誌から』（日本放送出版協会、1994 年）
ライカット・アハメド『世界恐慌――経済を破綻させた4人の中央銀行総裁』（筑摩書房、2013 年）日本やそれ以外の国々で軍国主義やファシズムの台頭につながった1920 年代の金融史に関する優れた入門書。
Andrew Gordon, *Labor and Imperial Democracy in Prewar Japan* (University of California, 1991).
Sheldon Garon, *The State and Labor in Modern Japan* (University of California, 1987).
Walter LaFeber, *The Clash: U.S.-Japanese Relations throughout History* (W.W. Norton, 1997).
Mark Peattie, Edward Drea, and Hans Van de Ven, eds., *The Battle for China: Essays on the Military History of the Sino-Japanese War of 1937-1945* (Stanford, 2011).
入江昭『太平洋戦争の起源』（東京大学出版会、1991 年）
家永三郎『太平洋戦争』（岩波書店、1968 年）
ジョン・ダワー『容赦なき戦争――太平洋戦争における人種差別』（平凡社、2001 年）
ハーバート・ビックス『昭和天皇』（講談社、全2巻、2005 年）

第4章

チャルマーズ・ジョンソンによれば　チャルマーズ・ジョンソン『通産省と日本の奇跡』。

上から下まで嫌悪していた　ジョン・ダワー『敗北を抱きしめて』より。この章の記述に関しては同書に負うところが大きい。

ケント・カルダー『自民党長期政権の研究――危機と補助金』（文藝春秋、1989 年）

「総資本対総労働の対決」　アンドルー・ゴードン『日本の 200 年――徳川時代から現代まで』（みすず書房、全2巻、2006 年）

「台頭する超大国日本」　ハーマン・カーン『超大国日本の挑戦』（ダイヤモンド社、1970 年）

《その他の推薦図書》

ジョン・ダワー『吉田茂とその時代』（中央公論社、新版 2014 年）

土居健郎『「甘え」の構造』（弘文堂、1971 年）日本人の精神構造に関する古典的な日本人論。

Dennis J. Encarnation, *Rivals Beyond Trade: America Versus Japan in Global Competition* (Cornell, 1992)　日本における対外直接投資排除政策の起源について。

Robert Scalapino, *The Japanese Communist Movement 1920-1966* (University of California, 1967).

アンドルー・ゴードン『日本労使関係史　1853-2010』（岩波書店、2012 年）

三國陽夫、R・ターガート・マーフィー『円デフレ　日本が陥った政策の罠』（東洋経済新報社、2002 年）第 3 章では、池田勇人が財政政策と銀行監督を組み合わせることで、「奇跡的経済成長」の基礎作りに中心的役割を果たした経緯が説明されている。

Byong Chul Koh, *Japan's Administrative Elite* (University of California, 1989).

『ライシャワー自伝』（文藝春秋、1987 年）には、彼が日米関係に関して「損なわれた対話」と題した論文を発表したことが 1961 年の駐日大使就任につながったことが書かれている。

ジョン・G・ロバーツ『三井——日本における経済と政治の三百年』（ダイヤモンド社、1976 年）

第 5 章

《推薦図書》

Frank Upham, *Law and Social Change in Postwar Japan* (Harvard, 1987)　日本では法的拘束力のない非公式な慣習によって、何が許容範囲で何がそうでないかがしばしば決定されることについて書いている。

Andrew Gordon, *The Wages of Affluence: Labor and Management in Postwar Japan* (Harvard, 1998).

Chalmers Johnson, *Japan's Public Policy Companies* (American Enterprise Institute, 1978).

Rodney Clark, *The Japanese Company* (Yale, 1979).

都留重人『日本の資本主義——創造的敗北とその後』（岩波書店、1995 年）

トーマス・P・ローレン『日本の高校——成功と代償』（サイマル出版会、1988 年）

Ezra Vogel, ed., *Modern Japanese Organization and Decision-Making* (University

of California, 1975).
William M. Tsutsui, *Banking Policy in Japan: American Efforts at Reform during the Occupation* (Routledge, 1988).
鈴木淑夫『現代日本金融論』（東洋経済新報社、1974年）
Aaron Viner, *Inside Japan's Financial Markets* (The Economist Publications, 1987).
Suzuki Yoshio, ed., *The Japanese Financial System* (Oxford, 1987).
James Horne, *Japan's Financial Markets: Conflict and Consensus in Policy Making* (George Allen & Unwin, 1985).
Daniel L. Okimoto and Thomas P. Rohlen, eds., *Inside the Japanese System: Readings on Contemporary Society and Political Economy* (Stanford, 1988).
T. F. M. Adam and Hoshii Iwao, *A Financial History of the New Japan* (Kodansha International, 1972).
Hugh Patrick and Henry Roskovsky, eds., *Asia's New Giant* (Brookings, 1976).
Robert J. Ballon and Tomita Iwao, *The Financial Behavior of Japanese Corporations* (Kodansha International, 1988).
Michael L. Gerlach, *Alliance Capitalism: The Social Organization of Japanese Business* (University of California, 1992).

第6章

徹底的に破壊された　アレックス・カー『犬と鬼――知られざる日本の肖像』（講談社、2002年）

リチャード・ニクソン　一連の経緯に関しては次の著作が詳しい。I. M. Destler, Haruhiro Fukui, and Hideo Sato, *The Textile Wrangle: Conflict in Japanese-American Relations, 1969-1971* (Cornell, 1979).

新たな円・ドルレートの交渉　交渉の経緯に関しては次の著作が詳しい。Paul Volcker and Toyoo Gyohten, *Changing Fortunes: The World's Money and the Threat to American Leadership* (Times Books, 1992), pp. 88-106. この本全体がブレトン・ウッズ体制の崩壊と現在の変動相場制への移行の背景となった歴史的経緯に関する優れた入門書になっている。

米ドルの適正な価値は市場に決めさせるべきだ　拙著『日本経済の本当の話』（毎日新聞社、全2巻、1996年）に引用されているベリル・スプリンケル財務次官の言葉。

《その他の推薦図書》

鎌田慧『新装増補版　自動車絶望工場』（講談社、2011年）

ロバート・ホワイティングは、『菊とバット』（早川書房、完全版、2005年）、『和をもって日本となす』（角川書店、全2巻、1992年）、『世界野球革命』（早川書房、2007年）などの一連の素晴らしい読み物を通じて、日本の野球の全体像をアメリカの読者に紹介してくれた。

Yuko Ogasawara, *Office Ladies and Salaried Men* (University of California, 1998).

ロバート・C・エンゼル『円の抗争――「ガイアツ」依存国家の陥穽』（時事通信社、1993年）

Edward J. Lincoln, *Japan's Unequal Trade* (Brookings, 1990).

I・M・デスラー、C・ランドール・ヘニング『ダラー・ポリティックス――ドルをめぐるワシントンの政治構造』（ティビーエス・ブリタニカ、1990年）

小宮隆太郎、須田美矢子『現代国際金融論：理論・歴史・政策』（日本経済新聞社、全2冊、1983年）

Kozo Yamamura and Yasukichi Yasuba, eds., *The Political Economy of Japan:* Vol. *1, The Domestic Transformation* (Stanford, 1987).

Takashi Inoguchi and Daniel Okimoto, eds., *The Political Economy of Japan:* Vol. *2, The Changing International Context* (Stanford, 1988).

Shumpei Kumon and Henry Rosovsky, eds., *The Political Economy of Japan:* Vol. *3, Cultural and Social Dynamics* (Stanford, 1992).

本書は二〇一五年十二月に早川書房より単行本
として刊行された作品を文庫化したものです。

訳者略歴　翻訳家　主な訳書にピリング『日本 - 喪失と再起の物語』，ハリス『セガ vs. 任天堂』（以上早川書房刊），ホーマンズ『犬が私たちをパートナーに選んだわけ』など

HM=Hayakawa Mystery
SF=Science Fiction
JA=Japanese Author
NV=Novel
NF=Nonfiction
FT=Fantasy

日本《にほん》 - 呪縛《じゅばく》の構図《こうず》
この国の過去、現在、そして未来
〔上〕

〈NF513〉

二〇一七年十二月 二十 日　印刷
二〇一七年十二月二十五日　発行
（定価はカバーに表示してあります）

著者　R・ターガート・マーフィー
訳者　仲《なか》　達《たつ》　志《し》
発行者　早川　浩
発行所　株式会社　早川書房

郵便番号　一〇一 - 〇〇四六
東京都千代田区神田多町二ノ二
電話　〇三 - 三二五二 - 三一一一（大代表）
振替　〇〇一六〇 - 三 - 四七七九九
http://www.hayakawa-online.co.jp

乱丁・落丁本は小社制作部宛お送り下さい。
送料小社負担にてお取りかえいたします。

印刷・精文堂印刷株式会社　製本・株式会社川島製本所
Printed and bound in Japan
ISBN978-4-15-050513-4 C0136

本書は活字が大きく読みやすい〈トールサイズ〉です。